ZHONGXIAO QIYE GUIFANHUA
GUANLI ZHIDU YU BIAOGE

中小企业规范化
管理制度与表格

（第3版）

张尚国◎主编

中国纺织出版社

内 容 提 要

本书融合一些成功企业的管理模式和作者多年的管理经验，采用要点概述、制度、表格的形式，全面而系统地介绍了中小企业必备的基本管理制度，如经营计划管理制度、行政办公管理制度、人力资源管理方法、财务管理制度、采购管理制度、仓库管理制度、生产管理制度、销售管理制度等。内容全面，简单易学。

为了更好地服务中小企业，本书充分融合了当下互联网+时代的内容，切实为中小企业提供行之有效的管理标准，包括岗位职责、管理流程、管理制度以及管理表单等，为中小企业的科学管理提供借鉴之策。管理更多的是一门艺术，切不可生搬硬套，使用者可根据本企业的实际情况，创造性地灵活掌握。本书是中小企业管理者和相关工作人员必备的工具书。

图书在版编目（CIP）数据

中小企业规范化管理制度与表格 / 张尚国主编. --3 版. --北京：中国纺织出版社，2016.9（2024.3重印）

ISBN 978-7-5180-2768-2

Ⅰ. ①中… Ⅱ. ①张… Ⅲ. ①中小企业—企业管理制度Ⅳ. ①F276.3

中国版本图书馆 CIP 数据核字（2016）第 152504 号

策划编辑：向连英　　特约编辑：董　微　　责任印制：储志伟

中国纺织出版社出版发行

地址：北京市朝阳区百子湾东里 A407 号楼　邮政编码：100124

销售电话：010—67004422　传真：010—87155801

http：//www. c-textilep. com

E-mail：faxing@c-textilep. com

中国纺织出版社天猫旗舰店

官方微博 http：//weibo. com/2119887771

北京兰星球彩色印刷有限公司印刷　各地新华书店经销

2010 年 2 月第 1 版　2013 年 1 月第 2 版　2024 年 3 月第 3 版第 8 次印刷

开本：710×1000　1/16　印张：22

字数：334 千字　定价：98.00元

前言

PREFACE

改革开放30年来，以民营企业为主体的各类中小企业经历了从无到有、由弱到强的过程，从开始的拾遗补缺逐渐成长为促进社会生产力发展的重要力量，为我国社会的稳定与经济持续快速发展做出了突出贡献。但是，随着互联网经济的凶猛发展，智能技术突飞猛进，大众消费理念逐步成熟，以富有活力著称的中小企业在互联网经济面前显得有些捉襟见肘了。这主要表现在中小企业经营管理水平还远远不能适应互联网经济发展的要求，很多企业管理粗放，离科学管理还有很大的差距，这不仅成为中小企业发展壮大的瓶颈，也是许多中小企业短寿的重要原因。目前，中小企业存在的问题主要有：

缺乏行之有效的组织制度及规范化程序；

对各项企业业务没有制订相应的计划和目标；

缺乏各项管理数据和相关资料，无法及时、准确地掌握经营状况；

各项管理活动还停留在传统经济时代，企业缺乏数据管理理念。

为了更好地为企业服务，作者对本书进行了再次修订，在保留前两版精华的基础上，成功推出了第3版，本版内容更加贴近互联网经济的节奏，更加切近中小企业的实际。在编写体例上，作者采用要点概述、制度、表格的形式，全面而系统地介绍了中小企业必备的基本管理制度，如经营计划管理制度、行政办公管理制度、人力资源管理方法、财务管理制度、采购管理制度、仓库管理制度、生产管理制度、销售管理制度等。其内容全面，简单易学，即学即用，有助于中小企业经营管理者建立科学、规范的管理制度，是企业走上成功发展之路的实用指南。

本书具有以下几个显著特点：

★ 符合互联网经济的发展需求，是为中小企业的量身定做版。

★ 注重实用性和可操作性。本书在编写过程中，摒弃以往制度类书籍的枯燥乏味，在专家编写组广泛调查的基础上，努力从企业的管理实际出发，从企业管理最普遍、最实用的部分入手，突出其实用性和可操作性，以便管理者使用起来得心应手，提高管理水平。

★ 资料新颖。本书精选传统的管理制度，去其陈旧、空洞的内容，并使之符合最新颁布的法律法规。

当然，每个企业都有其自身的特点，所以对于本书提供的制度范本、制度、表格，中小企业可以根据所在企业的具体情况适当修改或者重新设计，使之更适用于自己的企业。一个企业随着技术的创新、产品的更新，制度也需要创新，它并不是一成不变的，因此中小企业要在实践过程中不断改进和完善各项制度，以期达到高效管理、高效工作的目的。

此外，我们对中小企业也提出忠告，在应用管理制度时，切不可以制度完全代替管理，而形成一种僵化的格局，或以管理的随意性完全取代管理制度而无法无章。其中度的把握必须由企业管理者在日常经营管理中慢慢琢磨和勤修苦练。

编者

2016 年 5 月

CONTENTS 目录

第一章　中小企业的组织结构与文化建设

第二章　中小企业经营企划管理制度与表格

第三章 中小企业人力资源管理概述

第四章 中小企业员工招聘管理制度与表格

第五章 中小企业绩效考核管理制度与表格

第六章　中小企业薪酬管理制度与表格

第七章　中小企业财务管理制度与表格

第八章 中小企业会计管理制度与表格

第九章　中小企业员工培训制度与表格

第十章　中小企业销售管理制度与表格

第十一章 中小企业行政办公管理制度与表格

第十二章　中小企业生产管理制度与表格

第十三章 中小企业质量管理制度与表格

第十四章 中小企业采购管理制度与表格

第一章

中小企业的组织结构与文化建设

第一节　中小企业的界定与划分标准

一、中小企业的概念与特征

中小企业，又称中小型企业或中小企，它是与所处行业的大企业相比在人员规模、资产规模与经营规模上都比较小的经济单位。当前，中国中小企业是大众创业、万众创新的重要载体，在增加就业、促进经济增长、科技创新与社会和谐稳定等方面具有不可替代的作用，对国民经济和社会发展具有重要的战略意义。

与大型企业相比，中小企业具有如下特征：

1. 生产规模小

规模小是中小企业的最显著的特征。由于企业规模小，企业的经营决策权高度集中。同时，中小企业的所有权与经营权是合二为一的，既可以节约所有者的监督成本，又有利于企业快速作出决策。

2. 专业化经营

专业化经营是中小企业的第二个特征。中小企业由于自身规模小，人、财、物等资源相对有限，既无力经营多种产品以分散风险，也无法在某一产品的大规模生产上与大企业竞争，因而，往往将有限的人力、财力和物力投向那些被大企业所忽略的细小市场，专注于某一细小产品的经营来不断改进产品质量，提高生产效率，以求在市场竞争中站稳脚跟，进而获得更大的发展。

3. 市场反应灵敏

俗话说，船小好调头，中小企业由于规模小，生产比较专业单一，使得他们在面对危机时较为灵活机动。稍作调整就能跟上时代步伐，很快转向，这是适应互联网时代生存法则的。

中小企业在获取资本、信息、技术等服务方面处于劣势，管理水平较低，停业破产率较高。美国每年有 60 万家中小企业注册，但其中 30 万家只能经营一年半，能维持经营 10 年的不到一成。

正因为具备上述特点，中小企业在当今瞬息万变的市场和消费者追求个性化、潮流化的要求上具备强劲的生命力，不论是在西方发达国家，还是在中国经济发展过程中，中小企业都有着举足轻重的地位，发挥着不可替代的作用。

二、我国中小企业的划分标准

我国的中小企业分为中型、小型、微型三种类型，具体标准是根据企业从业人员、营业收入、资产总额等指标，结合行业特点来划分的。根据《中小企业划型标准规定》，可将中小企业分为如下类型：

1. 农、林、牧、渔业

营业收入20000万元以下的为中小微型企业。其中，营业收入500万元及以上的为中型企业，营业收入50万元及以上的为小型企业，营业收入50万元以下的为微型企业。

2. 工业

从业人员1000人以下或营业收入40000万元以下的为中小微型企业。其中，从业人员300人及以上，且营业收入2000万元及以上的为中型企业；从业人员20人及以上，且营业收入300万元及以上的为小型企业；从业人员20人以下或营业收入300万元以下的为微型企业。

3. 建筑业

营业收入80000万元以下或资产总额80000万元以下的为中小微型企业。其中，营业收入6000万元及以上，且资产总额5000万元及以上的为中型企业；营业收入300万元及以上，且资产总额300万元及以上的为小型企业；营业收入300万元以下或资产总额300万元以下的为微型企业。

4. 批发业

从业人员200人以下或营业收入40000万元以下的为中小微型企业。其中，从业人员20人及以上，且营业收入5000万元及以上的为中型企业；从业人员5人及以上，且营业收入1000万元及以上的为小型企业；从业人员5人以下或营业收入1000万元以下的为微型企业。

5. 零售业

从业人员300人以下或营业收入20000万元以下的为中小微型企业。其中，从业人员50人及以上，且营业收入500万元及以上的为中型企业；从业人员10人及以上，且营业收入100万元及以上的为小型企业；从业人员10人以下或营业收入100万元以下的为微型企业。

6. 交通运输业

从业人员1000人以下或营业收入30000万元以下的为中小微型企业。其中，从业人员300人及以上，且营业收入3000万元及以上的为中型企业；从业人员20人及以上，且营业收入200万元及以上的为小型企业；从业人员20人以下或营业收入200万元以下的为微型企业。

7. 仓储业

从业人员200人以下或营业收入30000万元以下的为中小微型企业。其中，从业人员100人及以上，且营业收入1000万元及以上的为中型企业；从业人员20人及以上，且营业收入100万元及以上的为小型企业；从业人员20人以下或营业收入100万元以下的为微型企业。

8. 邮政业

从业人员1000人以下或营业收入30000万元以下的为中小微型企业。其中，从业人员300人及以上，且营业收入2000万元及以上的为中型企业；从业人员20人及以上，且营业收入100万元及以上的为小型企业；从业人员20人以下或营业收入100万元以下的为微型企业。

9. 住宿业

从业人员300人以下或营业收入10000万元以下的为中小微型企业。其中，从业人员100人及以上，且营业收入2000万元及以上的为中型企业；从业人员10人及以上，且营业收入100万元及以上的为小型企业；从业人员10人以下或营业收入100万元以下的为微型企业。

10. 餐饮业

从业人员300人以下或营业收入10000万元以下的为中小微型企业。其中，从业人员100人及以上，且营业收入2000万元及以上的为中型企业；从业人员10人及以上，且营业收入100万元及以上的为小型企业；从业人员10人以下或营业收入100万元以下的为微型企业。

11. 信息传输业

从业人员2000人以下或营业收入100000万元以下的为中小微型企业。其中，从业人员100人及以上，且营业收入1000万元及以上的为中型企业；从业人员10人及以上，且营业收入100万元及以上的为小型企业；从业人员10人以下或营业收入100万元以下的为微型企业。

12. 软件和信息技术服务业

从业人员300人以下或营业收入10000万元以下的为中小微型企业。其中，从业人员100人及以上，且营业收入1000万元及以上的为中型企业；从业人员10人及以上，且营业收入50万元及以上的为小型企业；从业人员10人以下或营业收入50万元以下的为微型企业。

13. 房地产开发经营

营业收入200000万元以下或资产总额10000万元以下的为中小微型企业。其中，营业收入1000万元及以上，且资产总额5000万元及以上的为中型企业；营业收入100万元及以上，且资产总额2000万元及以上的为小型企业；营业收入100万元以下或资产总额2000万元以下的为微型企业。

14. 物业管理

从业人员1000人以下或营业收入5000万元以下的为中小微型企业。其中，从业人员300人及以上，且营业收入1000万元及以上的为中型企业；从业人员100人及以上，且营业收入500万元及以上的为小型企业；从业人员100人以下或营业收入500万元以下的为微型企业。

15. 租赁和商务服务业

从业人员300人以下或资产总额120000万元以下的为中小微型企业。其中，从业人员100人及以上，且资产总额8000万元及以上的为中型企业；从业人员10人及以上，且资产总额100万元及以上的为小型企业；从业人员10人以下或资产总额100万元以下的为微型企业。

16. 其他未列明行业

从业人员300人以下的为中小微型企业。其中，从业人员100人及以上的为中型企业，从业人员10人及以上的为小型企业，从业人员10人以下的为微型企业。

第二节　中小企业的组织结构

组织结构是企业的骨骼，如果组织结构设置不合理，会严重影响到企业运行效率。现实中，大部分中小企业的组织结构及岗位设置经常变动，搞得员工无所适从，怨声载道，有的企业连组织结构图、岗位设置图都没有，管理完全靠人盯人，这种粗放式的管理模式已经不适应互联网时代的发展需要了。

一、中小企业组织结构的基本形式

组织结构的基本形式主要有直线制、职能制、直线—职能制、事业部制、矩阵制5种。

基本形式 特征	直线制	职能制	直线—职能制	事业部制	矩阵制
管理作风	一个人说了算	维持班子家长制	集中的行政管理	以利润为中心的分权管理	分权与集权
组织职能	对外部环境有极强的适应性	资源的获取	重点是目标达成	保持制度的精细化	适应与更新
领导者与被领导者的关系	领导与随从	忠诚与安全	工作与报酬	一致和稳定	适应性与工作满足
控制系统	市场成果	标准式成本中心	计划与投资中心	报告与利润中心	共同的目标系统
组织发展与变革	领导更替	职能机构建立	权力分散	利润分红方法制定	团队活动与自发管理
组织危机	领导危机	自助危机	管理危机	繁文缛节的危机	目标危机

在这5种组织结构中，被中小企业采用的一般都是直线—职能制。直线—职能制是目前最为普遍的一种组织结构。直线—职能制组织结构是以直线为基础，在各级行政负责人之下设置相应的职能部门，分别从事专业

管理，作为领导的参谋，实行统一指挥与职能部门参谋、指导相结合的一种组织结构形式。

直线—职能制组织结构的优点是：统一指挥，充分发挥参谋人员的作用；分工精细、责任清晰，效率高。缺点为：部门间横向联系差，信息传递路线长，可能会导致信息失真。

但是，随着企业规模的日渐扩大，管理层次的不断丰富，企业的效率却越来越低，为了改变这种高成本低效率的状况，近年来，人们提出了“扁平化管理”的模式。企业扁平化管理是指企业通过自上而下地减少管理层次、压缩职能部门和机构，使企业的决策层和操作层之间的中间管理层级尽可能减少，以便使企业决策快速地延至企业生产、营销的最前线，为提高企业效率而建立起来的富有弹性的新型管理模式。它摒弃了传统的金字塔状的企业管理模式的诸多难以解决的问题和矛盾。

二、中小企业组织结构示例

一个合理的组织结构，可以明确看出部门职能的划分、流程走向、上下级汇报关系等，中小企业的组织结构大多为扁平化组织，岗位设置相对简单，所以，切忌追求形式上的丰富，上能承接企业战略，下能承接企业的基本事务工作就可以了。组织结构及岗位设置是企业组织设计的一部分，也是企业的顶层设计，顶层设计好了，方可对企业基本事务运行流程、岗位职责进行梳理，否则是无法进行后面的工作的。

1. 小型企业职能部门设置

小型企业人员较少，职能部门只设管理部、制造部及营销部即可，部内设若干个组。如下图所示。

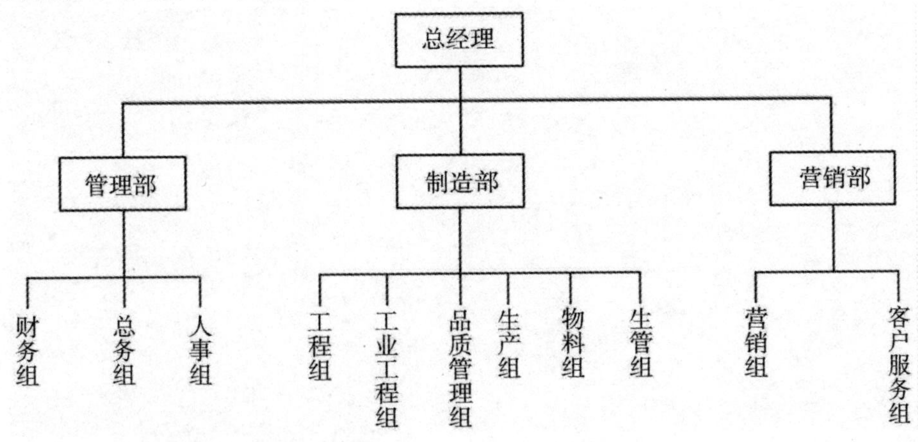

2. 中型企业职能部门设置

中型企业的工程部及工业工程部可合并为“工程部”；机器设备科也

可归生产部；生产部可将数条生产线合并为一科，各科名称以专有名称为宜，例如车体科、引擎科等；财务部也可改名为会计部。如下图所示。

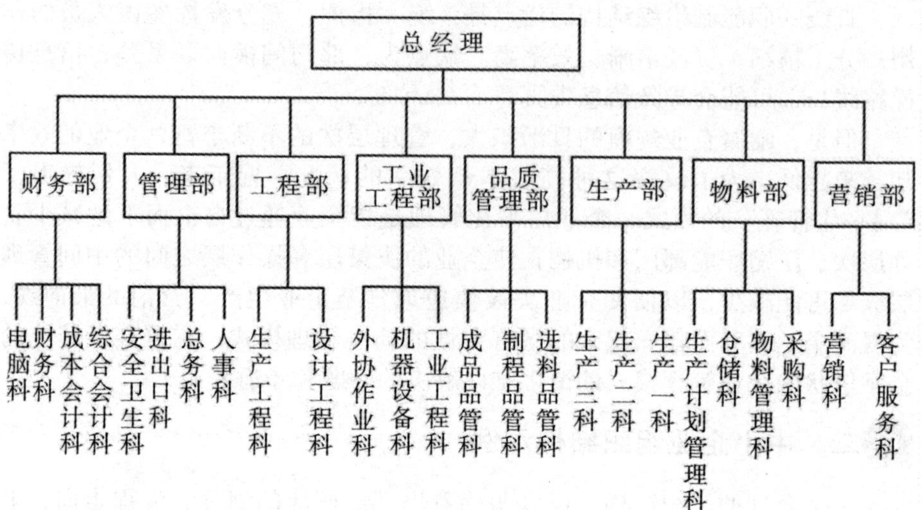

第三节　中小企业的文化建设

一、中小企业文化建设的必要性

中小型企业由于规模小、发展时间短，企业管理水平普遍较低，相当一部分甚至是不规范经营。中国对于中小企业的发展问题，更多谈到的是要科学管理、提高管理水平，但却很少有人会提倡中小企业要注重文化的建设。很多中小企业主认为，我们是中小型企业，企业关键是生存，谈不上企业文化建设问题，甚至管理界一些专家也持同样观点，这就使得中小型企业的文化建设更为滞后。

企业文化是企业在发展过程中逐渐形成的具有企业自身特点的思想、意识、观念和心理状态以及与之相适应的制度、组织和行为模式的集合，它对企业的物质生产和精神文明的发展起促进和导向作用。

在经济全球化的今天，中小企业要想在竞争中生存，在竞争中发展，就得具备一套具有竞争力和活力的企业文化来为企业保驾护航。但不同的企业中，思想、意识、观念和职工素质的差异形成了不同的企业文化，造成企业经营力量上的差异，从而使有的企业在竞争中不断发展壮大，有的企业在竞争中被淘汰。培养和建设具有自身特色的企业文化与企业发展的关系十分密切，其企业文化建设的必要性表现在：

（1）企业文化可根据企业所确定的目标，来引导组织成员的思想及行为。它通过对组织群体共有的价值观念的塑造，从精神上引导员工的心理和行为，使员工在潜移默化中接受共同的价值观念。

（2）企业文化具有重视人的价值、珍惜和培养人的感情、注重团队精神等特点，因此它可以有效地促进员工间的团结。另外，企业文化可以从多方面去沟通人们的思想，使组织的目标、准则、观念更好地得到员工的认同，加强企业的向心力和凝聚力。

（3）有助于激励企业成员培养自觉为企业发展而积极工作的精神。企业文化通过组织的共同价值观的形成，使其转化为员工实现自我激励的动力，自觉地为企业的生存和发展而工作，把实现企业目标变为员工的个人目标。

（4）企业文化具有对企业员工的思想和行为进行约束和规范的作用，由于企业文化是组织群体的文化，其必然影响到企业中每个成员的认识、感觉、思想、伦理、道德等心理过程。

（5）企业文化通过强烈的感染传播力量对员工产生着影响。无论是团队的变化，职位的变动，或是领导者的变换，都不会影响企业文化的固有力量。企业文化还可以向组织外部传播，通过各种渠道对社会产生影响。让顾客感受到企业独特的文化特色，企业文化对内对外的辐射过程，也正是企业形象的塑造过程，因而对企业的发展有着重要意义。

二、中小企业文化建设模式

凡是企业都有企业文化，只不过因企业规模和发展阶段不同，企业文化塑造的力度和角度不同。但随着企业不断发展，企业会逐渐形成自己独特的价值观、道德观，从而形成一种企业凝聚力，使之推动企业高速发展，达到企业文化的真正内涵。因此，企业文化建设没有所谓的统一模式可言。企业文化建设必须要彰显企业个性，形成有别于其他企业的独特的文化，这样的企业文化才会是鲜活的、充满生机和活力的。当前，我国中小企业数量众多，成分复杂，规模不一，每个企业产生的历史根源也千差万别，所以中小企业应根据自身特点来建设自己的企业文化模式。

1. 乡土型企业文化

俗话说入乡随俗，企业一旦扎根某个地方，首先就要和地方文化保持一致，特别是那些具有地域特色的乡镇集体企业和部分私营中小企业，要想在这个地方扎根，就必须依赖于地方，比如，你的员工主要来自于本地，产品销售也是集中于本区域，企业在进行企业文化建设时就必须把地方文化融入到企业文化中来。我们把这种企业文化称之为乡土型企业文化建设。乡土型企业文化建设的关键在于认识和理解地方文化对企业文化的作用，并能从地方文化中汲取文化营养，通过提炼、培育、整合来形成乡土型企业文化。

2. 家庭型企业文化

家庭型企业文化的产生是基于中小企业的特点而诞生的。我们知道，中小企业由于规模小，结构简单，工作场所相对集中，员工的交流接触大都在企业内部，这就为在企业中营造一种温暖、催人奋进的家庭型文化氛围提供了机会。在这个大家庭中，员工对企业有一种本能的归属感和亲情感。家庭型企业文化建设要求中小企业的经营者们要有长远的战略目标。如果经营者把员工当做大家庭的一员，把员工的前程和企业的发展紧密联系起来，那么员工就会把企业当做自己的家，自发地为企业的发展做出自己应有的贡献，这对企业的长远发展来说是极为坚固的基础。

3. 科技型企业文化

现在是互联网经济时代，在这种经济结构中，科技型公司就是主力

军，这类公司要想在夹缝中生存下去，就必须建立起一种富有刻苦攻关、合作竞争气息的企业文化。特别是那些高科技中小企业和咨询策划公司。在这些企业中，科研人员、管理人员较多，他们有着较高的素质，自我意识和竞争意识也都较强，对外部环境的变化能够进行自我调整。同时，他们敢于和人才竞争，遇到难题不退缩，他们奋发向上，喜欢快节奏、高压力的工作环境，他们向往“客观、公正、科学”的制度。因此，科技型中小企业在建立企业文化时就必须充分尊重科研及管理人员的个人价值，如果脱离了他们的价值观，再冠冕堂皇的企业文化都是形同虚设。

4. 中西整合型企业文化

现在不少中小企业都引进了西方人才，希望通过“外力”来助力企业。想要管理好这些人才，就得建立一套适合中西方都能接受的企业文化。中国的企业文化表现在以人为本、灵性管理等方面，而西方的企业文化体现在科学管理、制度管理等方面。随着全球经济一体化和跨国公司的不断发展，中国经济的发展会同世界的联系越来越紧密，因此，中西方企业文化的整合与趋同必然会成为一种趋势。

5. 参与型企业文化

参与型企业文化是与一言堂式的企业文化相比而言的。企业要营造一种民主和谐的管理氛围，让员工参与到企业的管理当中去，实行自我管理。因此，参与型企业文化建设的关键是要看中小企业所有者和经营决策者的民主和开放意识。企业所有者要甘做他人梯，懂得授权，积极吸取下属意见，只有这样才能促进企业形成高度的团队精神，减少决策失误，保证企业持续、平稳地发展。

三、中小企业文化建设的途径

企业文化建设往往从提炼价值观、公司理念、经营哲学入手。中小企业文化建设的方法与大型企业有区别，应显得更实在、更简单。以下途径可供参考：

1. 树立企业文化意识

企业文化是企业的灵魂，文化蕴藏着企业的凝聚力和向心力，根据企业的规模和行业的特性制定适合自己的企业文化，对内是核心的象征，对外是宣传的品质。良好的企业文化能有效地对员工和企业的发展奠定基础，因此，中小企业管理者要树立企业文化意识，不要以为企业文化建设是大企业才有的事情，是企业发展成熟后才有的事情。中小企业既要重视企业的生存问题，更要重视企业文化的引导、规范、激励、导向作用。

2. 培育企业核心价值观

企业价值观是企业文化的核心，是企业的价值取向和价值准则，是企

业员工对本企业生存和发展的目的、意义的认识和评价。如海尔企业的核心价值观是“真诚到永远”。因此，中小企业文化建设要结合企业生产经营特色，根据企业追求和发展战略目标，认真提炼、培育出自己的企业价值观，特别是要培育能把企业、员工、社会的利益联系起来的企业核心价值观，激发员工动力，提高员工积极性，增强企业的向心力和凝聚力。

3. 全员参与

华为创始人任正非曾就企业文化说过这样一句话：“资源是会枯竭的，唯有文化才会生生不息。”所以，企业文化建设要全员参与，那种只体现少数人特点的企业文化是没有生命力的，注定是要消亡的，而只有企业全体上下共同执行才能真正地发挥企业文化的价值。

中小企业文化建设需要全员参与、全员认可。企业文化在建设过程中要求全体员工共同参与提炼企业价值观；员工培训时突出体现企业文化精神，共同感受企业文化；职工活动中融入企业文化、宣传企业文化；利用优秀职工、先进集体、创名牌产品等活动载体展示企业文化。只有全员参与，才能培养团队精神，才能提高中小企业内部凝聚力。

4. 突出特色

中小企业要从自身特定的外部环境和内部条件出发，把共性和个性、一般和个别有机地结合起来，总结出本企业的优良传统和经营风格，在企业精神提炼、理念概括、实践方式上体现出鲜明的特色，不管是借鉴西方企业文化、传统文化，还是借鉴同类优秀企业文化，都要考虑企业自我特点，不能好高骛远，一定要根据企业现实情况和竞争需要，视环境变化进行自我创新，建设符合自我特色的企业文化。

5. 文化自觉

有研究表明，在中国，小企业的平均寿命只有 2.5 年，而中小企业的平均寿命只有 5 年。如何保持企业发展的持续性成为中小企业首先要解决的问题。保持员工对企业的认同度被认为是解决这一矛盾的有效途径，而在这一过程中，文化自觉扮演着关键的作用。

企业文化常常被人称作“老板的文化”，因其主要由企业管理最高层倡导。然而，如果企业文化不能在全员中形成自觉，那企业文化就真的成了“老板”个人的文化，或者相关部门的文化。怎样才能让员工达到文化自觉的境地？要对本企业的文化进行总结与提炼，提出务实而又好记的精神与理念。如果企业文化不务实，只是弄个样子，听起来诱人，看上去很美，无法在员工心中落地生根，这样的文化是不可能成功的，更不可能为企业的发展提供源源不断的动力。

第四节　中小企业组织与企业文化管理制度

一、企业各职能单位的职能

第一章　总经理室

总经理室的主要职能：

（1）管理公司的文书和档案。起草各种合乎规范的应用文书，按照一定的程序管理各种文件并搞好立卷归档，充分利用文书和档案，为企业的经营管理服务。

（2）组织各种会议。根据授权范围，组织好各种会议，做好会前准备、会期后勤服务、会议记录、会后整理等工作。

（3）处理各种行政事务。主要包括来访接待，公务接待，印章、证件、资料及办公设备的保管，值班安排，公务车辆调配等事宜。

（4）协调各部门的工作关系，根据总经理的要求和公司的工作目标，做好各部门，各层次的协调工作，保证经营管理活动平衡，和谐地进行。

（5）信息收集和沟通。收集和整理各种与公司经营管理有关的信息，搞好调查研究，及时向公司决策层提供各种信息和情况，同时做好各层次间的信息沟通。

（6）计划，控制与督导。协助公司决策层做好各种工作计划，对计划的贯彻执行情况进行有效的控制、检查和督导。

第二章　管理部

管理部的主要职能为：

（1）负责公司各类工作的综合实施，协助领导处理各类日常事务，为办公提供保障。

（2）组织公司年度、月度计划的制订，召开计划会，监督计划执行。

（3）主持公司公共关系管理，协调处理对外有关事务。

（4）组织公司财务预算、规划的拟订和事务协调。

（5）主持公司范围管理制度体系的管理，实施执行监督。

（6）负责公司的各项合同管理工作和有关法律事务。

（7）主持公司行政总务计划内预算的制订、实施及控制。

（8）负责制定公司人力资源管理制度，组织招聘工作，提供公司所需人力资源。

（9）负责制定公司的定岗、定编与定薪以及各部门的用人计划。编制、执行公司人力资源规划；拟订公司招聘、培训、薪资、考核等人力资源管理政策。

（10）组织实施培训工作，提高员工素质，提升公司管理水平。

（11）建立健全有竞争力的薪酬管理体系。

（12）负责员工福利、保险、抚恤与劳动保护等工作。

（13）组织实施考核工作，对员工能力进行评估，并提出奖惩建议及审定后的实施。

（14）分析人力资源状况，综合协调公司各部门间的人事管理问题。

（15）负责公司员工的任免、奖惩、晋升、调动、考勤等管理工作；负责公司人力资源档案管理与员工劳动合同定理（签订、变更、续订、解除等）。

第三章　制造部

制造部的主要职能为：

（1）按相关要求，负责公司生产管理文件的编写、修订、实施。负责本部门文件的编制、修订及使用管理和文件管理。负责部门培训工作计划与实施。

（2）根据销售计划制订生产计划，并组织实施。负责生产进度的检查、平衡和生产计划的调整。

（3）负责生产调度管理工作。

（4）负责对生产车间的生产全过程进行管理，保证生产操作过程符合标准操作程序，产品符合质量标准，负责对生产记录的审核，确保记录完整签名。

（5）负责组织安全生产及生产安全事故的处理、上报。

（6）负责生产统计，准确及时填报部门各种报表。负责本部门各种记录的收集、整理、审核、归档或保存。

（7）负责生产技术经济指标的制订、下达、统计、分析及上报，并按期召开本部门质量技术分析会。

（8）参与职责范围内的验证工作（工艺验证，产品验证，清洁验证）中方案的制订，审核并组织实施。

（9）负责检查生产设施是否已进行清洁并在必要时消毒，计量器具是否完好。

第四章　营销部

营销部的主要职能为：

（1）企业形象、品牌的建立及推广。

（2）市场推广方案、活动策划的落实。

（3）市场调研、产品研发、价格定位。

（4）客户合同、价格管理。

（5）销售团队管理。

（6）网点建设的调研与新团队的筹建推动。

二、企业文化建设制度

第一章　总则

第一条　为了建立与加强企业文化建设，提高员工综合素质，在公司内部形成强大凝聚力，进一步提升公司品牌影响与社会美誉度，增强公司核心竞争力，特制定公司企业文化建设管理制度。

第二条　本制度对企业文化的内容与实施做出规定，是本公司企业文化建设的依据。

第三条　本制度一经制定，公司全体员工必需遵照执行，公司员工依照本制度享有相应的权利，同时也必须履行相应的义务。

第四条　企业文化建设管理包括企业价值理念层、企业制度文化层、企业物质和行为文化层管理。

（1）企业价值理念层主要包括愿景目标、企业核心价值观、企业精神、企业哲学、企业伦理、企业道德等以及规章制度、行为活动所遵循的理念，如人力资源理念、营销理念、生产理念、服务社会理念等。

（2）企业制度文化层主要包括企业的各种规章制度、工作流程、管理模式、行为规范、习俗礼仪的制定与执行。

（3）企业物质和行为文化层主要包括司容、企业标志、司歌、文化传播网络、组织活动等。

第二章　文化建设的职责权限

第五条　总经理为企业文化建设的最高领导者与推动者，承担着企业文化理念建立、确认与推动的督导职责。

第六条　各部门负责人与分公司负责人为第一责任人，需要承担文化宣导与建设的职责，监督并督促企业文化建设与活动的推动与开展。

第七条　企业文化的主要职责有以下几部分。

（1）负责制定企业文化建设管理的中长期规划，构建完整的企业文化理论体系。

（2）负责挖掘总结提炼企业文化基本要素：公司理念、公司愿景、公司精神、公司道德、公司诚信、公司礼仪、公司形象等内容。

（3）负责推动企业文化建设日常工作的开展。

（4）组织重大企业文化论坛、庆典、纪念、宣传、推广、赞助、捐献、新闻发布等企业文化专题活动，并利用活动宣传公司文化。

（5）指导公司各部门和分公司企业文化建设工作，对企业文化建设项目进行检查审核、评比、总结，并提出批评和表彰意见。

（6）组织编写、制作企业历史、宣传画册、纪念文集、企业光盘等文化产品。

（7）负责企业文化案例库的建立和维护工作。

（8）配合人力资源部等部门开展员工培训工作。

（9）负责企业内部传播渠道的协调、审查及考核工作，负责公司网站新闻发布工作。

（10）负责公司外部宣传渠道的联络，积极传播企业文化。

（11）组织、接待外来人员参观考察，并进行企业文化的介绍和宣讲。

第八条　企业全体员工是企业文化建设的主体。

全体员工应以公司的企业文化理念为指引，遵守公司各项规章制度，建立正确的思维与行为习惯，积极参加公司各项文化活动，积极参与企业文化建设，积极主动向内刊、网站投稿，宣导公司文化理念，传播公司先进文化，宣扬良好的企业形象。

第三章　文化建设的管理原则

第九条　以人为本的原则。

以人为本就是把人视为管理的主要对象和企业最重要资源。企业文化模式必须以人为中心，充分反映人的思想文化意识，通过企业全体人员的积极参与，发挥首创精神，企业才能有生命力，企业文化才能健康发展。企业员工不仅是企业的主体，而且还是企业的主人，企业要通过尊重人、理解人来凝聚人心，企业文化要通过激发人的热情、开发人的潜能，来极大地调动人的积极性和创造性，使企业的管理更加科学，更有凝聚力。

第十条　讲求实效的原则。

进行企业文化建设，要以科学的态度，实事求是地进行企业文化的塑造，要切合企业实际，符合企业定位，一切从实际出发，不搞形式主义，制定切实可行的企业文化建设方案，逐步建立起完善的企业文化体系。

第十一条　合法合理的原则。

公司企业文化理念不得违背国家、地方的各项法律法规，应符合社会的伦理道德标准和舆论导向，不得发表违纪违法的言论，不得参与非法组织活动。

第十二条　可持续发展的原则。

公司企业文化理念必须符合公司的长远战略目标需求，打造优秀团队，建立和谐组织，促使企业竞争力不断提升，推动公司稳定健康发展。

第十三条　独特个性的原则。

企业文化是个性文化、应用文化，“适合的”就是最好的。企业的个性就是企业文化，企业文化应有鲜明的个性特征。在企业文化理念、经营行为、品牌形象和广告推广中突出个性，就会产生文化感召力、亲和力、吸引力和冲击力，能给人以强烈印象，带来良好感受。

第四章　文化建设的基本内容

第十四条　对现有企业文化进行清理、盘点、提炼、升华，通过调查分析，诊断企业文化现状及影响因素，对现有企业文化的优势、劣势及总体适应性做出客观评价，提炼适合自身发展的企业文化理念。

第十五条　企业文化建设内容主要包括：企业市场定位、企业使命、愿景和战略目标；企业核心价值观；企业伦理道德和职业道德；企业精神和企业风尚；企业经营理念和经营方针；企业管理理念和管理方针；企业服务理念和服务规范；企业人才、质量、安全、廉政等理念；领导层、管理层及员工层的基本行为准则；企业的主打宣传口号及文化形象包装定位等。

第五章　制度文化管理

第十六条　各级、各部门负责人根据职责范围和企业实际情况，遵循“简洁、高效”的原则，制定和完善各项切实可行的规章制度、工作流程及行为规范，保证工作的顺利开展。公司内各级组织的制度、流程与规范必须与企业文化理念保持一致，不得违背相关价值观与标准。

第十七条　公司各种规章制度是企业文化执行的基础，是企业文化得以贯彻实施的基本保障。公司员工应该严格遵照执行，若有违反，公司将按相关规定予以处罚。

第六章　行为文化管理

第十八条　公司根据战略与经营管理的需要，对公司领导及优秀员工的行为理念、各级组织的成功经验进行总结与提炼，结合企业运作实际，制定、完善、健全公司、推广和实施，建立 MI（企业理念识别系统）、BI（企业行为识别系统）、VI（形象识别系统），建立明确的公司文化理念、思想、价值观，并以此为指示、方针，统一企业形象识别系统和企业行为识别系统。

第十九条　公司内各级组织应建立完善、切合实际的激励机制，引导与激励员工接受并运用企业文化，建立正确的思维模式，自觉指导日常工作，改善工作方式，提高企业整体运作效率。

第二十条　公司内各相关部门应统一规范员工要求与行为指南，使员工形象体现出积极向上、团结协作的公司文化面貌。

第二十一条　在公司的各项会议及其他各项经营管理宣传活动中，应体现出公司的文化特色，以企业理念为先导，提升运作效率，建设优秀团队。

第二十二条　企业文化建设的定期调研、总结和提炼。建立企业文化

体系是一项系统而又繁杂的艰巨工作，公司应定期调研、总结和提炼，梳理工作思路，健全和完善各项具体工作。

第二十三条　公司对战略决策与思想及言论进行统一宣传管理，目的是统一思想，统一行动，建设统一的企业文化。

第二十四条　公司所有的宣传与传播渠道（公司的内部刊物、文化宣传栏）由公司统一管理，具体由公司负责执行（市场部负责公司网站建设）。

第二十五条　公司其他人员在没有征得公司允许的情况下，严禁在公司任何传播渠道上发布信息。

第七章　文化输出

第二十六条　企业文化发展到一定阶段，可实现内外兼合，通过内部报纸、网络等相关内部平台以及报纸、网络及电视等媒介进行宣传，让企业文化走出去，让同行或相关企业了解本公司的企业文化建设成果。

第二十七条　适时选择企业文化建设出色的同行或其他相关企业，与其建立友好的文化交流合作关系，不定期进行文化互访，交流和学习相关经验，举办企业文化建设探讨会，进一步完善企业文化建设工作。

第八章　文化活动

第二十八条　企业文化活动包括企业员工竞技活动和企业文化庆典活动，如篮球、书法、摄影比赛和新年文艺晚会等。

第二十九条　企业文化工作室负责公司各项文化活动的策划、组织工作。企业各部门应积极参与活动，踊跃申报作品和节目。

第三十条　企业文化活动要本着积极向上、健康、团结的原则，还要体现出创新的原则。

第三十一条　企业文化活动中采取以精神奖励为主、物质奖励为辅的原则，对在活动中取得优异成绩的个人或部门进行表彰和奖励。

第三十二条　员工根据个人爱好可以自发组成非正式的企业文化组织，报公司备案。非正式企业文化组织承担着活跃员工生活、促进公司文化交流氛围建立的职能。

第三十三条　为了丰富员工的业余生活，加强企业文化建设，各部门可自行成立相关的企业文化非正式组织，如登山协会、足球协会、羽毛球协会等。

第三十四条　企业文化非正式组织自行管理，但必须接受公司的监督，并有协助公司进行活动报道的义务。

第三十五条　企业文化非正式组织开展的一切活动必须遵守国家法律法规，符合企业的文化价值观，弘扬健康、积极的精神。

第九章　经费保障与使用

第三十六条　编制公司的年度企业文化建设计划和预算，内容包括建设目标、培训计划、企业文化活动安排、经费预算等。企业文化建设计划和预算经相关部门会审后提交主管领导审核审批。

第三十七条　各部门、各分公司应根据公司的企业文化建设计划和预算，结合各部门、各分公司的具体情况，制定相关的企业文化活动计划并报相关部门备案。

第三十八条　设立专项经费预算，由公司统筹安排，用于企业文化建设和宣传工作。各部门、各分公司的企业文化建设费用申请履行相关的程序。

第十章　检查、评估与奖惩

第三十九条　公司各部门、各分公司每年应对企业文化建设情况进行自查，对企业文化建设效果进行评价。评价标准包括：看企业文化与所从事的事业及市场环境是否相适应？是否有助于形成公司的竞争力？是否有助于推动公司的长远发展？以及企业文化的引导力、凝聚力和激励力。

第四十条　公司应定期或不定期对各部门、各分公司统一进行企业文化建设检查和评比，并及时通报检查评比、奖惩结果。

第四十一条　公司年底对企业文化建设进行全面的总结评估，依据考核情况，择优对先进单位给予表彰与奖励。

第十一章　附则

第四十二条　本规定自下发之日起施行。

第四十三条　本规定由公司总部负责解释。

三、企业文化宣传栏管理制度

第一章　目的

第一条　为进一步规范企业文化宣传栏的管理和使用，规范张贴、悬挂等宣传行为，使其充分发挥企业文化的宣传窗口的作用，特制定本制度。

第二条　本制度适用于总公司和分公司宣传栏的管理工作。

第二章　职责

第三条　总公司办公室是公司企业文化宣传栏的主管部门，负责宣传栏统一规划，内容设立，内容更新。

第四条　各分公司办公室对本公司宣传栏直接管理，负责将企业文化宣传栏按规定的期限更替，并进行日常的监督与管理。

第三章　宣传栏的位置与设计

第五条　宣传栏的位置：较为醒目且人流量较多的位置。

第六条　宣传栏的尺寸：宣传栏的规格一般为2.4米×1.2米。

第七条　宣传栏制作材质要求及设计：宣传栏底板光滑平整，宣传栏需带可推拉的玻璃门设计。

第四章　宣传栏的主要内容

第八条　企业文化宣传栏目版面统一张贴在各分公司的企业文化宣传栏内。

第九条　宣传栏各版面内容规范如下。

第一版宣传内容为公司使命、目标、战略、价值观，公司愿景，职业规划等；版面要言简意赅，重点标识；采用固定形式。

第二版宣传内容以企业动态为主，包括：

（1）领导来访——每周来公司参观、考察的人员报道及宣传。

（2）会议决策、管理文件、各事业部动态等——公司最新发展状况；版面以抬头标注“××××年××月第×期”，图文并茂，内容更新要快、要准。

第三版宣传内容以员工风采为主，包括：

（1）企业文化活动——生日活动、舞会等员工相关活动。

（2）员工投稿——通过向各部门征稿，选出部分文章或书画等内容作为宣传资料；版面以抬头标注“×××年××月第×期”，应配图或照片，内容要新颖、丰富，贴近生活。

第四版宣传内容为评比专栏，包括：

（1）光荣榜——合理化建议、当月销售精英。

（2）鞭策栏——企业资源规划、绩效指标、宿舍管理等。

（3）公告通知——政策性文件、其他相关文件；版面应包括有照片作为参考的奖惩内容。

第十条　宣传栏内容原则上一个月更新一次，于每月的月底更新好下个月的内容，并予以张贴。

第五章　版面设计制作

第十一条　各版面的设计制作如下所示。

第一版由品牌策划部根据方案要求对相关内容进行整理、排版并喷绘、贴出，该部分内容基本固定，不经常更新。

第二版：

（1）“领导来访”栏目由品牌策划部提供相关新闻稿等并负责更新。

（2）“会议决策、管理文件、各事业部动态等”栏目由各事业部、企管部等供稿，并由技术开发部负责每周更新。

以上内容按实际情况张贴。

第三版：

（1）“企业文化活动”栏目由人力资源部供稿并负责定期更新。

（2）“员工投稿”栏目由人力资源部负责定期更新（对稿件作者奖励）。

以上内容按实际情况张贴。

第四版：

（1）“光荣榜”栏目由企管部、各事业部供稿，并由企管部负责更新。

（2）“鞭策栏”栏目由行政部、企管部、信息部供稿，并由行政部更新。

（3）如有公告、通知发出，需经人力资源部审核后统一安排张贴。

以上内容按实际情况张贴。

第十二条　各分公司宣传栏的推广及宣传。

各分公司宣传栏第一版内容根据各分公司提供的尺寸进行排版并喷绘，以邮件方式将第二版、第三版的宣传内容发送至人力资源部，结合各分公司的实际情况对内容进行整理，然后打印并张贴出来。

第十三条　样稿备案。第二版、第三版每期出版内容由各部门整理后发送至人力资源部，由人力资源部统一保存电子档。

第六章　宣传栏的使用

第十四条　宣传栏的使用由行政部统一管理。

第十五条　宣传栏可以结合公司宣传需要选择主题设计宣传内容，以照片、图片、文字等展览形式报道公司各部门的活动状况和成果；要求语言文字规范、内容积极向上，严禁张贴违反宪法、法律法规、公司各项规章制度，危害国家安全，破坏社会稳定及其他不健康的内容。

第十六条　宣传栏的内容由负责人审核通过后方可张贴。对未经审批的宣传资料（含外单位的印刷品、张贴物等）一律不得张贴。

第十七条　尽量根据宣传栏的尺寸张贴多件宣传资料，张贴布局要富于美感；宣传材料张贴要平直、牢固，应使用透明胶带粘贴，保持宣传栏的整洁和美观；宣传栏若出现外部破损应及时维修。

第七章　其他

第十八条　对公开张贴违反宪法、法律法规和公司规定及内容不健康的宣传材料，一经发现，追究负责部门的行政责任，如造成不良后果，将追究其法律责任。

第十九条　如责任部门一个月没有更新栏目内容，对该部门责任人及领导进行书面警告；连续两个月未更新，对该部门责任人及领导予以通报批评。

第二十条　对于不积极参与宣传栏评比工作，且分数在××分以下的部门，公司将对其予以通报批评。

第二十一条　严禁在企业文化宣传栏周边堆积或摆放杂物。

第二十二条　本制度由总公司办公室负责解释。

第五节　中小企业组织与企业文化管理表格

一、职务分配表

部门名称：

工作类别	负责人员 工作说明	1	2	3	4	5	6	7	8	9	10

注　本表填写各负责人员在各类工作上负责之项目，例：起案、核对、决定、原则指示、同意、会办等。

二、部门工作分类表

部门名称：

职务名称	负责工作			保管档案 填写报表	具备 条件
	日常工作	偶发定期工作	临时或代理工作		

三、部门工作分配表

<table>
<tr><td colspan="2">职称</td><td></td><td></td><td></td><td></td><td></td></tr>
<tr><td rowspan="4">工作类别</td><td></td><td></td><td></td><td></td><td></td><td></td></tr>
<tr><td></td><td></td><td></td><td></td><td></td><td></td></tr>
<tr><td></td><td></td><td></td><td></td><td></td><td></td></tr>
<tr><td></td><td></td><td></td><td></td><td></td><td></td></tr>
</table>

四、企业文化认知调查表

<table>
<tr><td colspan="4">基本资料</td></tr>
<tr><td>姓名</td><td></td><td>部门</td><td></td></tr>
<tr><td>职位</td><td></td><td>学历</td><td></td></tr>
<tr><td colspan="4">文化认知</td></tr>
<tr><td colspan="4">1. 您认为什么是企业文化</td></tr>
<tr><td colspan="4">2. 在您看来，企业文化对企业的经营业绩有何影响</td></tr>
<tr><td colspan="4">3. 您认为怎样才能使企业文化深入人心</td></tr>
<tr><td colspan="4">4. 您希望通过此次培训达到什么效果</td></tr>
<tr><td colspan="4">5. 其他建议：</td></tr>
</table>

五、企业文化管理测评定性考核表

<table>
<tr><td rowspan="2">项目</td><td rowspan="2">子项目</td><td>优秀</td><td>良好</td><td>一般</td><td>较差</td><td>很差</td><td rowspan="2">实际得分</td></tr>
<tr><td>5</td><td>4</td><td>3</td><td>2</td><td>1</td></tr>
<tr><td rowspan="5">企业文化理念体系（满分25分）</td><td>完善性</td><td></td><td></td><td></td><td></td><td></td><td rowspan="5">分</td></tr>
<tr><td>领先性</td><td></td><td></td><td></td><td></td><td></td></tr>
<tr><td>指导性</td><td></td><td></td><td></td><td></td><td></td></tr>
<tr><td>适用性</td><td></td><td></td><td></td><td></td><td></td></tr>
<tr><td>特色性</td><td></td><td></td><td></td><td></td><td></td></tr>
<tr><td rowspan="5">企业文化建设情况（满分25分）</td><td>结构设置</td><td></td><td></td><td></td><td></td><td></td><td rowspan="5">分</td></tr>
<tr><td>人员配置</td><td></td><td></td><td></td><td></td><td></td></tr>
<tr><td>活动开展</td><td></td><td></td><td></td><td></td><td></td></tr>
<tr><td>教育宣传</td><td></td><td></td><td></td><td></td><td></td></tr>
<tr><td>经费保障</td><td></td><td></td><td></td><td></td><td></td></tr>
<tr><td rowspan="5">企业文化规章制度（满分25分）</td><td>规范性</td><td></td><td></td><td></td><td></td><td></td><td rowspan="5">分</td></tr>
<tr><td>操作性</td><td></td><td></td><td></td><td></td><td></td></tr>
<tr><td>有效性</td><td></td><td></td><td></td><td></td><td></td></tr>
<tr><td>执行力</td><td></td><td></td><td></td><td></td><td></td></tr>
<tr><td>完备性</td><td></td><td></td><td></td><td></td><td></td></tr>
<tr><td rowspan="5">企业经营管理情况（满分25分）</td><td>业绩卓越</td><td></td><td></td><td></td><td></td><td></td><td rowspan="5">分</td></tr>
<tr><td>战略清晰</td><td></td><td></td><td></td><td></td><td></td></tr>
<tr><td>创新管理</td><td></td><td></td><td></td><td></td><td></td></tr>
<tr><td>环境和谐</td><td></td><td></td><td></td><td></td><td></td></tr>
<tr><td>社会贡献</td><td></td><td></td><td></td><td></td><td></td></tr>
<tr><td colspan="4">定性考核测评满分100分</td><td colspan="4">实际总得分数：　　分</td></tr>
<tr><td colspan="4">测评权重40%</td><td colspan="4">定性测评分数：　　分</td></tr>
<tr><td colspan="8">测评专家签字：
年　　月　　日</td></tr>
</table>

第二章

中小企业经营企划管理制度与表格

第一节　中小企业经营企划管理概述

一、企划的定义

所谓企划，也就是企业规划，是企业为了完成某个策略性目标而必经的首要程序。包括从构思目标、分析现状、归纳方向、判断可行性，一直到拟订策略、实施方案、追踪成效与评估成果的过程。

“企划”一词大约在1965年自日本引进，至今已经有50多年了。起初的20年并未受企业界的重视。但发展到后来，由于消费大众的欲望愈来愈复杂、多样，消费心理瞬息万变，造成企业面临前所未有的冲击。不但同业间的竞争愈演愈烈，而且稍不留神，企业可能就遭淘汰了。客观的条件逼得企业日益倚重企划，甚至产生了“没有企划，就没有企业”的共识。

其实一言以蔽之，激发创意、有效地运用手中有限的资源，选定可行的方案，达成预定目标或解决某一难题，就是企划。

二、企划的要素

人类构思的过程大概是这样的：运用各种不同的思考方法产生构想，好的构想就成为创意，而有目标的、可能实现的创意（或是用创意来做工），就变成企划了。

由此可知，企划有别于构想与创意，它应包括下列三个要素：

第一，必须有崭新的创意。企划的内容必须新颖、奇特，令人拍案叫绝，使人产生新鲜、有趣的感觉。

第二，必须是有明确方向的创意。再好的创意，若缺乏一定的方向，势必与目标脱节，就不能成为企划了。

第三，必须有实现的可能。在现有人力、财力、物力的限制之下，有实现的可能才是企划。否则再好的创意也是空谈。

三、中小企业战略企划要点

1. 集中一点

规模小、资源有限、实力较弱，是中小企业的天生软肋，在和大企业交锋的时候往往无法经营多种产品来分散风险，此时，就要充分运用自身优势，集中兵力，通过选择能使企业发挥自身优势的细分市场来进行专业

化的经营，即小企业的“小而专、小而精”战略。

2. 寻找空白

见缝插针，寻找空白，这是中小企业所特有的技能，中小企业应根据“人无我有”的原则，通过寻找市场上的各种空隙，凭借自己快速灵活的优势，一举进入空隙的市场，努力取得成功，这就是“钻空隙”战略。

3. 与众不同

这种战略企划是根据中小企业比较容易接近顾客而制定的一种经营战略。采用这种战略的中小企业一定要处理好经营特色与成本之间的关系，否则就是贴钱赚吆喝了。这是因为，第一，企业的经营能力决定了企业是否能够在激烈的市场竞争中长期保持住自己的经营特色；第二，在经济下行期间，消费者有可能放弃特色因素而重视价格；第三，当产品达到成熟阶段，消费者对产品的经营特色兴趣可能降低而转向低价的标准产品。

4. 联合竞争战略

中小企业势单力薄，很难跟大企业对抗，但要想生存下去，就得和兄弟企业实行联合。通常来说，采用联合竞争战略的中小企业的联合方式大致有两类：其一是松散型的联合。这种联合仅局限于生产协作或专业化分工的联系，其他诸如资金、技术、人员等方面基本没有往来。第二是紧密型的联合。这种联合是松散型联合的升级版，企业之间除了生产协作或分工上的联系之外，双方还在资金和销售方面也加强了联合，如互相持股、按股分息、互相调剂余缺、建立统一的销售队伍等。参加联合的企业能成为命运共同体。

5. 承包经营战略

中小企业力量单薄、产品单一，因此在决定自己的生产方向时，不要着力于开发新产品，而是依附于企业的生产系统，接受一个或数个大企业的长期固定的订货，成为它们的一个加工承包单位。在实施这种战略的同时，中小企业还必须注意解决两个问题：第一，与大企业的承包条件。在承包过程中，中小企业要尽量争取保持自己的地位，以一种对策的关系来确定承包条件。第二，企业的长远发展问题。承包不是永久的方法，当企业发展到一定规模、具备一定的实力之后，就必须考虑战略转移，以谋求企业的长远发展。

四、中小企业经营企划管理制度的制定原则

中小企业要想使企划得以顺利进行，就必须制定相应的经营企划管理制度，只有靠制度的保障，企业才能把企划贯彻到底，在制定企划管理制度时，中小企业应遵循以下原则：

1. 力求完备的原则

经营企划管理制度要健全，要力求完备，以便制订公司经营企划战略

时能够做到有根有据。

2. 坚持眼前利益和长远利益相结合的原则

公司经营企划管理制度的制订涉及眼下的可能的赢利空间和公司未来的生产经营行为及发展方向。因而要结合本企业的实际情况和生产经营管理的需要，经过充分讨论，按有利于平衡公司长、短期发展的原则来制订，绝不能把它当做简单的文字性事务工作来对待。

3. 实事求是、讲究实效的原则

制度的制定要根据实际需要，以能发挥实际效果为目的。不定无用的、空洞无物的、不切实际的制度。

4. 避免自相矛盾的原则

中小企业制订出来的经营企划制度要形成完整的体系，彼此相互配套，避免重复和相互矛盾。一套不完整的公司经营企划管理制度或是互相冲突的公司经营企划管理制度不可能实现经营企划管理的标准化、科学化，只能使企业员工更加无所适从，管理更加混乱。

五、中小企业经营企划管理制度的内容

一套完整的经营企划管理制度应包括以下内容：

1. 公司战略目标制度

公司战略体系包括以下四大内容：战略指导思想、战略目标、战略措施、战略规划。其中战略目标的制订是公司战略管理的基础。

2. 公司战略企划管理纲要

塑造公司成为依法自主经营、自负盈亏、自我发展、自我约束的法人实体，建立规范的现代公司制度体系，塑造良好的公司运行体制和运作机制，达到增强公司活力、强化内容管理、提高经济效益、确保法人资产保值增值目标，使公司在按照市场经济规律、供求关系和价值规律经营时，真正成为市场竞争的主体。

3. 公司战略企划操作流程管理制度

操作流程应该符合公司的需要，服从公司的长远利益。在此基础上，合理规划战略企划的每项工作流程，并适时调整战略企划方案。

4. 公司企划纲要

创造和形成统一的公司形象，扩大公司的品牌影响力，增强公司的凝聚力和竞争力，更好地展现公司形象。

5. 企划管理部门工作责任制度

通过战略管理使公司和各部门的战略性活动优先得到实施；培养员工的整体观念使公司员工主动考虑到与其他部门进行决策协调。

第二节　中小企业经营规划管理制度

一、企业战略规划管理规定

第一章　总则

第一条　为加强本公司战略管理，做好未来长期的发展规划，明确本公司的中长期目标和发展方向，更好地整合优势资源，获取竞争优势，实现公司的高速发展，特制定本规定。

第二条　公司战略规定的是公司的总体长远的目标、发展方向、重点前进道路以及应采取的行动方针和重大措施。

第三条　公司经营企划部负责公司战略企划事务的日常工作。

第四条　公司战略应满足以下原则。

完备原则、眼前利益和长远利益相结合原则、实事求是原则、实效原则、避免自相矛盾的原则。

第二章　战略规划内容

第五条　公司战略应包括以下内容。

（1）公司战略总结与定位分析：简要回顾与总结公司过去的战略，结合公司内外部环境分析，开展与主要竞争对手的对比分析及主要战略客户的关系分析，明确公司在产业及行业中的位置和市场地位。

（2）公司战略规划：在公司整体战略框架下，明确在公司愿景和使命下所处的发展阶段和规划方向，在公司战略目标下选择公司的业务组合，包括扩张或调整现有业务，拓展和进入新型业务领域，发挥各项业务战略协同作用。

（3）公司经营指标规划：对公司整体和核心业务未来的关键业绩指标进行系统分析和设定。

（4）公司核心业务发展战略：规划公司核心业务及子公司的发展目标、发展规划、竞争策略等。

（5）公司职能战略规划：在公司战略规划体系下，开展各项职能战略规划，协同支撑公司整体战略发展。

第三章　战略规划流程

第六条　公司战略规划编制流程。

（1）调研诊断。中小企业在经营过程中无时无刻不存在问题，没有问题的中小企业是不存在的。但不是所有的问题都是战略层面的问题。管理者一定要善于抓住主要矛盾，来分析解决企业存在的问题。

（2）确定发展方向。管理者在找出企业的问题后，要确定企业的发展方向，包括我们要的愿景是什么？使命是什么？企业往哪里走？是专业化还是多元化？

（3）确定目标。中小企业的发展要遵循事物的一般发展规律，切忌盲目求进，而要“源于实际，高于实际”。目标包括产值、市场、销售、品质、产品、品牌、人力资源规划等。

（4）确定实施方案。方案是战略管理的核心，方案具有可操作性。特别是年度实施方案，必须详细具体。

（5）完善组织结构及岗位。为了完成战略目标，企业需要设立什么样的组织结构及岗位，组织结构是实现战略目标的构想，岗位是将战略责任落实的载体。

（6）确定人选。中小企业用人一定要务实，有一个原则要记住，那就是合适自己的才是最好的，用人要不拘一格，而不是一定非要用优秀人才不可。

（7）总结、纠正。战略在实施的过程中，要定期或不定期进行总结，发现执行过程中存在的问题，并予以纠正，保证执行不出偏差。

第四章　战略规划编制和调整时间安排

第七条　公司战略规划每5年编制一次。公司经营企划部自前一年×月×日开始做相关准备工作，在当年×月×日前提出《战略规划提案》，在×月×日前完成编制工作。

第八条　在非计划编制年度，公司战略规划每年调整一次。公司战略发展部自前一年×月×日开始做相关准备工作，在×月×日前提出《战略规划调整提案》，在当年×月×日前完成战略规划调整工作。

第五章　战略规划文档归档、保管和查阅

第九条　公司战略规划文档包括公司战略规划文件、公司战略规划调整文件、分公司战略规划文件和分公司战略规划调整文件。

第十条　战略规划文档统一归档到公司档案室，公司经营企划部留存副本。

第十一条　公司经营企划部根据公司档案管理制度，对战略规划文档进行归类和标识，以方便查阅，妥善保存、移交相关文档。

第十二条　公司战略规划文档包括公司战略规划文件、公司战略规划调整文件、分公司战略规划文件、分公司战略规划调整文件、公司职能战略规划文件、公司职能战略调整文件等。经营企划部要实施分级保密管理

制度，防止文档被无关者查阅。

第六章　附则

第十三条　本规定自××××年××月××日起施行。

第十四条　本规定由公司经营企划部负责解释。

二、企业经营计划管理制度

第一章　总则

第一条　计划管理工作的任务。

（1）在科学预测的基础上，为企业的发展方向、发展规模和发展速度提供依据，制定企业的长远规划，并通过近期计划组织实施。

（2）根据市场需要和企业能力，签订各项经济合同，编制企业的年度、季度计划，使企业各项生产经营活动和各项工作在企业统一的计划下协调进行。

（3）充分挖掘及合理利用企业的一切人力、物力、财力资源，不断改善企业的各项技术经济指标，以取得最佳的经济效果。

第二条　企业各级部门的主要精力应放在各种计划的编制执行和考核上。

第三条　企业的计划管理根据“统一领导、归口管理”的原则，全厂分厂部、车间、班组三级进行管理。厂计划管理科是全厂计划工作的综合管理部门，各个职能科室分别是各种专业计划的归口部门。

第四条　为保证全厂计划工作的正常开展，应加强综合计划，认识到它在企业中应有的地位和作用。各级计划部门和归口部门也必须根据计划工作的要求配备专职（或兼职）计划人员。

第五条　企业计划必须认真进行综合平衡，坚持“积极平衡、留有余地”的原则，不留缺口，不“打埋伏”。

第六条　企业的各项计划是市场经济计划的基本组成部分，是企业生产经营活动的依据。计划一经下达，各级各部门都必须发动员工，采取切实有效的措施保证计划的实现。

第七条　统计工作是企业的一项基础工作，是监督检查计划执行情况的重要工具，应准确、及时、全面反馈计划的执行情况，禁止弄虚作假。

第二章　长远规划

第八条　长远规划是确定企业未来发展方向和奋斗目标的战略计划，通过年度计划的安排逐步实现。其主要内容包括下列几个方面：

（1）企业产品的发展方向。

（2）企业生产的发展规模。

（3）企业技术发展水平及技术改造方向。

（4）企业技术经济指标将要达到的水平。

（5）企业组织管理水平的提高和安全环保等生产条件的改善。

（6）员工教育培训及文化设施建设。

（7）员工生活福利设施的改造。

（8）能源及原材料的节约。

第九条　编制企业长远规划的主要依据。

（1）经济发展的需要。

（2）市场需要。

（3）企业的生产技术条件。

（4）国内外科学技术最新成就和发展趋势。

（5）技术改进、引进和改善管理、提高员工技术水平以后所能提供的潜力。

第十条　长远规划的编制工作由分管计划工作的厂长主持。计划管理部负责汇总、综合平衡，提出总体方案和上报。各归口部门按规划要求负责搜集、整理资料提出专业规划（草案）。

第三章　年度综合计划

第十一条　年度综合计划是企业全体员工在计划年度内的行动纲领，又是安排季度、月度计划的重要依据。因此，企业各个生产环节和各个方面的生产经营活动，都必须严格按计划执行。

第十二条　年度综合计划的制订采取统一领导、分工负责、综合平衡的方法进行编制。即由分管计划工作的厂长负责领导，各业务归口科室按“管什么业务，就编制什么计划”的原则，根据规定的计划表式，负责编制各专业计划，计划管理科负责拟定编制计划的总进度，组织综合平衡，于每年的12月上报和下达工作。

第十三条　年度综合计划编制的主要依据。

（1）上级部门下达的指令及指导性计划。

（2）厂长提出的年度方针目标。

（3）产品订货合同和市场预测资料。

（4）长远发展规划。

（5）前期预计完成数字及本企业历史统计资料。

（6）经审定过的各种技术经济定额。

第十四条　编制计划所需资料由各部门车间相互提供，任何单位都不得拒绝。

第十五条　专业计划的编制，各部门负责人要亲自主持，计划草案应

认真听取分管厂领导和有关车间、科室的意见，并按规定的时间报计划管理科。报送的计划必须附文字说明，经科长和编制人签章后方才有效。

第四章　指标管理

第十六条　年度综合计划所规定的各项计划任务是通过一定的计划指标来表示的。计划指标就是企业在计划期内在生产经营活动方面应该达到的目标和水平。为全面反映企业的技术经营活动，必须适当设置各种指标，建立健全企业的指标体系，完善和促进计划管理工作。

第十七条　计划指标应按平均先进水平来确定，一般应高于上期实际达到的水平并经过努力才能实现。

第十八条　计划指标实行分级归口管理。厂级指标（总指标）由厂计划管理科负责汇总、平衡、上报和下达，各业务科室负责归口管理。车间级指标（分指标）以车间主任为首，组织有关职能人员负责管理。班组级指标以班组长为首组织工作人员管理。

第十九条　为使计划任务层层落实，计划指标必须进行层层分解。坚持谁管什么指标就分解什么指标，分解指标必须和总指标保持平衡和衔接，分解指标执行情况按规定路线进行反馈。

第二十条　厂级指标的设置由计划管理科根据上级要求和厂内管理工作的需要同指标归口部门商定。

第二十一条　必须在当年年底正式下达次年的企业年度经营综合计划。

第五章　计划指标的调整

第二十二条　为维护计划的严肃性，企业计划一经上级部门及厂领导批准下达，必须严格执行，各归口部门和执行单位均不得随意修改。如确受客观原因影响，经主观努力仍不能完成计划时，在有利于调动广大员工完成计划积极性的前提下，可调整计划指标，但必须办理审批手续。

（1）厂级计划指标的调整，由执行单位提出书面申请，送归口科室签署意见后，经计划管理科审核，报厂领导审批。属总公司下达的计划指标，还要报上级部门审批，在未批准前仍按原计划执行。

（2）调整年度计划指标应提前一个季度申请，调整季度计划指标应提前1个月申请，调整月度计划指标应提前10天申请。

（3）调整某一项计划指标如需同时相应调整其他有关计划指标时，应一并上报呈请审批，以保证计划的平衡协调。

（4）调整计划指标一律以书面批复为准，在未接书面批复以前一律按原计划考核。

第六章　计划执行情况的检查和考核

第二十三条　各级领导必须随时监督检查计划的执行情况，及时发现执行过程中的问题，采取有效措施以保证计划的顺利完成。

第二十四条　检查计划执行情况应充分利用统计报表、会计报表、业务报表等资料统计汇报。检查计划的实际完成数，一律以统计报表数为依据。

第二十五条　计划执行情况的考核必须与经济责任制考核相结合，考核的计划指标一律以上一级部门批准或下达的计划指标为依据。

三、企业经营计划和预算管理制度

第一章　总则

第一条　为贯彻公司发展战略，加强公司及各分公司经营管理的计划性，规范公司的计划和预算管理工作，特制定本制度。

第二条　本制度的拟订旨在提高工作效率，其目的是在年度开始之前对下一年度的经营目标与经营方针预作提示，各部门及分公司依据公司目标，拟订或修订相关管理制度或改进方案，并配合年度预算的编制预测产品市场的增减变动，配合设定产能与成本标准，拟订年度产销计划。

第三条　本制度也可作为考核各部门执行绩效的依据，通过各种标准的设定、事前的合理规划，并经由各管理阶层的积极参与以达到研究创新、扩大营业额、控制成本、创造利润的目的。

第二章　组织机构

第四条　公司的经营计划和预算管理机构包括总经办、公司财务管理部。

第五条　总经办是公司年度经营计划和预算管理的最高决策机构，其职责如下。

（1）审批公司年度经营计划和预算。

（2）审批有关计划和预算管理的政策、制度、规定等，确定编制方针与程序。

（3）对公司年度经营计划和预算的各项重大事项进行讨论并形成意见。

第六条　公司预算审核委员会是公司年度经营计划和预算管理的最高决策机构，其职责包括：

（1）审批公司各部门及各分公司年度经营计划和预算。

（2）审批有关经营计划和预算管理的政策、制度、规定等，确定编制方针和程序。

(3) 对项目公司年度经营计划和预算的各项重大事项进行决定。

第七条　公司财务管理部是公司年度经营计划的审核和执行机构，其审核职责包括：

(1) 审核公司各部门及各分公司年度经营计划与预算。

(2) 审议公司各部门及各分公司年度经营计划与预算，形成决议。

(3) 审核有关计划和预算管理的政策、制度、规定等，确定编制方针和程序。

(4) 对各分公司年度经营计划与预算的各项重大事项进行讨论，形成意见。

(5) 财务管理部在审议各分公司年度经营计划与预算议题时，分公司相关负责人应列席并参加讨论。

第八条　公司财务管理部的执行职责包括：

(1) 传达公司确定的总体经营管理方针、总体目标。

(2) 起草、修订、下发经营计划和预算方案的指标类别、格式。

(3) 审核公司各部门及各分公司的年度经营计划和预算方案提案。

(4) 拟订公司的年度经营计划和预算方案提案。

(5) 制订公司月度、季度、半年、年度经营计划与预算执行情况分析报告。

(6) 监督公司及各分公司的经营计划与预算执行情况。

(7) 负责公司经营计划与预算管理其他相关事项。

(8) 负责对各分公司的年度经营决算报告进行审核、汇总，并撰写总公司年度经营决算报告和相关分析报告。

第三章　编制原则

第九条　一致性原则。公司的经营计划和预算方案要根据总公司的中长期战略规划进行编制，服从公司的中长期发展目标，并符合公司总体的经营方针。

第十条　先进性原则。各项经济技术指标都要对照“四个水平”进行，即本中心历史最好水平、本年实际水平、国内同行业先进水平、国外同行业先进水平。

第十一条　全面完整性原则。公司经营计划和预算必须全面、完整、具体，将指标层层分解落实。

第十二条　实事求是原则。公司经营计划和预算要根据企业实际情况，在对宏观经济状况与经济政策、行业趋势进行深入分析的基础上编制。

第四章　范围与依据

第十三条　经营计划和预算的编制责任中心范围。

（1）一级责任中心：总公司。

（2）二级责任中心：总公司各职能部门、各分公司。

第十四条　经营计划和预算编制的依据与基础。

（1）宏观经济和政策环境。

（2）行业趋势、市场环境、竞争环境。

（3）总公司中长期战略规划。

（4）责任中心自身资源和能力的分析报告。

（5）经营计划和预算执行情况的分析报告。

第五章　内容与要求

第十五条　总公司及分公司的经营计划和预算需含有以下内容。

（1）总公司及分公司上一年度经营计划与预算执行情况总结。

（2）总公司及分公司战略发展目标。

（3）总公司及分公司内外部环境分析与预测。

（4）总公司及分公司主要年度经营目标。

（5）总公司及分公司实现目标的措施规划。

（6）总公司及分公司财务预算方案。

（7）总公司及分公司风险分析及相应对策准备。

（8）其他必要说明。

第十六条　总公司各职能部门年度管理计划和预算需含有以下内容。

（1）部门上一年度经营计划与预算执行情况总结。

（2）总公司战略对部门发展的要求。

（3）部门主要年度管理和支持服务目标。

（4）部门工作计划及主要举措。

（5）部门费用预算。

（6）其他说明。

第十七条　分公司预算方案和汇报重要信息的内容格式（略）。

第十八条　公司经营计划和预算方案与分公司经营计划和预算方案的编制必须符合以下要求。

（1）经营计划中重大工作内容应该逐项列出并制定工作进度表。

（2）各项计划和预算指标确定部分和预测部分应该明确分开，尽可能压缩预算中的预测范围（如将已经签署合同的业务和不确定业务分开列明），同时要详细说明预测过程和依据。

（3）计划和预算中包含的各项数据要尽量给出明细。

（4）针对开发项目编制项目预算。

第六章　编制调整流程

第十九条　年度计划和预算的编制流程包括分公司年度经营计划与预算审核流程、总公司年度经营计划与预算制定流程、分公司年度经营计划与预算调整审核流程、公司年度经营计划与预算调整流程。

第二十条　分公司年度经营计划与预算编制与审核自前一年度的×月×日开始，在×月×日前完成编制工作，审核流程如下。

（1）分公司提出年度经营计划与预算方案。

（2）总公司外派董事将分公司年度经营计划与预算方案上报总公司。

（3）总公司资产管理部审核分公司年度经营计划与预算方案并提出专业意见。

（4）总公司分管副总裁审核分公司年度经营计划与预算方案并提出意见。

（5）总公司总裁办公会审议分公司年度经营计划与预算方案，形成审议决议。

（6）总公司资产管理部向外派董事传达公司决议。

（7）总公司外派董事根据公司决议在分公司董事会上表决。

（8）分公司董事会审批年度经营计划与预算方案。

第二十一条　总公司年度经营计划与预算制定流程自前一年度的10月1日开始，在12月31日前完成编制工作，制定流程如下。

（1）公司资产管理部提出年度经营计划与预算方案编制要求。

（2）公司各部门和分公司提出本单位的年度经营计划与预算方案。

（3）公司资产管理部编制公司年度经营计划与预算方案讨论稿。

（4）公司分管副总裁审核公司年度经营计划与预算方案讨论稿并提出意见。

（5）公司总裁办公会审核公司年度经营计划与预算方案讨论稿。

（6）公司董事会审批公司年度经营计划与预算方案讨论稿。

（7）公司资产管理部根据董事会审批意见编制公司年度经营计划与预算方案正式稿。

第二十二条　分公司年度经营计划与预算调整审核流程参见分公司年度经营计划和预算编制审核流程。

第二十三条　公司年度经营计划和预算的调整流程如下。

（1）公司资产管理部提出年度经营计划调整议案。

（2）公司分管副总裁审核并提出意见。

（3）公司总裁办公会审议并提出审议意见。

（4）公司董事会审批并作出决议。

（5）公司资产管理部根据董事会决议调整年度计划与预算。

第七章 执行与监督

第二十四条 公司在执行计划和预算时，要坚持“权责分散，监督集中”的原则，即计划预算内的财权、经营权下放给二级责任中心，一级责任中心集中掌握监控权。

第二十五条 在预算执行的过程中，各责任中心以自我控制为主，对在预算范围内的各项支出按照公司和本单位的财务制度及相关审批程序进行控制。

第二十六条 各责任中心负责人必须责成相关部门每月按照既定的格式填写计划和预算，并向公司资产管理部报送公司要求的月度、季度和年度经营计划和预算执行情况统计表和分析报告，资产管理部同时抄报公司战略发展部、审计监察部。

第二十七条 公司资产管理部是经营计划和预算执行情况等各种信息的汇总部门，是公司对计划和预算的执行过程进行日常管理、监控和分析的主管部门，其相关监控工作职责如下。

（1）负责收集、汇总各责任中心计划与预算执行过程中的各种计划和预算执行信息，并于每月 10 日前将执行情况统计结果和简要分析说明报送总裁办公会。

（2）负责每月对每个分公司进行不少于 2 天的计划和预算执行情况的调研考察。

（3）负责牵头并组织各有关部门对各责任中心的执行情况进行监督检查。

（4）负责会同公司战略发展部和审计监察部，撰写包含各方专业分析和改进建议的《计划预算执行综合分析报告》，报送公司总裁办公会。

（5）负责对相关责任中心提出合理化建议，以帮助各责任中心更好地完成年度经营计划和预算目标。

（6）负责牵头并组织相关部门对经营计划和预算方案执行中的调整事项进行审核。

（7）负责会同公司战略发展部、审计监察部共同提出对各二级责任中心计划和预算执行效果的考评意见。

第二十八条 公司总裁办公会每月召开一次各二级责任中心负责人参加的计划和预算分析例会，讨论计划和预算执行情况分析报告，分析产生偏差的原因，商议纠正偏差的措施。

第二十九条 各责任中心要加强对其下属责任实体执行过程的监督和

指导力度，以保证公司总体经营计划和预算得到有效控制。对违反本制度的各责任中心，公司人力资源部有权根据总裁办公会的要求追究该责任中心主要负责人员的责任。

第八章　年度经营决算

第三十条　公司总裁办公会是年度经营决算编制的领导机构，公司资产管理部是年度经营决算的执行机构。

第三十一条　公司年度经营决算的编制要求如下。

（1）年度经营决算要严格按照公司相关财务管理政策和制度的要求执行。

（2）年度经营决算要对对公司损益有重大影响的事项进行逐项审查，提出审核性和指导性建议。

（3）年度经营决算要对照预算认真分析经营结果与预算的差距，为来年的工作提出改进措施。

第三节　中小企业经营计划管理表格

一、经营范围及规模表

<table>
<tr><td rowspan="3">生产产品</td><td rowspan="3">说明</td><td colspan="2">第一期</td><td colspan="2">第二期</td><td colspan="2">第三期</td></tr>
<tr><td colspan="2">年　月至　年　月</td><td colspan="2">年　月至　年　月</td><td colspan="2">年　月至　年　月</td></tr>
<tr><td>数量</td><td>金额</td><td>数量</td><td>金额</td><td>数量</td><td>金额</td></tr>
<tr><td></td><td></td><td></td><td></td><td></td><td></td><td></td><td></td></tr>
<tr><td></td><td></td><td></td><td></td><td></td><td></td><td></td><td></td></tr>
<tr><td></td><td></td><td></td><td></td><td></td><td></td><td></td><td></td></tr>
<tr><td></td><td></td><td></td><td></td><td></td><td></td><td></td><td></td></tr>
<tr><td></td><td></td><td></td><td></td><td></td><td></td><td></td><td></td></tr>
<tr><td></td><td></td><td></td><td></td><td></td><td></td><td></td><td></td></tr>
<tr><td></td><td></td><td></td><td></td><td></td><td></td><td></td><td></td></tr>
</table>

二、年度管理方针及措施表

项　　目	内　　容
1. 生产方面	
2. 业务方面	
3. 人事总务方面	
4. 其他	

三、人力成本计划表

用工类别	需要人数	平均工资	每月工资	用工成本	备 注

四、投资分析表

项　目		说　　明			
投资额	土地及建筑物				
	生产设备				
	其他设备				
	工具模具				
开办费					
周转金	物料				
	工具				
	人工费				
合 计					
结论：					

五、销售预测表

年度	月份	内销预测	市场占有率	外销预测	成长率	存 量	生产计划
	一月						
	二月						
	三月						
	四月						
	五月						
	六月						
	七月						
	八月						
	九月						
	十月						
	十一月						
	十二月						
	合计						
年度	月份	内销预测	市场占有率	外销预测	成长率	存 量	生产计划
	一月						
	二月						
	三月						
	四月						
	五月						
	六月						
	七月						
	八月						
	九月						
	十月						
	十一月						
	十二月						
	合计						

六、产品评估表

月份	目标产量	目标销量	存量	估计单价	估计毛利	估计利润	利润率	备注
一月								
二月								
三月								
四月								
五月								
六月								
七月								
八月								
九月								
十月								
十一月								
十二月								
合计								
分析及说明：								

七、年度经营目标预测表

月份	生产目标	存货金额	销售目标	估计利润	备注
一月					
二月					
三月					
四月					
五月					
六月					
七月					
八月					
九月					
十月					
十一月					
十二月					
合计					
分析及说明：					

第三章 中小企业人力资源管理概述

第一节　人力资源管理的内容及发展趋势

一、人力资源管理的主要内容

人力资源管理的内容相当丰富，主要涉及选人、育人、用人、留人四个方面的工作。

1. 人力资源规划

所谓人力资源规划也叫人力资源计划，是指企业为了实施自己的发展目标，完成企业的生产经营目标，根据企业内外环境和条件的变化，通过对企业未来的人力资源的需要和供给状况的分析及估计，运用科学的方法进行组织设计，对人力资源的获取、配置、使用、保护等各个环节进行职能性策划，制定企业人力资源供需平衡计划，以确保组织在需要的时间和需要的岗位上，获得各种必需的人力资源，保证事（岗位）得其人、人尽其才，从而实现人力资源与其他资源的合理配置，有效激励、开发员工的规划。

2. 工作分析

工作分析包括两个部分的内容：一是对组织内各岗位所要从事的工作内容和承担的工作职责进行清晰界定；二是确定各岗位所要求的任职资格，如学历、专业、年龄、技能、工作经验等。工作分析的结果体现为岗位说明书。

3. 招聘与录用

招聘与录用是指企业采用各种途径将人才吸引过来，然后从应聘者中挑选符合要求的人员，做到人职匹配。

4. 培训与开发

培训与开发包括建立培训体系，确定培训需求和计划，组织实施培训过程以及对培训效果进行反馈总结等活动。

5. 绩效管理

所谓绩效管理，是指各级管理者和员工为了达到组织目标共同参与的绩效计划制定、绩效辅导沟通、绩效考核评价、绩效结果应用、绩效目标提升的持续循环过程，绩效管理的目的是持续提升个人、部门和组织的绩效。

6. 薪酬管理

薪酬管理，是指在企业发展战略指导下，对员工薪酬支付原则、薪酬策略、薪酬水平、薪酬结构、薪酬构成进行确定、分配和调整的动态管理过程。薪酬管理要为实现薪酬管理目标服务，薪酬管理目标是基于人力资源战略设立的，而人力资源战略服从于企业发展战略。

7. 劳动关系管理

劳动关系管理就是用人单位要依法与员工签订劳动合同，依法建立劳动关系，确保管理方与代表员工利益的工会之间的有效劳动关系所从事的活动，通过立法和实施法律的手段管理雇佣行为。

二、人力资源管理的趋势

随着互联网技术的发展，企业间的竞争由产品经营竞争到资本经营的竞争，逐渐发展到智力资本经营的竞争，要想在智力资本时代获胜，企业只有取得了优于竞争对手的人力资源，并充分发挥他们的智力能量，才能在竞争中取胜并保持其优势。这个时代的提前到来，让现在的企业不得不对企业的人力资源倍加重视，对人力资源的开发和管理日益成为企业提高效率、保证自身竞争优势的强有力的武器。具体来说，人力资源管理将以更加积极的姿态出现，其发展将呈现出以下特点：

1. 由战术性向战略性人力资源转变。

目前，中国企业人力资源管理者逐渐从作业性、行政性事务中解放出来，改变了过去那种行政、服务和服从的角色，转变为关心组织发展和管理者能力的战略角色。新的人力资源部门应该规模更小、权力更大，这就要求人力资源专家不仅要对商业有深刻的认识，而且要擅长组织设计、组织变革和干预方法，并且还需要具备分析能力和人际关系的能力，以推动变革的顺利开展。

2. 人力资源的使用与薪酬发展趋势。

从人本管理向能本管理发展，能本管理是一种以人的能力为核心的人本管理。是人本管理发展的新阶段。能本管理要求企业必须打破身份界限、特权门第和人情关系对用工的干扰，打破在少数人圈内根据人情关系、领导印象和主观好恶用人、选拔人的弊端，根据才能选人才，按照人才的特点用人才。要求在工资制度上实行按能力和成绩分配，根据人的学历、能力、岗位贡献分配工资或收入。

3. 人力资源管理工作外包趋势日益明显。

放眼世界先进企业的管理经验，不难看出那些优秀企业的人力资源管理职能大都实现外包服务，实践证明，实施人力资源管理职能外包，可以得到专业的人力资源服务，可以获得最新的人力资源信息技术，可以消除时间压力。

4. 人力资本的投资不断扩大。

以教育和培训为主的人力资本的投资开发将不断获得增加。企业可以根据自身的实际需要制定多层次、多渠道、多形式的业内培训，以提高员工业务技能和敬业精神。另外，培训对于解决企业下岗人员的问题也不失为一个较佳思路。

第二节 中小企业人力资源管理对策

一、中小企业人力资源管理的现状

人力资源的发展正在发生着日新月异的变革，作为国家经济体的重要组成部分，中小企业必须认清自身管理的不足，为企业的发展注入新的血液。具体来说，中小企业人力资源管理的现状表现为如下几个方面：

1. 对人力资源管理的重要性认识不足

大多数中小企业对于人力资源管理的理解过于简单或者过于片面化，认为那是大企业才去考虑的事情，中小企业只要抓好生产就可以了，殊不知，企业效益的增加正是在人才的手中体现出来的。各种人力资源管理的误区，致使中小企业的管理者未能充分认识到自己的岗位职责，更多的关注其权力而忽视自身的职责和承担的服务义务，最终给企业带来各种隐患。

2. 缺乏战略性规划和完善的管理体系

从企业持续发展来看，中小企业大都缺乏人力资源管理的战略性规划和完善的管理体系。经营者大都以企业取得的经济效益为主要指标来考量企业人力资源管理的成效，在这种经营观念的影响下，中小企业更多的是关注眼前管理的成本和收益，而不去规划长远的发展，再加上企业内部缺乏相对完善的人力资源管理体系，人才缺失现象严重，这对于企业的发展无疑是一种阻碍。

3. 缺乏有效的人才培养体系

网络经济的核心竞争力就是人才，因此，要想使企业永续经营下去，人才培养就显得尤为重要，它是企业软实力的一种积累，人才的优势通过其综合素质提升给企业带来的实际经济效益和对企业精神文化方面的提升来得以彰显。企业内部对于员工的培养依据自身的情况各有不同，有些企业只是给员工提供入职培训，对于企业人才的培养实行师徒制或者帮带制等，这在节约企业人才培养成本的同时也埋下了企业人才发展不均衡等方面限制的隐患。这对于企业的发展而言是极为不利的一面。

二、中小企业的人才开发

对于广大中小企业来说，人才的开发利用，尤其是专业技术人才的开发利用，恰恰是企业最大的困难之一。

1. 中小企业人才开发的劣势

中小企业进行人才开发的劣势与大型企业相比是比较明显的。

首先是企业知名度低。与经营时间较长、社会信誉较好的大企业相比，大多数中小企业的历史都比较短，在社会上知名度低，业界的认知度也较低。

第二是工作条件差。在工作环境、薪酬待遇以及保险福利方面，和大企业相比，中小企业也不具有竞争力。

第三是人才缺乏安全感。中小企业一个致命的软肋就是抗风险能力较差，这从中小企业破产和倒闭的高比率就可见一斑。这在无形中就给人才造成了一种在中小企业工作稳定性差的错觉。

第四是对中小企业的认识存在误区。一些刚毕业的大学生往往认为，中小企业缺钱缺技术，在中小企业就职很难发挥自己的才干，因此，他们的目标往往盯着实力雄厚的大企业。

2. 中小企业人才开发的优势

与大企业相比，中小企业进行人才开发的确存在劣势，但也应该看到中小企业具有不少大企业所没有的优势和特点。

第一，人才开发的灵活性。中小企业在管理和制度上层次少、决策快，这就使得中小企业在用人方面比较灵活，可以不受学历、资格、年龄等条件的约束和限制，这就为企业招聘合适的人才而不是昂贵的人才提供了保障。也就是说，能够给企业带来效益、为企业的发展作出贡献的人都可以得到重用。中小企业是一些胸有抱负的人的最佳平台，也是他们的能力得以发挥的主战场。

第二，报酬灵活。在用人方面，中小企业看中的往往是一个人的能力而非其华丽的从业经历，因此在报酬的设置上就比较灵活，不必像大企业那样论资排辈，谁对企业的贡献大，谁的报酬就高，而那些打算在企业混日子的人将无法在中小企业安身。因此，中小企业的所有者和经营者要把握住这个特点，充分引导员工把个人利益、个人前途同企业的命运紧密结合在一起，只要企业上下抱成团，中小企业所面临的不稳定性和高风险反而会成为大家共同攻克的目标。

3. 中小企业人才开发的途径

在了解了中小企业和大企业的对比后，中小企业就要总结出一套适合自己的人才开发途径。一般来说，中小企业常用的获取人才的途径主要有：

第一，聘请兼职专业技术人员。人才是昂贵的，为了最大限度地降低

人才使用的费用，中小企业不妨与研究机构和高校等签订协议，聘请专业技术人员和高级经理人员到中小企业兼职，每年为企业服务一定的时间，为企业解决实际问题。

第二，与大企业协作。现在大企业大都实行生产外包的形式，中小企业可以借此机会和大企业合作，通过为大企业服务（比如为大企业生产配套零部件），以此来获得大企业在技术和人才方面的支持与协助，大企业的人才介入进来，中小企业的人才短板将得以补充。

第三，聘用“闲置人才”。“闲置人才”指的是在原单位用非所学、用非所长、终究不得发挥的人，如果这些人是中小企业急需的对口人才，不妨用一些较优惠的条件把这些“闲置人才”聘请过来，有时还可以获得“闲置人才”的感激之情而更加努力工作，面对这样的好事，中小企业何乐而不为呢？

第四，“余热发电”。很多精力充沛的人由于到了退休年龄不得不走下工作岗位，如果中小企业能把这些离退休的人员聘请到企业中来让他们发挥“余热”，也不失为一种好方法。离退休人员大都有较长的工龄，他们既有扎实的专业理论知识又有丰富的实际经验，把他们聘请过来就能协助企业处理各种比较复杂的情况。

三、中小企业人才引进原则

一般来说，中小企业在人才引进方面要遵循如下原则：

1. 适用原则

中小企业在人才引进方面，务必求实，一定要根据自身经营发展的需要引进切实需要的人才，而非那些“高大上”的人才，一句话：“合适的，才是最好的”，避免走进“人才高消费”的怪圈。

2. 按劳分配原则

中小企业的人才是真正干事的人才，要让他们“各尽所能、按劳分配”，真正实行多劳多得、少劳少得、不劳不得的分配原则，只有这样方能最大限度地调动员工的工作积极性。

3. 超前性原则

虽然中小企业在人才引进上要讲究实效，但这也并非说只解决燃眉之急，而不为将来的发展储备部分人才。成功的人才引进应充分考虑企业未来的成长目标，并以此来储备和开发人才。

四、建立企业远景目标

许多中小公司都埋头发展业务，却从未静下心来想一想：我们的使命是什么？我们的远景目标是什么？也许老板会认为，公司走一步看一步，因为最终能够发展到什么地步谁都不知道。但是他却忘了，没有一个宏伟而可行的战略目标，公司员工又怎能齐心协力地朝着这个远景目标奋斗？优秀的员工又怎会乐于投身在这个目前还未壮大的企业之中？工作的热情首先来自于对企业充满信心，对未来充满希望。一个雄心勃勃但决非遥不可及的远景目标，将吸引一批对事业充满热情的人才投身其中。毕竟通过自己的耕耘使一家默默无闻的小企业成长为行业中的知名大企业是对人才的极大诱惑。

远景目标并不是一句简单的口号，而应该是切实可行的奋斗目标。比如，有一家企业曾把自己的远景定为“争创世界一流的通信企业”，这样的远景给人的感觉多少就有点口号的味道——“争创”是不一定需要达到的。如果改为“成为世界一流的通信企业”，这样的远景给人的激励效果显然更大。

五、中小企业人才激励措施

激励员工并不是一件容易的事。在不同场合运用不同的激励措施往往能产生较好的效果。与大企业一样，中小企业可采取的激励措施也包括目标激励和榜样激励等。以下激励措施虽然不是中小企业所独有，但相对来说是中小企业更常用因而也是更重要的。

1. 情感激励

情感激励，就是通过各种途径激发员工的情感，使之产生管理者所希望的倾向，并形成持久、稳定的热情和管理者所期望的上进心、内驱力，从而在企业中营造出人性化的、以人为本的环境与氛围。情感激励是激励员工最好的又是最廉价的方式。每一个人都需要关怀与体贴，一句亲切的问候，一番安慰话语，都可成为激励人们行为的动力。

2. 荣誉激励

荣誉激励是通过满足人们的自尊需要而达到激励的目的。有的时候，领导在其他员工面前的一句赞扬也是对优秀员工的激励，这种对员工贡献公开承认的做法无须成本，但激励效果却相当显著。

3. 物质激励

物质激励即通过物质刺激的手段，鼓励员工工作。物质激励有正激励和负激励两种形式，正激励包括发放工资、资金、津贴、福利等；负激励包括罚款等。在实际管理工作中，不少企业在使用物质激励的过程中耗费不少，但收效甚微，始终没有激发起员工的积极性。物质激励要想取得效果必须注意两个方面，第一是物质激励应与相应制度结合起来，把奖惩标准在事前就应制定好并公之于众且形成制度稳定下来；第二，物质激励必须公正，但不搞平均主义。按统一标准奖罚，不偏不倚，否则将会产生负面效应。

4. 事业激励

事业心强的人，都会把本职工作转化为自己的主观需要，把自己的精力融化在事业中，从而产生强烈的义务感和忘我的献身精神，并从中获得极大的乐趣和自我满足。中小企业要想降低员工流动率，让真正优秀的人才为我所用，就一定要让优秀的人才感觉到在你这上班就是在开创自己的事业，这种以事业激励的作用是巨大的。当然，这也要求中小企业的老板全无私心——创办企业不是为自己享受，而是一种人格上的升华和事业上的追求。

5. 给予足够的信任

上下级之间的相互理解和信任是一种强大的精神力量，它有助于单位人与人之间的和谐共振，有助于单位团队精神和凝聚力的形成。刘备“三顾茅庐”力请诸葛亮，显出一个“诚”字：魏征从谏如流，得益于唐太宗的一个“信”字。这都体现了对人才的充分信任。信任可以缩短员工与管理者之间的距离，使员工充分发挥主观能动性，使企业发展获得强大的原动力。

6. 注重沟通

按理说，中小企业人员少，下属和领导的沟通是比较方便的，沟通不应该成为薄弱环节。但实际情况是，一些中小企业领导的思想并不开放，以“一家之主”自居，因此也就不注重与员工沟通，久而久之，员工认为既然自己的意见不被采纳，也就没有沟通的必要了。

一个对工作积极开拓的人，他的潜力和所创价值可能是无法估量的。显然，一个老板能不能使其下属的每个员工都贡献出构想、创造性与心力，是他能否成功的关键。一个有前途的创业者，应知道怎样利用每个员工的力量、利用整个团队的力量去开创卓越。

7. 授权激励

人人都有进取心、成就感。职位越高、权力越大，掌握的资源也越多，也就越可能做出更优异的成绩。对某方面做得比较好的人，可以适当给予其更大的权力。这样，其获得成就感，自然会投入更大的热情，调动更多资源做出更优异的成绩。可谓一举两得。

8. 设计合理的分工

中小企业往往没有正规的岗位说明书。一是认为员工人数不多，没有必要搞这些条条框框。二是小公司也没有这么多人力物力去做这项工作。

于是便常有分工不明、相互推脱的事情发生。在一家还未建立起员工归属感的企业里，或在一家奖金与业绩挂钩工作并未做得很好的企业里，员工有希望承担责任越少越好的想法是正常的。但由此带来的员工互相抱怨、相互推脱将直接给公司造成损失。因此，中小企业人员虽少，但建立一套岗位说明是有必要的，而这样也可以避免老板随意改变岗位职责，引起员工内心不满。当然，岗位说明书也不应一成不变，而应随时在实践中考验这样的设计是否合理，并在一段时期后在与员工共同商议的基础上进行修改，使之更加合理化。还可以在岗位说明书中附加说明，如果遇到岗位说明书中未涉及的突发事件，可以由某个授权人员具体安排工作，并将职责承担的多少与奖金挂钩。这样即使有一些突发的未明确分工的任务，员工也乐意多积极承担一些而不是相互推脱。

9. 重视员工培训

有些中小企业以经费不足为理由而不对员工进行培训。事实上，这种对员工的投资是非常值得的，既可以建立起企业与员工间良好的合作关系，又可以促进企业取得更高的效率和更多的创新。企业不应该把人才当做不断燃烧的蜡烛，而应将其视为一个蓄电池，在不断放电的同时，也应不断地给其充电。

10. 创造和谐的工作环境

和谐的工作环境不仅包括良好的办公环境，还包括良好的人际关系所创造的办公氛围。而后者往往更为重要。美国的管理学家孔茨指出，管理就是设计和保持一种良好的环境，使人在群体里高效率地完成既定目标。管理归根结底是人的管理，因此小公司在尽量为员工创造满意的工作条件的同时，还应注意协调公司员工的人际关系，创造团队合作的气氛，及时调解员工间的不满。在这样的环境下，人们才能心情舒畅，高效地完成工作。

第四章 中小企业员工招聘管理制度与表格

第一节　中小企业员工招聘管理概述

人员招聘是根据组织的人力资源规划所确定的人员需求，通过多种渠道，利用多种手段，广泛吸引具备相应资格的人员向本企业求职的过程。

广义的招聘是指吸引和选择企业需要的工作人员的活动过程，包括组织内部招聘（内部选拔）和组织外部招聘（外部选用）；狭义的招聘是指组织因工作需要向组织外部招收工作人员。

企业发展靠的是人才，尤其是中小企业要想发展壮大，就要发展团队，团队的建设需要各种各样的人才。但是要想吸引高素质的人才加入企业当中，对中小企业来说，往往很困难，究其原因，还是因为企业规模小，抗风险能力差等因素所致。那么招到理想并适合企业的员工就至关重要了。

中小企业招聘不仅是企业挑选员工，也是应聘者挑选企业的过程，因此中小企业在招聘之前就要像应聘者在面试之前一样，做好充分的准备，这样招聘才可能收到比较理想的效果。

一、中小企业员工招聘现状

虽然当前社会需要就业的群体非常庞大，但对中小企业而言在招聘过程中依然很艰难。招人难，招到合适的人更难。即便通过各种方式把人招来了，但在后期的工作中员工总会以各种原因而流失掉，这给原本财力就不雄厚的中小企业造成了极大的损失，对企业的健康发展十分不利。造成这种局面的原因有以下几点：

1. 缺乏必要的认知

中小企业的招聘人员对所招聘岗位的认知不够，这是招不到合适人才的主要原因。由于人力资源部门的专业水不高，且对公司的行业、产品缺乏必要的了解，就使他们对公司所需人才的素质特征及该岗位用人要求缺乏真实的认知，比如招聘过程中对应聘者的考察面非常肤浅，从而无法招聘到适合该岗位的合适人选。

2. 招聘渠道单一

中小企业由于自身原因致使企业获得的应聘人员信息不足，很难从有限的简历中找到想要的人才。不少企业长期以来还是只通过一种招聘渠道进行招聘，要知道，不同的岗位所面对的应聘人群使用的招聘渠道也是不同的，如果渠道单一，则会导致收到的应聘者的信息也相对单一，无法满足不同岗位的人才需求。虽然说人才是一个企业发展的基础，但中小企业总是在“招了走，走了招”的招聘怪圈中无法自拔。人员流动较快，致使企业缺乏有经验的优秀人才做支撑，在工作效率、产品品质上形成了较大的恶性循环，导致中小型企业缺乏核心竞争力——人才。

二、中小企业如何招聘到优秀人才

目前，相当多的中小企业对人员的招聘较为随意，更多时候是在人手紧缺或者员工大规模流失的情况下仓促进行招聘，在一定程度上对招聘结果产生了不良影响。那么，如何招聘到适合企业的优秀人才呢?

1. 制定招聘计划

企业在很多时候，对所招聘员工的工作岗位的性质没有一个正确的定位，对所需人才的素质与能力没有一个明确的要求，眼光过于局限与狭隘，因此无法制定科学完善的招聘计划来满足企业长远发展的需要。而企业为了短暂的利益需要招聘员工，现缺现招，还可能在没有合格人才的时候降低标准，这种仓促招聘势必将影响整个企业员工的素质，影响企业长久的利益与发展。

2. 人才招聘要注重能力

中小企业在招聘人才时要以为企业带来经济效益为标准，提高招聘人才的适用性和实用性。只有注重招聘人员的实际能力，而不是“唯学历至上”，才是符合企业发展的实际需要，这是中小企业招聘人才的首要原则，有能力、有才能的人方能成为企业的优秀人才。

3. 招聘人才不要局限于外部

人们常说的一句话就是“外来的和尚会念经”。这句话不是总那么正确。中小企业在招聘人才之前，应该首先把目光转向自己企业内部，如果内部有合适的人才，一定要优先任用企业内部人才，充分挖潜之后再考虑到企业之外去选择。这样不仅可以找到适合企业发展的人才，还能鼓舞员工士气，让员工觉得在企业干有发展。

4. 招聘人才要以适合为标准

每个人都有自己的优势和缺点，企业可以根据企业自身情况，在了解了招聘人员的个性、特长、兴趣、爱好、知识水平以及优缺点等特点的基础上，结合工作岗位的需求，扬长避短、人尽其才。

三、中小企业人员招聘的基本流程

中小企业要以最经济的方式最大限度地挖掘到自身所需要的人才，就要制定好招聘流程。

第一步，了解工作内容。

在开展招聘工作开始之前，招聘人员一定要熟悉用工岗位的说明书，工作说明书是招聘、培训、考核、薪酬、员工关系的基础，是人力资源管理的平台。要想在招聘工作中获得有用的人才，招聘前就应仔细阅读用工岗位的说明书，这是招聘的依据，对招聘人数、招聘理由、年龄要求、性别要求、素质要求、薪酬水平、到岗时间等相关信息有充分了解。

除此之外，还要仔细了解所招聘岗位的职务名称、直接上级职位、所属部门、工作性质、工作描述、任职资格及所处的工作环境等，只有这样才能在招聘过程中专业解答应聘者的各类问题。

第二步，选择招聘渠道。

在熟悉了招聘岗位的需求后，下一步就要选择合适的招聘渠道了。招聘渠道无外乎两种，一种是内部招聘，一种是外部招聘。所谓肥水不流外人田说的就是内部招聘，而外部招聘则是企业补充所需人员的另一个重要途径，相对于内部招聘，外部招聘有助于企业利用外来优势，平息和缓和内部竞争者的紧张关系，为组织注入新鲜血液。如果选择外部招聘，就要了解招聘信息往哪发布，电子媒体，还是纸质媒体，都要熟练掌握，但并不是所有的形式对所有人都适用，在招聘工作中，要针对所需招聘的具体岗位要求选择不同的招聘渠道。

第三步，拟定招聘广告。

选择好了招聘渠道后，就要撰写招聘广告了。招聘广告是企业的招聘窗口，对于中小企业来说，很少有人了解你，因此在招聘广告里一定要利用好这个窗口，把企业的“卖点”讲清楚。所谓的“卖点”，就是你认为你的企业最吸引求职者的特点，这个卖点必须是独特的。你的卖点可能只有一个，也可能有几个，它可能是你的产品，可能是你良好的发展前景，可能是良好的发展历史，也可能是一个极具实力的合作伙伴等。现在很多企业喜欢在招聘时承诺较高的薪水，到头来又不能兑现。这是一种非常不明智的做法，事实上，薪水绝不是吸引人才的唯一手段，尤其是在做招聘广告的时候，谁都可以加上一句“高薪诚聘”，因此广告上这样的信息是非常空洞的。

在撰写招聘启事时还要把职位的要求写清楚。职位要求就是挑选员工的标准，应当有主有次，而且有些要求是不能妥协的。事实证明，职位要求写得好，也是吸引应聘者投简历的一个很有效的手段。所以，员工招聘的内容要描述得对你所需要招聘的人具有吸引力，比如工作的挑战性、创造性、趣味性等。

四、中小企业员工招聘的方式

前文讲的招聘渠道也就是招聘方式，此处再详加说明。对中小企业而言，通常有如下4种方式。

1. 网络招聘

如今是互联网时代了，网络的便捷性、经济性特点非常适合中小企业的需求，因此，对于中小企业来说，网络招聘应该是首选。人事部门可利用电子网络平台，在网络上发布信息，通过邮件来进行联系。发现符合企业的应聘者可以进行联系、面试、洽谈、试用、签订合同录用，完成人才的招聘工作。

2. 就业服务机构

就业服务机构包括人才市场、职业介绍所、人才市场和猎头公司等。通过这些机构既可以招聘一般工作人员，也可以选拔各类技术人才和中高级管理人才。就业服务机构是一种稳定的人才招聘渠道。其优点主要有不存在私人感情，可公事公办；可直接获取应聘人员的学历、经历、意愿等相关资料，节省招聘时间。其缺点为招聘的成功率低，需要支付一定的中介服务费。

3. 报纸

在互联网还不发达的时候，很多企业都选择报纸招聘，在报纸上刊登招聘信息。但如今互联网极为发达，报纸招聘越来越淡出人们视线了。即便如此，报纸招聘这个方式还是有其极为重要的一面，特别是在招聘高端的专业人才时就有其他渠道所无法替代的作用，这是因为很多专业人士都有阅读专业刊物的习惯。比如要招一个市场方面的人才，先分析一下这种目标人才主要聚集在什么地区，然后找出目标地区最具影响力的专业刊物，从中选择一个最合适的投放招聘广告。

4. 他人推荐

推荐其实是最有效的一个渠道，即通过朋友介绍或员工推荐。员工不可能推荐一个他认为不称职的人给你，因为这直接关系到你对他的评价，因此，通过朋友推荐有时也能招到合适的人员。这一方式的缺点是，对公平挑选有影响，容易形成“帮派”小团体或关系网，造成管理上的困难。

还有一种招聘方式，即校园招聘。但中小企业一般需要招聘有工作经验的员工，因此，最好不要到校园去招聘，虽然大学往往是高素质人才的主要来源。如果中小企业希望直接到大学里去招聘，那么就要考虑清楚，即你招来的员工需要一段时间的培训。这种培训不是指脱产培训，而是指这些学生需要时间来熟悉商业环境和本职工作。因此，一般在起始阶段，应届毕业生为企业创造的效益往往低于企业给他们的回报，这对于中小企业来说往往难以接受。

五、如何考察拟聘用人员

通过合适的渠道选择到合适企业的候选人员，接下来的工作就是对这部分候选人进行考察，为最终录用做准备。一般来说，中小企业可以通过如下几种方法来考察拟聘用人员。

1. 面试

面试是一种经过组织者精心设计，在特定场景下，以考官对考生的面对面交谈与观察为主要手段，由表及里测评考生的知识、能力、经验等有关素质的考试活动。

面试是企业挑选员工的一种重要方法，通过面试，企业可了解应聘人员的业务知识水平、工作经验、特殊技能、表达能力、反应能力、个人修养、求职动机、兴趣、爱好、志向、魄力等信息，从而判断候选人的潜力与企业要求的合适度，以及是否具有发展前途等。

面试给公司和应试者提供了进行双向交流的机会，能使公司和应试者之间相互了解，从而双方都可更准确做出聘用与否、受聘与否的决定。

2. 能力测试

能力测试是指通过知识、技能、心理学等方面的测验，评估职位候选人适应工作的能力。常见的能力测试包括业务知识考试、操作测验、专门心理测验等。

3. 工作情景模拟

工作情景模拟是指根据应聘人员可能担任的职务，编制一套与该职务实际情况相似的测试项目，将应聘者安排在模拟的工作情境中处理可能出现的各种问题，用多种方法来测评其心理素质、潜在能力的一系列方法。情景模拟并非新生事物，从古至今在人才测评的实践中经常运用，只是在现代人才选拔测评对其程序和方法进行了一些规范性处理，并形成了一些比较有特色的方法被广泛采用。

4. 品行鉴定

在决定聘用候选人之前，除了了解他的业务知识、工作能力等情况之外，还要了解他的品行。如果聘用人员不当，在将来的实际工作中就会出现消极怠工、人员流动率高、原材料浪费、士气低落等现象，这对企业经营是相当不利的。

六、中小企业员工招聘面试的注意事项

面试的过程是最重要的一个过程，它关系到招聘的成与败。一场成功的面试，应该注意如下事项。

（1）不管外部条件如何，办公环境一定要干净整洁，让人看到这是一个有进取心的企业。

（2）总经理一定要亲自参与面试。总经理的形象非常重要，所以一定要给自己包装一下，使面试的人感觉到这个总经理不错，跟他干有发展。

（3）面试时的提问很重要，一定要有所准备。可以做一些心理测试的题目，以问卷的形式让应聘人员填写。准备好几个问题，其中最主要的是在介绍企业的时候一定要把未来的发展方向，也就是把企业的前景描述得很有诱惑力，让应聘人员感觉在你的企业工作能实现自己的人生目标，能体现自己的价值。当然不可太夸大，言过其实反而让人觉得不靠谱。

（4）复试时间，如上午面试，最好下午就通知第二天进行复试，这样可以避免应聘者再到别的企业面试，以防人才流失。

（5）复试的时候就要开始进行培训。培训很重要，一方面显得公司正规，重视人才，另一方面也可以让员工得到较好的训练，能尽快地进入角色。这一点很重要。好多小公司不注重培训，特别是对销售人员，刚上班就让其拿着资料去跑，业务员脑中一片空白，一经打击就放弃了，结果是一个星期不到人就跑光了，白白地浪费企业的人力、物力、财力。

第二节　中小企业员工招聘管理制度

一、员工招聘录用管理制度

第一章　总则

第一条　目的。

为满足公司发展的用人需要，使招聘工作更加规范有效，特制定本制度。

第二条　适用范围。

本制度适用于公司人员招聘工作。

第三条　部门职责。

（1）人力资源部职责。人力资源部是公司招聘工作的主管部门，其职责如下。

①制定公司中长期人力资源规划。

②制定、完善公司招聘管理制度，规范招聘流程。

③核定公司年度人力需求，确定人员编制，制订年度招聘计划。

④组织分析公司人员职位职责及任职资格，制定并完善职位说明书。

⑤决定获取候选人的形式和渠道。

⑥主持实施人员选拔测评，并为用人部门提供录用建议。

⑦定期进行市场薪酬水平调研，核定招聘职位薪酬待遇标准。

⑧提供各类招聘数据统计及分析。

（2）用人部门职责。用人部门应参与到本部门人员的招聘活动中，并在其中承担以下责任。

①严格控制人力成本，根据公司产能规划与年度发展规划编制部门年度人力需求计划，提出正式的人力需求申请。

②做好本部门职位职责和任职资格的分析，协助人力资源部制定并完善职位说明书。

③对候选人的专业技术水平进行测评。

第四条　招聘原则。

（1）平等竞争原则。公司为每一个应聘者提供一个平等聘用的机会。聘用的决定是基于应聘者的素质、能力等综合评估而作出的，而不是根据性别、年龄或其他无关因素。

（2）内部优先原则。对于公司出现的职位空缺，将优先考虑内部员工的提升和发展需求，首先在内部进行信息公布和相应的招聘工作，如组织职位竞聘等。

第二章　招聘组织

第五条　招聘组织管理。

（1）普通岗位人员（如车间学徒工）的招聘由人力资源部按需拟订招聘计划并组织实施。

（2）一般管理和技术岗位、中层管理人员的招聘由人力资源部按需拟订招聘计划并组织实施，用人部门领导负责面试、复试。

（3）高层管理人员的招聘由总经理直接负责（特殊情况可授权他人执行），人力资源部组织面试、复试。

第六条　招聘面试组织。

（1）面试由人力资源部负责组织，用人部门配合实施。

（2）所有应聘人员均需填写“应聘人员登记表”。

（3）用人部门侧重专业技能测试，各级负责人应选择接近现实环境的模拟个案来测试应聘者的能力，测试内容抄送人力资源部备案。

（4）人力资源部负责素质方面的测评。

（5）主试人员应填写“面试评价表”，面试结束后交人力资源部。

（6）主管级及以下职位由部门主管级人员负责进行初试，由部门经理进行复试。

（7）经理级及以上职位由部门经理负责进行初试，由分管副总或总经理直接进行复试。

第三章　招聘规划

第七条　招聘计划分类。

公司招聘计划主要分为两类，具体要求说明如下所示。

（1）定期招聘。

①人力资源部将在每年年底制订下一年度的公司整体招聘计划及费用预算。

②各部门于每季度末月的第一周向人力资源部提交下一季度的人员增补申请。

③对于应届毕业生或者其他特殊任职资格要求，应在人员增补申请中进行明确。

（2）不定期招聘。

①各部门因特殊原因急需招聘时，人力资源部可根据各部门的要求临时招聘。

②为保证招聘工作顺利开展，各部门应至少提前5日向人力资源部提出申请。

第八条　出现如下情况时，公司各部门可以提出用人需求。

（1）缺员的补充。因员工异动如员工调动、晋升、离职等，按规定编制需要补充。

（2）短期需要。因不可预料的业务、工作变化而导致短期内急需招聘人员。

（3）扩大编制。因公司业务发展壮大，需扩大现有人员规模及编制。

（4）储备人才。为了促进公司战略目标的实现，需储备一定数量的各类专门人才，如大学毕业生、专门技术人才等。

第九条　各部门每年根据公司的发展战略和年度经营目标编制年度计划时，应同时制定本部门年度人员需求预测，于每年12月1日前提交下一年度“人力资源需求计划表”，如果有招聘需求，同时拟订拟招聘岗位的职责和任职资格描述，一起报送公司人力资源部。

第十条　人力资源部综合考虑公司发展战略、人力资源供给预测及各部门年度人力资源需求计划，拟订公司年度人力资源规划，报总经理审批。

第十一条　人员的增补申请程序。

各用人部门通过填写“人员增补申请单”向人力资源部申请人员招聘，申请单具体填写说明如下所示。

（1）当部门因员工离职、工作量增加等需要增补人员时，可向人力资源部申请领取“人员增补申请单”。

（2）必须认真填写“人员增补申请单”，包括增补原因、增补岗位任职资格、增补人员工作内容等，任职资格必须参照职位说明书填写。

（3）填写完毕后的“人员增补申请单”必须经过用人部门经理审批后，方可上报人力资源部。

（4）人力资源部接到部门“人员增补申请单”后，核查各部门人力资源配置情况，检查公司现有人才储备情况，决定是否从内部调动解决人员需求。

（5）若内部调动不能满足岗位空缺需求，则人力资源部应汇总公司各部门人员补充需求，提交总经理审批，以此作为编制招聘计划的依据。

第四章　招聘渠道

第十二条　人力资源部根据招聘人员资格、工作要求和招聘成本等因素来综合考虑，结合人才市场情况，确定招聘渠道。

（1）招聘人员不多且岗位要求不高时，可在内部发布招聘信息。

（2）大规模、多岗位招聘时，可通过外部招聘如大型人才交流会以及通过相关专业学校进行招聘。

（3）招聘高级人才时，可通过网上招聘，或者通过猎头公司推荐招聘。

第十三条　招聘前的资料准备

人力资源部根据招聘需求提前准备以下材料。

（1）招聘广告。招聘广告包括本公司基本情况、招聘岗位、应聘人员基本条件、报名方式、报名时间、地点、报名时需携带的证件、材料及其他注意事项。

（2）公司宣传资料。公司宣传资料主要包括公司发展历史、业务范围介绍、产品成果简介等资料。

（3）“应聘人员登记表”“面试申请表”、面试准备的问题及笔试试卷等。

第五章　内部招聘

第十四条　鉴于内部员工比较了解公司的情况，对公司的忠诚度较高，内部招聘可以改善人力资源的配置状况，提高员工的积极性，公司进行人才招聘应优先考虑内部招聘。

第十五条　内部招聘的形式。在尊重员工和用人部门意见的前提下，采用推荐、竞聘等多种形式，为供求双方提供双向选择的机会。

第十六条　内部招聘流程。

（1）内部招聘公告。人力资源部根据公司所需招聘岗位的名称及职级，编制《工作说明书》，拟订内部招聘公告并发布，以便通知到每一位员工。

（2）内部报名。所有正式员工在上级主管的许可下，填写“内部应聘申请表”交到人力资源部筛选。

人力资源部将参考申请人和空缺职位的上级主管的意见，根据职位说明书进行初步筛选。对初步筛选合格者，人力资源部组织内部招聘评审小组进行内部评审，评审结果经总经理批准后生效。

（3）录用。经评审合格的员工应在一周内做好工作移交，并到人力资源部办理调动手续，在规定的时间内到新部门报到。

第六章　外部招聘

第十七条　在内部招聘难以满足公司人才需求时，可以考虑外部招聘。

（1）外部招聘的组织形式。外部招聘工作以人力资源部为主，其他部门配合。必要时公司高层领导、相关部门参加。

（2）外部招聘的渠道。外部招聘要根据岗位和级别的不同采取有效的招聘渠道组合。外部招聘人员可来自内部员工引荐人员、职业介绍所和人才交流机构人员以及各类院校的毕业生。

第十八条　具体招聘渠道如下所示。

（1）内部员工推荐。公司鼓励内部员工推荐优秀人才，由人力资源部本着平等竞争、择优录用的原则按程序考核录用。

（2）招聘会招聘。参加各地人才招聘会。

（3）校园招聘。每年春季将公司招聘信息及时发往各院校毕业分配办公室。有选择地到专业对口的院校参加人才交流会，发布招聘信息并开展招聘活动。

（4）媒体招聘。通过相关网站、大众媒体、专业刊物广告发布招聘信息，查阅网上应聘人员的情况。建立公司外部人才库，根据需要考核录用。

（5）委托中介公司招聘。对公司关键的管理和技术岗位的招聘可考虑通过人才中介机构。

第十九条　外部招聘流程如下。

（1）发布招聘信息。人力资源部根据招聘计划及招聘岗位的性质，选择不同的招聘渠道发布招聘信息。招聘信息中应包括招聘岗位年龄、性别、学历、招聘人数、工作经验等要求及招聘岗位的职责说明。

（2）初步筛选。根据招聘岗位的要求，人力资源部会同用人部门进行初选。审查求职者的个人简历和求职表，审查内容包括年龄、学历、工作经历、专业技能、语言等，将不符合要求的资料剔出，将符合要求的资料送交用人部门进行审核，人力资源部通知通过审核的应聘者到公司参加初试。

（3）初试。

①人力资源部在初试名单确认后一个工作日内电话通知应聘者，并发出《面试通知书》，要求应聘者在面试时提供学历证书、身份证等相关证件的原件。

②面试前，应聘者必须在前台完整填写“应聘登记表”，人力资源部应检查应聘者证书的原件。

③初试由人力资源部人员和用人部门共同组成。人力资源部先对应聘人员的智力、品德、综合素质进行初试和评价，将基本符合条件者推荐给用人部门。用人部门从工作经验与能力等方面对应聘人员进行考核，并在“面试评价表”中仔细填写初步面试记录。

④对于一些专业性较强的岗位可以在初试时安排笔试，人力资源部负

责建立笔试题库，题库的试题由用人部门专业人员提供。

（4）复试。

①初试结束后3个工作日内，用人部门根据岗位需要要求人力资源部安排初试合格人员进行复试。

②复试由复试小组进行，复试小组一般由用人部门经理和人力资源部经理组成。对于中层级管理人才和专业技术人才的招聘可另外邀请资深技术人员参加。高级管理人才由总经理负责面试，人力资源部负责组织。

③复试过程中，复试小组成员将面试的汇总意见填入“面试评价表”中的“复试人评定”栏并签名，表明对应聘者的评语及结论。当日送人力资源部备案，作为下一步行动的依据。

④复审。通过复试的应聘人员由所在部门经理进行审核并签署意见。高层管理人员的复核结果应有总经理的签字批准。

（5）录用。

人力资源部对通过面试的人员在一个工作日内电话告知面试结果，并通知其前往指定医院进行体检。对体检合格者办理录用手续。通知面试合格者办理入职的日期及需要提交的资料和证件。对被录用的应届毕业生向其所在高校发送接收函，签订《就业协议书》。

（6）报到。

①被录用员工要在约定时间到公司报到。如在发出录用通知七日内不能正式报到者，公司可取消其录用资格，特殊情况经批准后可延期报到。

②应聘人员到公司报到后，需向人力资源部提供个人身份证、学历证、职业资历表格等复印件备案，并填写“新进人员资料表”，同时签订《试用劳动合同》，试用期为1～3个月。员工必须保证向公司提供的资料真实无误，若发现虚报或伪造，公司有权立即将其辞退。

③人力资源部会同用人部门对新进人员进行试用期跟踪考核，对不合格人员应及时淘汰。

第七章　招聘评估

第二十条　招聘工作评估小组由人力资源副总、招聘专员及用人部门相关人员组成。

第二十一条　招聘评估主要从招聘各岗位人员到位情况、应聘人员满足岗位的需求情况、应聘录用率、招聘单位成本控制情况等方面进行评估。

第八章　附则

第二十二条　本制度由人力资源部负责起草和修订。

第二十三条　本制度经公司总经理审批后生效实施。

二、员工招聘面试管理制度

第一章 总则

第一条 为规范公司员工招聘面试程序，保证招聘质量，特制定本制度。

第二条 本制度适用于公司员工招聘面试管理工作。

第三条 面试工作要求。

（1）对于应聘者严格考核，宁缺毋滥。

（2）公司职位说明书是面试考核的基准。

第四条 为保证招聘质量，面试人员的资格确认与取消由人力资源部统一管理。面试人员管理相关规定如下：

（1）面试人员的选取，由人力资源部先统一培训，培训结束进行相关考试后确认。

（2）面试人员的增补，每半年由各部门提出候选人，经人力资源部培训考察后确认。

（3）人力资源部将跟踪面试人员的面试工作情况，取消面试记录不良人员的面试资格。

（4）面试人员原则上不能授权他人代为面试，否则一经发现，将以违反规定通报批评。

第二章 面试纪律

第五条 面试前，由人力资源部面试工作负责人提前通知面试参与人员。

第六条 人力资源部需做好面试的接待工作，避免应聘者随意走动影响公司正常的办公秩序，杜绝无人招呼应聘者的现象发生。

第七条 参加面试的所有人员必须准时到达面试现场。

第八条 面试时需着职业装，讲普通话，禁止吸烟，非特殊情况不得接打电话。

第九条 主试人员应据实填写“面试评价表”，严禁营私舞弊、将不符合岗位要求的人员补充到公司员工队伍中来。

第三章 面试组织

第十条 人力资源部相关人员为面试组织第一责任人，负责在面试前拟定日程安排、确定面试人员，并跟进面试工作的整个实施过程。

第十一条 面试的地点应采光充足，通风良好，无噪声，以避免面试过程受到干扰。

第十二条 面试根据职位实际需要分初试（素质面试）、复试（专业面试)、综合测试。

(1) 初试。初试通常由人力资源部门实施，主要考察应聘者的基本任职条件，包括形象气质、语言表达、领悟反应能力等。初试前，应聘人员需完整填写应聘登记表，交齐相关证书的复印件，验证相关证书原件。

(2) 复试。复试主要考察应聘者的专业水平、实践能力、相关理念等。复试要确保测试的深度和广度，充分掌握应聘者的实际能力。复试后可以决定是否录用。

(3) 综合测试。对于复试后不能确定是否录用的人员、公司中高级管理人员的招聘，应根据需要进行综合测试。

第十三条　面试人员应通过面试获得有关应聘者个人特性、家庭背景、工作经验等方面的信息，具体如下：

(1) 个人特性。

①应聘者的体格、健康状况、穿着、举止、语调、坐姿和走姿。

②应聘者是否积极主动，是否为人随和，是否行动力强，个性内向还是外向。

(2) 家庭背景。家庭背景资料包括应聘者的家庭教育情形、父母的职业、兄弟姐妹的情况等。

(3) 学校教育。应聘者就读的学校、院系、成绩、与老师的关系、在校获得的奖励、参加的活动等。

(4) 工作经验。

①从应聘者的工作经验中判断应聘者的责任心、主动性、思考力、理智状况等。

②除了应聘者的工作经验外，更应该从问题中了解其薪酬增加、职位升迁情况以及变换工作的原因。

(5) 人际关系。通过与应聘者的交谈，从应聘者的兴趣爱好、喜欢的社团以及结交的朋友等方面了解其与人相处的情况。

(6) 个人抱负。包含应聘者的抱负、人生的目标及发展潜力、可塑性等。

第十四条　面试人员应通过掌握提问技巧、倾听技巧来提高自身的面试水平，以从面试过程中获得更多应聘者的有效信息。

(1) 发问技巧。面试人员应围绕面试的主要内容，明确考察的目的再向应聘者提问，并根据应聘者的回答考察其理解能力、反应速度等。

(2) 倾听技巧。面试人员要善于倾听，在倾听过程中发掘应聘者的潜在想法，并观察应聘者谈话过程中表情动作所传递的信息。

(3) 学会沉默。面试人员问完一个问题时，应学会沉默，观察应聘者的反应，避免过于主动解释问题，通过观察发掘应聘者对问题的应对能力。

第四章　面试评价

第十五条　公司对应聘者面试评价的原则。

(1) 透析性原则。面试人员应从侧面观察、分析和评价应聘者的答案，避免由于应聘者揣摩提问目的，有意回避不利因素作答，影响面试人员对其的评价。

(2) 综合判断原则。尽可能利用多种信息，从不同角度、不同层次对应聘者进行评价，反对就能力或性格等单一方面进行评价。

(3) 以点带面原则。为确保评价的客观性和全面性，面试人员应充分利用"面试评价表"，对各项考察内容采用典型问题提问方式，尽可能全面地掌握应聘者的信息。

第十六条　各阶段主试人员应在面试过程中做好记录，并据实填写"面试评价表"，以此作为应聘者面试安排和录用的依据。

三、兼职人员录用办法

第一条　目的。

为做好公司各部门兼职人员管理工作，进一步规范公司管理，现结合公司实际特制定兼职人员录用办法。

第二条　范围。

本办法主要适用于公司市场部和营销部两个部门。今后公司所有兼职人员的录用和管理都需遵循本办法执行。

第三条　权责。

本办法由行政部拟定，总经理批准和具体执行监督，市场部、营销部具体执行。行政部保留最终解释权。

第四条　内容。

(1) 各部门有短期工作（期间在三个月以内），须雇用兼职人员从事时，应填具"人员增补申请书"（注明工作内容、期间等），呈总经理核准后，送人事部门。

(2) 年龄未满 18 周岁者不得雇用。

(3) 雇用期不得超过三个月。

(4) 人事部门招雇兼职人员，应填"兼职人员雇用核定表"呈总经理核准后雇用。

(5) 兼职人员到工时，人事部门应填"雇用资料表"一份留存备用。

(6) 在公司工作的兼职人员应由人事部门办理有关手续后，才能入公司工作。

（7）兼职人员在工作期间可请伤假、公假、事假、病假、婚假、丧假。

（8）兼职人员的考勤、出差比照编制内助理员办理。

（9）兼职人员于工作期间如不能胜任工作，违反人事管理规则规定，事、病假及旷工，全月合计超过四天以上，或工作期满，雇用部门应予终止雇用。经终止雇用的兼职人员应填“离职申请（通知）单”（其离职应办理的手续由公司订立），经总经理批准后连同胸章送至人事部门，凭此结算工资。

第五条　本办法经总经理通过后实施，修改时亦同。其他与本办法不相符合的规定自本办法生效之日起自动废止。

第三节　中小企业员工招聘管理表格

一、员工招聘申请表

职位	编制人数	现有人数	拟招聘人数	工作内容	需要日期	拟聘人员所需条件	招聘理由

二、员工招聘计划表

年　　月　日

需要补充人员类别			所需资格条件	招聘方式	人数	招聘日期
类别		工作内容				
管理人员						
技术人员						
一般员工						
其他人员						
合计						

三、应聘人员登记表

<table>
<tr><td>姓名</td><td></td><td>性别</td><td></td><td>出生年月</td><td></td><td rowspan="3">照片</td></tr>
<tr><td>学历</td><td></td><td>婚否</td><td></td><td>民族</td><td></td></tr>
<tr><td>专业</td><td colspan="2"></td><td>毕业学校</td><td colspan="2"></td></tr>
<tr><td>健康状况</td><td colspan="2"></td><td>户籍所在地</td><td colspan="3"></td></tr>
<tr><td>政治面貌</td><td colspan="2"></td><td>身份证号码</td><td colspan="3"></td></tr>
<tr><td>参加工作时间</td><td colspan="2"></td><td>有无住房</td><td colspan="3"></td></tr>
<tr><td>联系电话</td><td colspan="2"></td><td>电子邮件</td><td colspan="3"></td></tr>
<tr><td>联系地址</td><td colspan="6"></td></tr>
<tr><td>原工作所在地</td><td colspan="6"></td></tr>
<tr><td>离职原因</td><td colspan="6"></td></tr>
<tr><td rowspan="7">简历</td><td colspan="2">专业/职位</td><td colspan="2">起止时间</td><td colspan="2">学习/工作单位</td></tr>
<tr><td colspan="2"></td><td colspan="2"></td><td colspan="2"></td></tr>
<tr><td colspan="2"></td><td colspan="2"></td><td colspan="2"></td></tr>
<tr><td colspan="2"></td><td colspan="2"></td><td colspan="2"></td></tr>
<tr><td colspan="2"></td><td colspan="2"></td><td colspan="2"></td></tr>
<tr><td colspan="2"></td><td colspan="2"></td><td colspan="2"></td></tr>
<tr><td colspan="2"></td><td colspan="2"></td><td colspan="2"></td></tr>
<tr><td rowspan="7">家庭情况</td><td>现工作单位</td><td>姓 名</td><td>关系</td><td>年龄</td><td colspan="2">文化程度</td></tr>
<tr><td></td><td></td><td></td><td></td><td colspan="2"></td></tr>
<tr><td></td><td></td><td></td><td></td><td colspan="2"></td></tr>
<tr><td></td><td></td><td></td><td></td><td colspan="2"></td></tr>
<tr><td></td><td></td><td></td><td></td><td colspan="2"></td></tr>
<tr><td></td><td></td><td></td><td></td><td colspan="2"></td></tr>
<tr><td></td><td></td><td></td><td></td><td colspan="2"></td></tr>
<tr><td>特别提示</td><td colspan="6">1. 本人承诺所有填写资料真实
2. 保证遵守公司招聘有关规章制度和国家有关法律
3. 请填写好应聘登记表，带齐照片、学历、职称证书的有效证件原件及相关复印件</td></tr>
</table>

四、面试记录表

编号：　　　　　　　　　　　　　　　　　　　　日期：　　年　　月　　日

<table>
<tr><td>姓名</td><td></td><td>性别</td><td></td><td colspan="2">出生年月</td><td></td></tr>
<tr><td>籍贯</td><td></td><td>最高学历</td><td></td><td colspan="2">毕业学校</td><td></td></tr>
<tr><td>婚否</td><td></td><td>原工作单位</td><td colspan="4"></td></tr>
<tr><td>家庭住址</td><td colspan="3"></td><td colspan="2">应聘岗位</td><td></td></tr>
<tr><td>用表提要</td><td colspan="6">请主持面试人员在适当方格内划“√”，并予以计分总评</td></tr>
<tr><td rowspan="2">评分项目</td><td colspan="5">评　　分</td><td rowspan="2">备注</td></tr>
<tr><td>5</td><td>4</td><td>3</td><td>2</td><td>1</td></tr>
<tr><td rowspan="2">仪表、体格</td><td>极佳</td><td>佳</td><td>一般</td><td>略差</td><td>极差</td><td rowspan="2"></td></tr>
<tr><td></td><td></td><td></td><td></td><td></td></tr>
<tr><td rowspan="2">专业能力</td><td>极佳</td><td>佳</td><td>一般</td><td>略差</td><td>极差</td><td rowspan="2"></td></tr>
<tr><td></td><td></td><td></td><td></td><td></td></tr>
<tr><td rowspan="2">言谈、反应</td><td>极佳</td><td>佳</td><td>一般</td><td>略差</td><td>极差</td><td rowspan="2"></td></tr>
<tr><td></td><td></td><td></td><td></td><td></td></tr>
<tr><td rowspan="2">工作能力
（业绩）</td><td>极佳</td><td>佳</td><td>一般</td><td>略差</td><td>极差</td><td rowspan="2"></td></tr>
<tr><td></td><td></td><td></td><td></td><td></td></tr>
<tr><td rowspan="2">工作态度
（努力、心态）</td><td>极佳</td><td>佳</td><td>一般</td><td>略差</td><td>极差</td><td rowspan="2"></td></tr>
<tr><td></td><td></td><td></td><td></td><td></td></tr>
<tr><td rowspan="2">团队精神</td><td>极佳</td><td>佳</td><td>一般</td><td>略差</td><td>极差</td><td rowspan="2"></td></tr>
<tr><td></td><td></td><td></td><td></td><td></td></tr>
<tr><td>总分</td><td colspan="6"></td></tr>
<tr><td rowspan="4">结论</td><td>评语</td><td colspan="5"></td></tr>
<tr><td>建议试用</td><td colspan="5"></td></tr>
<tr><td>存档备用</td><td colspan="5"></td></tr>
<tr><td>不予考虑</td><td colspan="5"></td></tr>
<tr><td colspan="7">面谈人：</td></tr>
</table>

五、面试考核表

<table>
<tr><td>姓名</td><td></td><td>性别</td><td></td><td>年龄</td><td></td><td>学历</td><td></td><td>专业</td><td></td></tr>
<tr><td>应聘岗位</td><td colspan="2"></td><td colspan="2">户口所在地</td><td colspan="2"></td><td colspan="2">面试时间</td><td></td></tr>
<tr><td colspan="10">形　　象</td></tr>
<tr><td>仪表</td><td colspan="3">□衣着讲究
□整洁
□随便懒散</td><td colspan="3">态度</td><td colspan="3">□大方
□傲慢
□拘谨</td></tr>
<tr><td>语言</td><td colspan="3">□表达清晰
□尚可
□含混不清</td><td colspan="3">精神面貌与健康状况</td><td colspan="3">□佳
□一般
□差</td></tr>
<tr><td>直观印象</td><td colspan="9">面试人：</td></tr>
<tr><td colspan="10">技　　能</td></tr>
<tr><td>专业经历</td><td colspan="9"></td></tr>
<tr><td>主要业绩</td><td colspan="9"></td></tr>
<tr><td>工作能力</td><td colspan="9"></td></tr>
<tr><td>待遇要求</td><td colspan="9"></td></tr>
<tr><td>综合印象</td><td colspan="9">面试人：</td></tr>
<tr><td colspan="10">备注：</td></tr>
</table>

说明：本表一式两份，一份人力资源部存查，一份若被录用则装入应聘者的档案。

六、员工招聘面试评价表

评价人姓名：　　　　　职务：　　　　　面试时间：

<table>
<tr><td colspan="7">应聘人姓名：　　　　性别：　　　　年龄：　　　编号：</td></tr>
<tr><td colspan="7">应聘职位：</td></tr>
<tr><td rowspan="2">评价方向</td><td rowspan="2">评价要素</td><td colspan="5">评价等级</td></tr>
<tr><td>5（好）</td><td>4（较好）</td><td>3（一般）</td><td>2（较差）</td><td>1（差）</td></tr>
<tr><td rowspan="10">个人基本素质评价</td><td>1. 仪容</td><td></td><td></td><td></td><td></td><td></td></tr>
<tr><td>2. 语言表达能力</td><td></td><td></td><td></td><td></td><td></td></tr>
<tr><td>3. 亲和力和感染力</td><td></td><td></td><td></td><td></td><td></td></tr>
<tr><td>4. 诚实度</td><td></td><td></td><td></td><td></td><td></td></tr>
<tr><td>5. 时间观念与纪律观念</td><td></td><td></td><td></td><td></td><td></td></tr>
<tr><td>6. 人格成熟程度（情绪稳定性、心理健康等）</td><td></td><td></td><td></td><td></td><td></td></tr>
<tr><td>7. 思维逻辑性，条理性</td><td></td><td></td><td></td><td></td><td></td></tr>
<tr><td>8. 应变能力</td><td></td><td></td><td></td><td></td><td></td></tr>
<tr><td>9. 判断分析能力</td><td></td><td></td><td></td><td></td><td></td></tr>
<tr><td>10. 自我认识能力</td><td></td><td></td><td></td><td></td><td></td></tr>
<tr><td rowspan="5">相关的工作经验及专业知识</td><td>11. 工作经验</td><td></td><td></td><td></td><td></td><td></td></tr>
<tr><td>12. 掌握的专业知识</td><td></td><td></td><td></td><td></td><td></td></tr>
<tr><td>13. 学习能力</td><td></td><td></td><td></td><td></td><td></td></tr>
<tr><td>14. 工作创造能力</td><td></td><td></td><td></td><td></td><td></td></tr>
<tr><td>15. 所具备的专业知识、工作技能与招聘职位要求的吻合性</td><td></td><td></td><td></td><td></td><td></td></tr>
<tr><td rowspan="5">录用适合性评价</td><td>16. 个人工作观念</td><td></td><td></td><td></td><td></td><td></td></tr>
<tr><td>17. 对企业的忠诚度</td><td></td><td></td><td></td><td></td><td></td></tr>
<tr><td>18. 个性特征与企业文化的相融性</td><td></td><td></td><td></td><td></td><td></td></tr>
<tr><td>19. 稳定性、发展潜力</td><td></td><td></td><td></td><td></td><td></td></tr>
<tr><td>20. 职位胜任能力</td><td></td><td></td><td></td><td></td><td></td></tr>
</table>

续表

<table>
<tr><td colspan="2">总得分</td><td colspan="2"></td></tr>
<tr><td colspan="2">人才优势评估</td><td colspan="2">人才劣势评估</td></tr>
<tr><td colspan="2"></td><td colspan="2"></td></tr>
<tr><td>初试结论</td><td colspan="3">□可以复试　　□可以考虑　　□不予考虑</td></tr>
<tr><td>建议复式考察内容</td><td colspan="3"></td></tr>
<tr><td>主考官签名</td><td colspan="3"></td></tr>
<tr><td colspan="4">复试评价结果</td></tr>
<tr><td colspan="2">建议试用</td><td>储备</td><td>不予试用</td></tr>
<tr><td colspan="2"></td><td></td><td></td></tr>
</table>

七、新员工甄选报告表

<table>
<tr><td>甄选职位</td><td></td><td>应聘人数</td><td>人</td><td>初试合格</td><td>人</td><td>面试合格</td><td>人</td></tr>
<tr><td>复试合格</td><td>人</td><td>需要名额</td><td>人</td><td>合格比率</td><td colspan="3">初试__%，面试__%，录用__%</td></tr>
<tr><td rowspan="12">甄选结果比较</td><td colspan="2">说 明</td><td colspan="3">预 定</td><td colspan="2">实 际</td></tr>
<tr><td colspan="2"></td><td colspan="3"></td><td colspan="2"></td></tr>
<tr><td colspan="2"></td><td colspan="3"></td><td colspan="2"></td></tr>
<tr><td colspan="2"></td><td colspan="3"></td><td colspan="2"></td></tr>
<tr><td colspan="2"></td><td colspan="3"></td><td colspan="2"></td></tr>
<tr><td rowspan="6">具体条件</td><td></td><td colspan="3"></td><td colspan="2"></td></tr>
<tr><td></td><td colspan="3"></td><td colspan="2"></td></tr>
<tr><td></td><td colspan="3"></td><td colspan="2"></td></tr>
<tr><td></td><td colspan="3"></td><td colspan="2"></td></tr>
<tr><td></td><td colspan="3"></td><td colspan="2"></td></tr>
<tr><td></td><td colspan="3"></td><td colspan="2"></td></tr>
<tr><td colspan="2">待 遇</td><td colspan="3"></td><td colspan="2"></td></tr>
<tr><td colspan="8">录用人员名单：</td></tr>
</table>

八、职员试用通知单

<table>
<tr><td>姓名</td><td></td><td>性别</td><td></td><td>年龄</td><td></td><td>籍贯</td><td></td><td>学历</td><td></td><td>经历</td><td></td></tr>
</table>

<table>
<tr><td rowspan="2">派试用单位</td><td>职 别</td><td></td><td rowspan="2">薪给</td><td>本薪：______等级______元</td><td rowspan="2">人事室</td><td>人事组长</td><td></td></tr>
<tr><td>试用期间</td><td>自____年__月__日
至____年__月__</td><td>本薪：______等级______元</td><td>主任</td><td></td></tr>
<tr><td rowspan="2">试用结果</td><td>考核意见</td><td colspan="3">1. 试用满意请照原工资办理任用手续（__月__日起）
2. 试用成绩优良请以______等______级______元工资给办理手续（__月__日起）
3. 需再试用
4. 试用不合适另行安排
5. 附呈心得报告一份</td><td>试用</td><td>考核人</td><td></td></tr>
<tr><td>主管意见</td><td colspan="3">1. 同意考核人意见拟准以试用原薪给
2. 拟不予任用
3. 延长试用×日再另行签核</td><td>单位</td><td>主任</td><td></td></tr>
<tr><td rowspan="2">批示</td><td rowspan="2"></td><td rowspan="2">秘书室意见</td><td colspan="3" rowspan="2">1. 拟照试用单位意见自__月__日起以______等______级______元工资正式任用
2. 试用不合格，除发给试用期间的工资外，拟自__月__日起辞退</td><td>人事组长</td><td></td></tr>
<tr><td>主管</td><td></td></tr>
</table>

第五章

第一节　中小企业绩效考核管理概述

一、中小企业绩效考核存在的问题

绩效考核作为人力资源管理体系中最重要的环节之一，一直以来备受人力资源管理工作者的关注。很多中小企业花费了大量的人力、财力，或聘请职业经理人，或在外部咨询机构的帮助下设计好公司的绩效考核体系。但是往往在执行过程中，忽然发现考核没有积极的效果或根本无法进行考核。不但无法激励员工提升自己的绩效，还弄得“鸡飞狗跳”，最后草草收场。比如年终奖金还是老板“论功行赏”，包一个红包了事。

具体来说，中小企业绩效考核存在如下问题：

1. 盲目追求时髦

现今各种管理理论盛行，各大学的专家、学者，企业中半路出家的培训讲师，要么拿国外流行的 BSC（平衡记分卡）、KPI（要害绩效指标）考核法等，要么自行创造一套绩效考核的方法，在总裁研修班培训课上演讲。企业的老总们听得如醉如痴，觉得确实很好，请专家设计好拿回去实行，最后往往因为水土不服，考核不了了之。

2. 追求一步到位

有的中小企业往往带有强烈的完美倾向，认为要考核就要全面，因此设置考核指标时业绩指标、治理指标、周边指标等罗列了一大堆，考核一个岗位需要十多个甚至二十多个指标，数据涉及了财务部、办公室、人力资源部、销售部、市场部等。可想而知，要收集这些指标的考核内容，各部门要花费多少时间，要浪费多少精力，而且信息提供的真实、准确性还值得怀疑。结果到考核时因为数据收集不上来或不全，不得不草草收场。

3. 评价方法过于复杂

现在管理界有一种奇怪的现象，就是将简单的问题复杂化，对绩效考核也是如此。这种情况对中小企业员工考核而言，莫过于对一个岗位的考核要上级、下级、平级、客户等进行评价，以为这样可以做到最大的公平，实际上却适得其反。

4. 不知如何设定考核指标、评分方法

很多时候考核体系设计好以后，因为大部分管理者没有进行考核的经验，也没有学习过如何进行绩效考核，对考核的目的、方法、流程都不清楚，因此在对下属考核时要么指标过于追求量化（比如对销售人员的考核），要么指标的评分方法模糊（对后勤人员），实在不好判定的只好随便打分。绩效考核时安慰分甚至成为一些管理者笼络员工的工具。

5. 用绩效考核代替日常管理

员工的考核指标下达后，一部分管理者认为既然都有考核了，那么员工自然会按照考核的内容要求自觉努力工作，从而放松甚至放弃了对下属日常工作和行为的指导、监督。结果到考核时才发现员工这项工作没做到位，那项任务没完成，最后考核时只好手下留情，分数马虎打一下过得去了事。

二、中小企业如何建立绩效考核体系

每个企业都应该有自己的绩效考核制度，因为一个好的绩效可以给企业带来很好的效果，作为中小企业，要想很好地留住人才，让人才安心地在企业做事情，并把企业的事情当做自己的做，那么中小企业就应该建立一套行之有效的绩效考核体系。

1. 制定岗位职责

随着中小企业的发展，到了一定阶段以后，中小企业就要摒弃那种作坊式的江湖管理，此时就要梳理出较为明确的组织结构，明确各部门、岗位的工作职责。如果职责不明确，就会形成法不责众的现象，各种扯皮现象就会层出不穷。为了避免这种现象，中小企业管理者要设计好每一个人应该做什么事。岗位职责来源于部门职责的细化和工作流程的分解。比如，一个部门经理的职责由三部分组成：一是由本人具体完成的职责；二是将一部分职责分解为下属承担的职责；三是由本部门牵头，并由几个部门共同承担的职责。

2. 考核指标要尽量“精”

考核指标要精细化，不要以点代面，在日常管理中，既要有过程指标，也要有结果指标，可把这两个指标的总分值设定为100分，对工作的态度和能力的考核采用另外加减分的方法。通常来说，中小企业的考核指标一般不要超过6个，但对于特殊情况，比如，当月实在不能确定的任务可以用上级临时交代的任务描述，但分数不能超过20分。

3. 考核要“准”

此处的“准”有两层意思，其一是指考核方法要准，考核的评分方法在设计考核指标时就要设定明确，比如何时采用比值法，何时采用否决法都要明确，凭个人主观打分的比率应尽量降到最低；其二是指考核信息的收集要准，考核指标的信息应该在短时间内准确收集到。准确与否是考核是否有效的关键。

4. 考核结果使用要“快”

考核结果一旦出炉，就要及时使用，和业绩薪酬挂钩的要马上体现出来。同时，考核面谈要让下属体会到上级对考核结果的关注，最大限度地去激励员工创造更好的工作业绩。

三、中小企业绩效考核体系设计的步骤

一般来说，中小企业的绩效考核程序包括制订计划、建立绩效指标和评估方法、收集资料信息、分析评价、绩效反馈、结果运用6个环节。

第一步，制订计划，根据考核目的、对象选择考核的内容、时间和方法，有计划地进行。

第二步，建立考核指标体系和评估方法，审核考核标准，选择和设计考核方法和工具，培训考核人员等。

第三步，收集资料信息，对各种记录和报表以及事故报告等进行收集。

第四步，分析评价，对员工做出各方面的综合评价。

第五步，绩效反馈，通过绩效面谈与员工进行双向沟通，帮助员工发现问题和解决问题，双方达成共识，并制定下阶段的绩效目标。

第六步，结果运用，考核结果一定要运用好，主要可以运用于工资分配、奖金、职务晋升或调迁、培训教育等方面。

四、中小企业绩效考核的原则

1. 公开、公正与客观的原则

一个良好的绩效考核首先是公开的，取得上下认同，从而推进绩效考评的具体实施。其次考核标准必须是公正的，上下级可以面对面沟通。

员工绩效考核应当根据明确规定的考核标准，针对客观考核资料作出评价，尽量避免带入主观性和感情色彩。

2. 可行性和实用性原则

在进行考评时要从时间、物力、财力等方面制订方案并进行可行性分析，减少考评的误差。考评的工具和方法要实用有效，真正能考核出不同行业、部门和岗位的业绩。

3. 严格与严肃的原则

考核不严格，就会流于形式，形同虚设。考核不严，不仅不能全面地反映员工的真实情况，而且还会产生消极的后果。考核的严格性包括：要有明确的考核标准，要有严肃认真的考核态度，要有严格的考核制度与科

学而严格的程序及方法等。

4. 定期化与制度化原则

绩效考核是对员工能力、工作结果、工作行为和态度等的评价，也是对未来行为表现的一种预测，因此必须程序化和制度化，才能真正有利于员工和组织绩效的提升。

5. 可靠性与正确性原则

可靠性和正确性是保证绩效考核有效性的充分必要条件，所以一种绩效考评要想获得成功，就必须具备可靠性和正确性。

6. 结果公开原则

考核结论应对本人公开，这是保证考核民主的重要手段。这样做，一方面可以使被考核者了解自己的优点和缺点、长处和短处，从而使考核成绩好的人再接再厉，继续保持先进，使考核成绩不好的人心悦诚服，奋起上进；另一方面，还有助于防止考核中可能出现的偏见以及种种误差，以保证考核的公平与合理。

7. 结果反馈原则

考核的结果（评语）一定要反馈给被考核者本人，否则就起不到考核的教育作用。考核结果反馈务必及时，好的方面要发扬光大，不足之处要加以纠正和弥补，并做到持续关注员工绩效水平的提升。

8. 差别原则

考核的等级之间应当有鲜明的差别界限，针对不同的考核评语在工资、晋升、使用等方面应体现明显差别，使考核带有激励性，鼓励员工的上进心。

9. 结合奖惩原则

依据考核的结果，应对工作成绩的大小、好坏有赏有罚，有升有降，而且这种赏罚、升降不仅与精神激励相联系，还必须通过工资、奖金等方式同物质利益相联系，这样才能达到考核的目的。

五、中小企业绩效考核常用方法

中小企业常用的绩效考核方法通常有如下几种：

1. 简单排序法

简单排序法也称序列评定法，是指管理者把本部门的所有员工从绩效最高者到绩效最低者（或从最好者到最差者）进行排序，即对一批考核对象按照一定标准排出“1、2、3、4……”的顺序。

2. 配对比较法

配对比较的基本做法是将每位员工按照所有的考核要素（工作数量、

工作质量等等）与其他员工进行比较，根据配对比较的结果，排列出他们的绩效名次。

3. 强制分布法

是指考评者把绩效考核结果当做调整薪酬和晋升决策的依据，很多管理者都希望绩效考核结果要满足正态分布，或者说要合理拉开距离。然而在实际考核中，结果往往令人失望，要不就是密集分布在高位区，要不就是集中在中间地带，即形成考核中常见的“趋中效应”。于是，强制分布法就成为很多组织为实现绩效考核结果合理分布的常用办法，比如绩效最高的占 15%，绩效较高的占 20%，绩效一般的占 30%，绩效较低的占 20%，绩效差的占 15%。

4. 因素考评法

因素考评法是将一定的分数按权重分配各项考核指标，使每一项绩效考核指标都有一个考核尺度，然后根据被考核者在各考核指标的实际表现进行评分，最后汇总得出的总分就是被考核者的考核结果。例如，我们为被考核者设定四个绩效考核指标：出勤占总分 20%，能力占 30%，成绩占 30%，组织纪律占 20%。

5. 关键事件法

利用管理者在平时绩效管理中记录到的有关工作表现的重要事例进行考核。这种方法往往要与其他方法结合使用。

第二节　中小企业绩效考核管理制度

一、绩效考核管理制度

第一章　总则

第一条　目的。

依据公司相关规定，为建立和完善公司人力资源绩效考核体系和激励与约束机制，对员工业绩进行客观、公平、公正的评价，并通过此评价合理地进行价值分配，努力快速实现公司的发展目标，特制定本制度。

第二条　适用范围。

本制度适用于公司全体员工。

第三条　考核原则。

（1）客观原则：对被考核者的任何评价都应有明确的评价标准，以事实为依据，客观地反映员工的实际情况，避免因个人和其他主观因素影响绩效考核的结果。

（2）自主原则：各部门可根据员工工作岗位的特点制定相应的考核规程和评价标准，形成部门及各岗位的考核实施细则，部门内所有岗位均要有对应的考核指标。

（3）公开原则：各级考核指标（含项目、达到状态、权重和评价标准）的制定与调整过程对员工公开。

（4）反馈原则：过程监控结果和考核结果要及时反馈给被考核者本人，肯定成绩，指出不足，并提出今后努力改进绩效的方向。

（5）创新原则：考核目的在于激励公司各岗位员工高效履行岗位职责，积极向上，开拓创新。

第二章　考核实施

第四条　考核责权。

（1）绩效考核责权依据公司《工资制度》第七章“绩效考核”之规定明确如下：

①总经理：对副总经理、分公司经理、部门主管等公司管理岗位进行追踪或直接考核评分。副总经理：对于分管的直接下级岗位进行考核评分。

②分公司及各部门：按照本办法负责本公司、部门考核的具体实施，

部门第一负责人对本部门人员的绩效考核工作负责。

③各上级岗位对下级岗位的考核结果拥有15分（含）以下的修正权。行使该权力时，须按照《员工关键事件积分制度》的相关规定执行。

（2）考核流程。

①各岗位员工每月3日（含）前，对上月工作进行自评，并把结果报直接上级；同日（含）前，公司员工须完成对自己同事岗位相关考核指标评分，并直接报公司绩效考核负责人，考核负责人仅可将员工对同事的评分情况通知被考核人，不得把具体对同事评分的人员姓名透露给任何第三人。

②各部门负有考核职责的人员，每月5日（含）前对本部门人员上月工作绩效进行考核评分，得出并上报考核结果。

③由总经理办公室、人力资源部、财务部人员组成绩效考核组，每月8日（含）前对公司各部门上月绩效考核结果进行综合统计、评分，得出并上报结果，包括但不限于考核成绩、拟发绩效工资系数及工资表单。

④分管副总经理每月11日（含）前对公司各部门上月绩效考核结果进行审核，得出并上报绩效考核结果。

⑤总经理须于每月13日（含）前对绩效考核结果签署意见，绩效考核结果指考核成绩、绩效工资计发系数和拟发绩效工资表。

第五条　考核分数的计算。

（1）考核配分、评分。

①每个岗位总配分满分为100分，每个岗位的每个考核单项配分满分也为100分，且每个考核单项匹配相应的权重。计算公式：

单项得分 = 单项评分 × 单项权重

岗位合计得分 = Σ单项得分，即各单项得分之和。

②自评、上级岗位评分、同事评分，均按照考核标准根据员工业绩表现评分。如“计划制定”项评分可为87分、61分、25分等。

③对兼职多岗位工作的员工进行绩效考核时，分别按单个岗位的配分、评分标准进行考核评分。在计算该员工总得分时，按所兼职各岗位绩效薪值与总绩效薪值的占比作为权重值（在岗位说明书中有明确规定的从其规定）计算得分。

计算公式：兼职多岗位工作的员工绩效得分 = Σ（各岗位绩效实际得分 × 各岗位绩效权重值）

各岗位绩效权重值 = 各岗位绩效薪值 ÷ Σ各岗位绩效薪值

（2）考核数据来源。

①自评：员工个人按照考核项目、指标及配分标准，根据自己的工作

业绩表现给自己评分。

②上级岗位考核：各岗位上级考核负责人按照考核办法及标准对员工工作业绩表现评分。

③同事评价：员工的同事（原则上系指员工同一部门和与之有日常工作协作关系的员工）按照考核项目、指标及配分标准，根据员工工作业绩表现评分。

（3）岗位绩效考核分数计算。

①考核得分＝自评得分×30%＋上级岗位考核得分×50%＋同事评价得分×20%±岗位修正分。

②计算公式：

自评得分＝∑（单项评分×单项权重）

员工评价得分＝∑（单项人均评分×单项权重）

上级岗位考核得分＝∑（单项评分×单项权重）

第六条　考核职责。

（1）对不能履行考核职责、敷衍了事、弄虚作假的考核负责人，上级岗位考核负责人要对其给予警告、扣除绩效得分（在责任人最后得分中扣除5～20分）、罚款、降级、调整岗位处分，情节严重者，公司将给予劝退、辞退处分。

（2）“情节严重”系指严重影响公司或部门的生产经营活动，严重影响公司规章制度的有效执行；违反公司的规章制度和行为规范，并给公司造成重大经济、名誉损失或恶劣的社会影响。

（3）重大经济损失，指损失金额在1万元以上（含）；重大名誉损失或恶劣的社会影响，指政府、客户、公众、员工对公司产品质量、服务质量、资信状况、经营管理、领导者个人信誉等产生与实际不符的、扭曲的判断和认识。

第三章　考核面谈与绩效改进

第七条　考核面谈。

员工绩效考核的核心是结合工作计划和目标，上级岗位对下级岗位的工作进行监督、指导，在工作思路和绩效改进方面提供帮助。因此，每次考核结束后，考核者应与被考核者进行考核面谈。考核面谈为考核者与被考核者就绩效改进与能力提升所进行的沟通。考核面谈应做到：

（1）分析、确认、显示被考核者的强项及弱点，让被考核者了解自身工作的优缺点，帮助被考核者发挥强项、改进弱点，取长补短。

（2）反映被考核者现阶段的工作表现，对被考核者提出期望并订立下阶段的目标，对下一阶段工作的期望达成一致意见。

（3）明晰被考核者的发展及对学习、培训的需要，以便日后承担并更加出色有效地完成工作。

第八条 绩效改进。

（1）考核人员跟被考核人员面谈后应达成一致绩效改进计划（如应巩固、发扬的成绩，应弥补、规避的不足，进行学习和培训，调动工作岗位，重新分配工作职能等），并将此计划作为下一阶段考核的依据。

（2）各岗位上级考核负责人要认真填写绩效改进意见，包括肯定成绩、指出问题、明确下一步改进的具体措施、须达成的目标等。

第四章 考核结果运用

第九条 培训、转岗、辞退。

部门针对考核反映出的问题，要及时对相关人员有针对性地开展学习、培训，之后考核仍不达标者或者连续3次考核达标但成绩为65分以下的，调离原岗位或辞退。

第十条 核算绩效工资。

绩效工资确定方法：经绩效考核得出考核成绩，根据考核成绩相对应的绩效工资计发系数，按照岗位绩效工资标准和绩效工资计发系数，得出应发绩效工资。具体见下表。

档级	考核成绩	绩效工资计发系数	应发绩效工资
	a～b	c～d	Y（计发系数）
A	90～100分	1.4～1.6	绩效工资标准×计发系数
B	80～89分	1.2～1.4	绩效工资标准×计发系数
C	70～79分	0.9～1.2	绩效工资标准×计发系数
D	60～69分	0.6～0.9	绩效工资标准×计发系数
E	50～59分	0.4～0.5	绩效工资标准×计发系数
※	40～49分	0.3～0.4	绩效工资标准×计发系数
※	30～39分	0.2～0.3	绩效工资标准×计发系数
※	20～29分	0.1～0.2	绩效工资标准×计发系数

注 档级A为特优级，B为优秀级，C为优良级，D为合格级，E为不合格级。

绩效工资计发系数计算公式：y=c+（d-c）÷10×（得分-a）

例如，某岗位某月考核成绩73.33分，绩效工资计发系数=0.9+（1.2-0.9）÷10×（73.33-70）≈1。即某岗位各项考核指标平均得分73.33分，就可获得标准绩效工资，故凡涉及增减标准绩效工资的评分，请慎重评估。

第十一条　晋升、调薪。

年度考核优秀人员，可根据实际情况给予薪级晋级、职务晋升，以促进其工作积极性，继续发挥优势，承担更大工作职责；晋升时机不成熟时，若员工考核绩效特优，可视情况调整其薪资级别，以提高其积极性。

员工年终考核成绩与薪级调整幅度的对应关系见下表。

档级	考核成绩（年度月平均分）	薪级调整幅度	备注
	Y_1（上调薪级）	a_1-b_1	c_1-d_1
A	91～100分	上调3.0～4.0个薪级	上调薪级=3+0.1×N
B	81～90分	上调2.0～3.0个薪级	上调薪级=2+0.1×N
C	71～80分	上调1.0～2.0个薪级	上调薪级=1+0.1×N
D	61～70分	0	一般不予调整
E	60分及以下	辞退	

上调薪级计算公式：$Y_1=c_1+(d_1-c_1)\div10\times(得分-a_1)$。

N为实际增加的分数，上调薪级指在原等级的基础上序级上调。

例：某个岗位得分为85分则$Y_1=2+(3-2)\div10\times(85-80)=2.5$若该岗位薪级为10A，一般采取四舍五入法修正，上调三个薪级，即为11A。

第十二条　评选优秀员工。

各类人员考核为特优者，自动成为该部门优秀员工，给予相应的经济和精神奖励（如各部门每月、季可评出“员工之星”，在宣传橱窗展示个人风采，予以褒奖）。

（注：以上考核结果运用方式仅作为一种参考，具体以实际操作为准。）

第五章　考核结果管理

第十三条　考核指标和结果的修正。

（1）因客观环境的变化，员工需要调整工作计划、绩效考核标准时，经考核负责人同意后，可以适时进行调整和修正。

（2）考核结束后，考核组还应对受客观环境变化等因素影响较大的考核结果重新进行评定。

第十四条　考核结果反馈。

被考核者有权了解自己的考核结果，考核组应在每月10日前将结果反馈给部门负责人，部门负责人将结果反馈给被考核人员。

第十五条　考核结果归档。

考核过程中的任何评价和资料都属于保密资料，要严格保密。考核结果只告知被考核者本人、部门负责人和主管，对其他人员一律保密，考核结果由总经理办公室存档。

第十六条　考核结果申诉。

被考核者和与其有关的员工如对考核结果有异议，首先应与部门负责人沟通来解决；如不能妥善解决，被考核者可依序向考核组、总（副）经理提出申诉，相关组织或领导在接到申诉之日起3日内对申诉者的申诉请求予以明确答复。

第六章　附则

第十七条　本制度适用于一般常规性工作的考核，不适用于由于个人行为给公司财产、声誉造成严重损失或带来巨大利益的事件，如违规、诉讼或为公司创造巨额收入等，此类重大事件单独立案处理，并就处理结果发布公告。

第十八条　本制度解释权在总经理办公室。

第十九条　本制度自颁布之日起执行。

二、员工绩效考核办法

第一章　总则

第一条　目的。

为全面了解、评估员工工作绩效，努力为员工提供一个竞争有序、积极向上的工作氛围，特制定本办法。

第二条　适用范围。

本办法适用于公司全体员工。

第三条　考核目的。

员工考核的目的是通过客观评价员工的工作绩效，帮助员工提升自身工作水平，从而有效提升公司整体绩效。

第四条　考核原则。

（1）公平、公开性原则：公司员工都要接受公司考核，对考核结果的运用公司同一岗位执行相同标准。

（2）定期化与制度化原则：绩效考核工作在绩效考核小组的直接领导下进行，综合部是本制度执行的管理部门。

（3）分级考核原则：公司对员工的考核采用分级考核的办法，即考核小组考核部门负责人，部门负责人考核下属岗位。

（4）灵活性原则：公司对员工的考核分为定量考核和定性考核。不同岗位、不同层次，考核要求不同。

第五条　考核用途。

按本办法考核的结果，其用途主要体现在以下几个方面：

（1）薪酬分配。

（2）职务升降。

（3）岗位调动。

（4）员工培训。

第六条　考核周期。

考核分为季度考核和年度考核。其中季度考核于各季度结束后__日内完成，年度考核于次年__月__日前完成。

第七条　考核领导机构。

公司成立员工绩效考核领导小组，全面负责员工绩效考核的组织管理工作，公司总经理任考核领导小组组长，小组成员由公司相关领导及相关职能部门负责人组成，下设员工绩效考核领导小组办公室，隶属人力资源部管理。

第八条　公司各项目同时成立（设）员工绩效考核小组，在公司考核领导小组的领导下开展工作。

第二章　考核方法

第九条　考核程序。

各考核人对被考核人进行考核评分；人力资源部统计汇总所有人的评分，然后将统计结果反馈到相关主管；主管根据得分确定被考核人的综合评定等级，上报人力资源部；人力资源部将所有综合评定结果报考核管理委员会审批后反馈到部门，由部门主管将最终考核结果反馈给被考核人。

第十条　考核评分。

考核评分表中的所有考核指标均按照A、B、C、D四个等级评分，具体定义和对应关系如下表：

等级	A	B	C	D
定义	超出目标	达到目标	接近目标	远低于目标
得分	100	85	70	50

第十一条　综合评定等级。

（1）根据个人评分情况与比例限制综合评定个人等级。综合评定结果共分为五级，分别是优、良、中、基本合格、不合格，具体定义见下表。

综合评定等级定义表

等级	优	良	中	基本合格	不合格
定义	实际表现显著超出预期计划/目标或岗位职责/分工要求，在计划/目标或岗位职责/分工要求所涉及的各个方面都取得特别出色的成绩	实际表现达到或部分超过预期计划/目标或岗位职责/分工要求，在计划/目标或岗位职责/分工要求所涉及的主要方面都取得比较出色的成绩	实际表现基本达到预期计划/目标或岗位职责/分工要求，无明显失误	实际表现基本达到预期计划/目标或岗位职责/分工要求，在主要方面有明显不足或失误	实际表现未达到预期计划/目标或岗位职责/分工要求，在很多方面失误或主要方面有重大失误

（2）比例限制：在综合评定等级时，对于不同类型人员有等级比例限制。具体限制比例见下表：

综合评定等级比例限制表

人员类别	等级比例限制					评定人
	优	优和良	中	基本合格	不合格	
高层管理人员	20%	40%	不限制	不限制	不限制	总经理
中层管理人员	15%	30%	不限制	不限制	不限制	考核管理委员会
一般人员	10%	20%	不限制	不限制	不限制	部门主管

“优”“良”等级的综合评定根据得分从高到低排序后依比例限制确定。考核综合得分大于等于60分小于70分的等级评定为“基本合格”，小于60分等级评定为“不合格”。“中”由主管根据得分和等级的定义描述自己评定。

第三章　季度考核

第十二条　季度考核范围。

季度考核对象包括中层管理人员、部门内一般人员（包括技术、财会、行政事务职系的员工）、工勤人员三类。

第十三条　季度考核维度与权重。

针对不同的考核对象，考核维度与权重不同。

（1）中层管理人员考核维度、权重如下表所示。

中层管理人员考核维度、权重表

考核维度		考核人	季度考核权重
绩效	任务绩效	直接上级	50%
	周边绩效	相关部门部长/主任	30%
	20%	管理绩效	直接上级、下级

（2）一般人员（工勤人员除外）考核维度、权重如下表所示。

一般人员考核维度、权重表

考核维度	考核人	季度考核权重
任务绩效	直接上级	70%
态度	上级、同部门人员	30%

（3）工勤人员考核维度、权重如下表所示。

工勤人员考核维度、权重表

考核维度	考核人	季度考核权重
任务绩效	直接上级	70%
态度	直接上级	30%

第十四条　季度考核时间。

第一季度考核：4 月 1 日～10 日。

第二季度考核：7 月 1 日～10 日。

第三季度考核：9 月 20 日～30 日。

第四季度考核：次年 1 月 1 日～10 日。

各部门考核的具体安排由人力资源部负责通知和组织。

第十五条　季度考核流程。

季度考核流程包括以下几个步骤：

（1）启动考核：人力资源部在季度初启动考核工作。上季度的考核评定和下季度工作计划确定一起启动。

（2）制订员工季度工作计划，选择考核指标和权重。

①在季度初 5 日以内，员工直接上级根据职务说明书和实际工作要求，就季度主要工作任务、考核标准、指标权重等内容与被考核人面谈，共同讨论填写“绩效考核直接上级评分表”中任务绩效部分。从岗位考核指标中选择 3～5 个指标，确定要求达到的程度，并在任务绩效指标的总体权重范围内确定各个指标的权重。确定后双方各持一份，作为本季度的工作

指导和考核依据。

②每个月末考核双方就本季度计划进行一次回顾与沟通。计划执行过程中若出现重大计划调整，须重新填写相应的“绩效考核直接上级评分表”。员工直接上级须及时掌握计划执行情况，明确指出工作中的问题，提出改进建议。

（3）员工自评。季度结束后，下季度开始3日内，被考核人从工作业绩、工作态度方面进行自我评价，填写“绩效考核直接上级评分表”中完成情况部分，并与下一季度的“绩效考核直接上级评分表”一起交直接上级。

（4）直接上级、同级、下级评价。

①直接上级就工作绩效与被考核人面谈，共同讨论上季度任务目标完成情况（同时讨论确定下一季度目标、计划）。

②直接上级对被考核人的工作业绩、工作态度独立提出评价意见，在“绩效考核直接上级评分表”中填写考核评分部分。

③需要同级和下级考核的人员，人力资源部组织相应同级和下级考核人提出评价意见，完成评分表。

④人力资源部统计汇总考核得分。一般人员得分反馈给各部门主管，主管根据下属得分和部门比例限制确定被考核者的综合评定等级，报人力资源部。中层管理人员得分上报考核管理委员会讨论确定综合评定等级。

⑤审批。人力资源部汇总所有考核结果后报考核管理委员会审批。

第十六条　季度考核结果的用途。

季度考核结果直接影响下一季度的绩效工资，间接影响年度考核结果。

第四章　年度考核

第十七条　年度考核范围。

年度考核分为个人考核和部门考核两部分。

（1）个人年度考核主要是对员工本年度的工作业绩、工作能力和工作态度进行全面综合考核。年度考核要对员工的长期发展能力和长期表现进行评价，在季度考核维度上增加能力维度。年度考核作为晋升、淘汰、评聘以及计算年终奖金、培训的依据。除总经理外的公司员工均需进行年度考核。

（2）对新入职员工、调动新岗位的员工、在公司全年工作时间不足6个月或有其他特殊原因的员工，经考核管理委员会批准可以不参加年度考核。

（3）部门年度考核反映部门整体对公司的贡献。

第十八条　个人年度考核流程。

（1）个人年度考核和第四季度考核一起进行。年度考核增加了能力考核指标。年度考核的具体得分为：

高层管理人员以外的个人年度考核得分 = 个人 4 个季度考核得分的平均值 ×70% + 个人能力考核得分 ×30%。

高层管理人员年度考核得分 = 绩效考核得分 ×70% + 个人能力考核得分 ×30%。

(2) 参加年度考核的所有员工，由其直接主管在每年 1 月 10 日前对“能力考核评分表”中有关项目评分。

(3) 年度考核评定于次年 1 月 15 日前完成，并汇总到人力资源部。

(4) 人力资源部在 1 月 20 日前把上一年度考核结果报考核管理委员会批准。

第十九条　个人年度考核结果的用途。

个人年度考核结果主要作为职务升降、工资等级升降、年终奖金发放、聘任职称等工作的依据。

(1) 职务升降。年度考核为优的员工，优先列为职务晋升对象。年度考核不合格的员工给予行政降级处理。

(2) 工资升降。连续 2 年考核结果累计为“优”或连续 3 年考核结果为“良”者，工资等级在本职系本职称系列内晋升一级。当年考核结果为“不合格”或连续 2 年考核结果为“基本合格”者，工资等级下调一级。连续 2 年考核结果为“不合格”者，或连续 3 年考核结果为“基本合格”者，进行待岗处理。

(3) 年度奖金分配。年度奖金分配时，不同的考核结果对应不同的奖金分配数。

(4) 职称聘任。年度考核为优的员工，优先列为破格聘任对象。

第二十条　部门考核。

(1) 部门考核方式：部门考核不单独设立指标。每个部门的主管 4 个季度的任务绩效和周边绩效的平均得分作为部门的年度考核得分。根据部门的考核得分排序，然后由考核管理委员会按照与中层管理人员评定时类似的比例限制确定各个部门的综合评定等级。分公司不参与部门排序，分公司经理的综合评定等级即为分公司的评定等级。

(2) 部门考核结果的用途：部门考核结果直接决定公司部门年终奖金分配方案。

第五章　申诉及其处理

第二十一条　申诉受理机构。

被考核人如对考核结果不清楚或者持有异议，可以采取书面形式向人力资源部申诉。考核管理委员会是员工考核申诉的最终处理机构。人力资源部是考核管理委员会的日常办事机构，一般申诉由人力资源部负责协调、处理。

第二十二条　提交申诉。

员工以书面形式向人力资源部提交申诉书。申诉书内容包括：申诉人姓名、部门、申诉事项、申诉理由。

第二十三条　申诉受理。

(1) 人力资源部接到员工申诉后，应在3个工作日内作出是否受理的答复。对于申诉事项无客观事实依据，仅凭主观臆断的申诉不予受理。

(2) 受理的申诉事件，首先由人力资源部对员工申诉内容进行调查，然后与员工所在部门主管协调、沟通。不能协调的，人力资源部上报考核管理委员会处理。

(3) 申诉处理答复：人力资源部应在15个工作日内明确答复申诉人；人力资源部不能解决的申诉，应及时上报考核管理委员会处理，并将进展情况告知申诉人。考核管理委员会在接到申诉后，1周内必须就申诉的内容组织审查，并将处理结果通知申诉人。

第六章　附则

第二十四条　考核过程文件（考核评分表、统计表）严格保密，考核结果只反馈到个人，不予公布。

第二十五条　本办法由人力资源部制定并负责解释。

第二十六条　本办法实施后，原有类似规章制度自行终止，与本办法有抵触的规定一律以本办法为准。

第二十七条　本办法自颁布之日起实施。

三、绩效奖金管理制度

第一章　总则

第一条　目的。

为规范员工绩效奖金的发放，配合员工绩效考核和奖惩工作，达到激励员工、提高工作效率的目的，根据公司的实际情况，特制定本制度。

第二条　适用范围。

本制度适用于公司除总经理和各主管副总经理级以外的员工。

第三条　绩效奖金类别。

公司绩效奖金分为季度奖金和年度奖金。

第二章　奖金总额规定

第四条　每年1月，人力资源部核定上年年终奖金总额、本年度奖金总额预算报公司总经理审批。

第五条　本年度奖金总额预算以上一年度12月工资总额为基数，根据上一年度公司的经营业绩，由人力资源部上报总经理审批。奖励总额原则上定为2个月的工资总额。

第六条　每季度开始的第1周，人力资源部核定上季度的季度奖金总额，报公司总经理审批。

第七条　员工季度奖金基数是固定比例，一般是该员工月工资的25%，实际发放随季度考核成绩的排名有所不同。

第八条　员工年终奖金基数为浮动比例，与部门年终考核成绩（甲、乙、丙三等）相挂钩。具体奖金基数如下表所示。

部门年度考核等级	部门年度考核得分（X）	员工季度奖金基数	员工年终奖金基数
甲	X≥85分	上月本人工资额×25%	以本年度本人月平均工资×125%
乙	70分≤X<85分	上月本人工资额×25%	以本年度本人月平均工资×75%
丙	X<70分	上月本人工资额×25%	以本年度本人月平均工资×25%

第三章　季度奖金发放管理

第九条　季度奖金按季度发放，在每季度发放第1个月的月工资的同时发放上个季度的季度奖金。

第十条　发放条件规定如下。

（1）考核成绩合格（即季度考核得分不低于70分）的员工享有季度奖金，试用期间的员工不享有季度奖金。

（2）在季度中出现公司内部跨部门调动的，第2个月15日及以前调入的，视同调入部门员工；第2个月15日以后调入的，视同调出部门员工。

第十一条　人力资源部根据各部门员工的季度考核成绩核算季度奖金。季度奖金发放标准如下表所示。

季度考核结果与员工季度奖金对应表

季度奖金基数	员工考核结果等级	考核得分	员工季度奖金额（元）
本人月工资的25%	一	90分及以上	季度奖金基数×130%
本人月工资的25%	二	80（含）～90分	季度奖金基数×110%
本人月工资的25%	三	70（含）～80分	季度奖金基数×90%
本人月工资的25%	四	70（不含）分以下	0

第四章　年终奖金发放管理

第十二条　每年1月底发放上一年度的年终奖金。

第十三条　年度奖金发放依据为部门年度考核结果和员工本人年度考核成绩及考核等级。

第十四条　当年10月（含）以后到岗的新员工，不享有年终奖金。

第十五条　人力资源部根据各部门员工的年终考核成绩核算年度奖金，具体如下表所示。

考核系数与员工年终奖金对应表

部门考核成绩	员工年终奖金基数	员工年度考核等级	员工年终奖金额
甲	员工本人月平均工资的125%	一	年终奖金基数×150%
		二	年终奖金基数×125%
		三	年终奖金基数×100%
		四	年终奖金基数×50%
乙	员工本人月平均工资的100%	一	年终奖金基数×150%
		二	年终奖金基数×125%
		三	年终奖金基数×100%
		四	年终奖金基数×25%
丙	员工本人月平均工资的75%	一	年终奖金基数×100%
		二	年终奖金基数×80%
		三	年终奖金基数×50%
		四	年终奖金基数×10%

第五章　奖金发放程序

第十六条　部门经理将“部门季度（年终）奖金核算表”提交人力资源部，填写序号、姓名和考核成绩。

第十七条　人力资源部负责核算各部门员工的奖金，填写“部门季度（年终）奖金核算表”，提交主管副总经理、总经理审批。

第十八条　总经理批复后，人力资源部将“部门季度（年终）奖金核算表”交财务部。

第十九条　财务部经理在“部门季度（年终）奖金核算表”上签字确认后，在规定时间内发放奖金。

第六章　附则

第二十条　本制度解释权归人力资源部。

第二十一条　本制度自××××年××月××日起施行。

第三节　中小企业绩效考核管理表格

一、工作目标计划表

<table>
<tr><td>姓名</td><td></td><td>部门</td><td></td><td>岗位</td><td></td></tr>
<tr><td>考核期</td><td colspan="5">年　月　日至　年　月　日</td></tr>
<tr><td>工作概要</td><td colspan="5"></td></tr>
<tr><td colspan="6">工作目标与计划</td></tr>
<tr><td>序号</td><td colspan="2">工作计划内容</td><td colspan="2">工作目标</td><td>重要性基数</td></tr>
<tr><td>第1项</td><td colspan="2"></td><td colspan="2"></td><td></td></tr>
<tr><td>第2项</td><td colspan="2"></td><td colspan="2"></td><td></td></tr>
<tr><td>第3项</td><td colspan="2"></td><td colspan="2"></td><td></td></tr>
<tr><td>第4项</td><td colspan="2"></td><td colspan="2"></td><td></td></tr>
<tr><td>被考核者签名</td><td colspan="2"></td><td colspan="2">部门负责人签名</td><td></td></tr>
</table>

注　需到人力资源部备案。

二、试用期员工绩效考核表

部门：　　　　　　　　　　　　　　　　　　　　　填表日期：　　年　月　日

姓名		职务名称		任职时间	
评估期限				直接领导	

工作表现简述：

1. 试用期所订立的工作目标是什么
2. 在过去的时间中是否达到了预期的工作目标

类别	评估项目	评 估 状 况						
		优	良	中	合格	不合格	小计	备注
		5	4	3	2	1		
个人品质	准时							
	有责任感							
	处事小心谨慎							
	诚实正直							
	主动性							
	适应能力							
	创新性							
	个人仪表							
	判断和决策能力							
	虚心上进							
对公司及工作态度	主动学习与改进							
	积极态度							
	服务意识							
	接受任务							
	工作投入							
	责任感							

续表

类别	评估项目	评估状况						
		优	良	中	合格	不合格	小计	备注
		5	4	3	2	1		
业务技术能力	工作知识							
	策划和组织能力							
	生产效益							
	工作/业务素质							
	满足客户需要							
与人相处技巧	乐意与别人分享							
	站在对方角度考虑							
	合作性							
	人际关系							
领导能力	帮助下属成长							
	授权							
	把握战略方向							
	识人与用人							

综合评估		自我评估	同事评估	主管评估	部门评估
工作表现评估					
强弱项分析	主要优点				
	主要缺点				
发展与训练建议	有待提升技能				
	参加培训项目				
	新的目标				
	预期表现				

受评人签名：　　　　　　　　主管签名：　　　　　　　　部门负责人签名：

三、管理人员绩效考核表

姓名：______部门：________岗位：___________ 考评日期：______

评价因素	评价因素对评价期间工作成绩的评价要点	评价				
		优	良	中	可	差
工作态度	A. 把工作放在第一位，努力工作	14	12	10	8	6
	B. 对新工作表现出积极态度	14	12	10	8	6
	C. 忠于职守，严守岗位	14	12	10	8	6
	D. 对下属的过失勇于承担责任	14	12	10	8	6
业务工作	A. 正确理解工作要求和方针，制订适当的实施计划	14	12	10	8	6
	B. 按照下属的能力和个性合理分配工作	14	12	10	8	6
	C. 及时与有关部门进行必要的工作联系	14	12	10	8	6
	D. 在工作中始终保持协作态度，顺利推动工作	14	12	10	8	6
管理监督	A. 在人事关系方面下属没有不满或怨言	14	12	10	8	6
	B. 善于放手让下属去工作，鼓励他们乐于协作的精神	14	12	10	8	6
	C. 十分注意生产现场的安全卫生和清理整顿工作	14	12	10	8	6
	D. 妥善处理工作中的失败和临时追加的工作任务	14	12	10	8	6
指导协调	A. 经常注意提高下属的劳动积极性	14	12	10	8	6
	B. 主动努力改善工作环境和提高工作效率	14	12	10	8	6
	C. 积极训练、教育下属，提高他们的技能和素质	14	12	10	8	6
	D. 注意进行目标管理，使工作协调进行	14	12	10	8	6
工作效果	A. 正确认识工作意义，努力取得最好成绩	14	12	10	8	6
	B. 工作方法正确，时间和费用使用得合理有效	14	12	10	8	6
	C. 工作成绩达到预期目标或计划要求	14	12	10	8	6
	D. 工作总结汇报准确、真实	14	12	10	8	6
1. 通过以上各项的评分，该员工的综合得分是：________分 2. 你认为该员工应处于的等级是（选择其一）： [ ] A [ ] B [ ] C [ ] D A. 240 分以上；B. 200 ～ 240 分；C. 160 ～ 200 分；D. 160 分以下						
上级主管意见： 考核者签字：____________ 日期： 年 月 日						

四、员工绩效改进计划表

编号：

<table>
<tr><td>姓名</td><td></td><td>性别</td><td></td><td>年龄</td><td></td></tr>
<tr><td>单位</td><td></td><td>部门</td><td></td><td>岗位</td><td></td></tr>
<tr><td colspan="6">考核摘要</td></tr>
<tr><td colspan="2" rowspan="5">杰出的绩效
（按重要性排列）</td><td colspan="4">1.</td></tr>
<tr><td colspan="4">2.</td></tr>
<tr><td colspan="4">3.</td></tr>
<tr><td colspan="4">4.</td></tr>
<tr><td colspan="4">5.</td></tr>
<tr><td colspan="2" rowspan="5">需要改进的绩效
（按重要性排列）</td><td colspan="4">1.</td></tr>
<tr><td colspan="4">2.</td></tr>
<tr><td colspan="4">3.</td></tr>
<tr><td colspan="4">4.</td></tr>
<tr><td colspan="4">5.</td></tr>
<tr><td colspan="6">绩效改进计划</td></tr>
<tr><td colspan="3">应采取的行动</td><td colspan="3">完成时间</td></tr>
<tr><td colspan="3"></td><td colspan="3"></td></tr>
<tr><td colspan="3"></td><td colspan="3"></td></tr>
<tr><td colspan="3"></td><td colspan="3"></td></tr>
<tr><td colspan="3"></td><td colspan="3"></td></tr>
<tr><td colspan="3"></td><td colspan="3"></td></tr>
<tr><td>被考核者
签名</td><td></td><td>直接主管
签名</td><td></td><td>部门主管
签名</td><td></td></tr>
<tr><td>备注</td><td colspan="5">需到人力资源部备案</td></tr>
</table>

五、员工工作能力考核表

编号：

<table>
<tr><td>姓名</td><td></td><td>岗位</td><td></td><td>部门</td><td></td></tr>
<tr><td>考核期间</td><td colspan="5">年　　月至　　年　　月</td></tr>
<tr><td>考核项目</td><td>权重</td><td colspan="3">评 估 要 点</td><td>评估得分</td></tr>
<tr><td>知识和技能</td><td>20%</td><td colspan="3">专业知识和工作经验及技能等</td><td></td></tr>
<tr><td>人际沟通能力</td><td>20%</td><td colspan="3">上、下级及同事间沟通，与同事间的关系是否融洽</td><td></td></tr>
<tr><td>创新能力</td><td>20%</td><td colspan="3">管理创新、技术创新、合理化建议被采纳数等</td><td></td></tr>
<tr><td>逻辑思维能力</td><td>15%</td><td colspan="3">对岗位工作的理解、对上级下达指示的理解及洞察能力及判断的失误率</td><td></td></tr>
<tr><td>自我认知能力</td><td>15%</td><td colspan="3">学习能力、个人发展规划及述职报告等</td><td></td></tr>
<tr><td>表达能力</td><td>10%</td><td colspan="3">口头及文字表达能力</td><td></td></tr>
<tr><td colspan="6">总得分：</td></tr>
<tr><td>被考核者签名</td><td></td><td>直接主管签名</td><td></td><td>部门主管签名</td><td></td></tr>
<tr><td>备注</td><td colspan="5">考核结果需到人力资源部备案</td></tr>
</table>

六、员工工作业绩评估表

编号：

<table>
<tr><td>姓名</td><td colspan="2"></td><td>工作岗位</td><td colspan="3"></td></tr>
<tr><td>单位名称</td><td colspan="2"></td><td>部门名称</td><td colspan="3"></td></tr>
<tr><td>考核期</td><td colspan="6">年　月至　　年　月</td></tr>
<tr><td>工作概要</td><td colspan="6"></td></tr>
<tr><td colspan="7">工作效果评价</td></tr>
<tr><td>序号</td><td>工作目标计划</td><td>重要性基数（10 分制）</td><td colspan="2">考评项目</td><td>评分</td><td>得分</td></tr>
<tr><td rowspan="2">1</td><td rowspan="2">第一项工作内容</td><td rowspan="2"></td><td colspan="2">及时性（40%）</td><td></td><td rowspan="2"></td></tr>
<tr><td colspan="2">工作质量（60%）</td><td></td></tr>
<tr><td rowspan="2">2</td><td rowspan="2">第二项工作内容</td><td rowspan="2"></td><td colspan="2">及时性（40%）</td><td></td><td rowspan="2"></td></tr>
<tr><td colspan="2">工作质量（60%）</td><td></td></tr>
<tr><td rowspan="2">3</td><td rowspan="2">第三项工作内容</td><td rowspan="2"></td><td colspan="2">及时性（40%）</td><td></td><td rowspan="2"></td></tr>
<tr><td colspan="2">工作质量（60%）</td><td></td></tr>
<tr><td rowspan="2">4</td><td rowspan="2">第四项工作内容</td><td rowspan="2"></td><td colspan="2">及时性（40%）</td><td></td><td rowspan="2"></td></tr>
<tr><td colspan="2">工作质量（60%）</td><td></td></tr>
<tr><td rowspan="2">5</td><td rowspan="2">第 N 项工作内容</td><td rowspan="2"></td><td colspan="2">及时性（40%）</td><td></td><td rowspan="2"></td></tr>
<tr><td colspan="2">工作质量（60%）</td><td></td></tr>
<tr><td colspan="6">总得分 = Σ（各项得分）/ Σ重要性基数 ×100</td><td></td></tr>
<tr><td>被考核者签名</td><td></td><td>直接主管签名</td><td></td><td>部门主管签名</td><td colspan="2"></td></tr>
<tr><td>备注</td><td colspan="6">1. 工作目标计划参照部门月度工作计划内容
2. 考核结果需到人力资源部备案</td></tr>
</table>

七、员工工作态度考核表

姓名		职务		部门	
考核期间	年　　月至　　年　　月				
考核因素	考核要点				考核结果
纪律性	是否遵守纪律和规章，很少迟到、早退、缺勤				
	对上级、同事、客户等是否有礼貌、注重礼仪				
	是否严格遵守工作汇报制度，按时报告工作				
积极性	为改变现状，是否以积极的态度工作				
	对分配的工作是否讲条件，是否尽量多做工作				
	是否为公司和组织的目标、利益为第一				
	是否积极学习业务所需的知识				
协作性	工作是否充分考虑他人的处境				
	工作中是否主动协助上级和同事				
	是否努力使工作气氛活跃				
责任感	是否认清自己在组织中的角色并负责				
	工作是否具有主动性，不需要监督				
	对工作中的失误是否逃避责任或多寻求辩解				
服务态度	能否遵守服务规则、标准及其他规定				
	服装或礼仪是否规范				
	态度是否认真，服务是否周到				
总体评价					
被考核者签名		直接主管签名		部门主管签名	
备注	需到人力资源部备案				

八、绩效考核结果处理表

编号：

<table>
<tr><td>姓名</td><td colspan="3"></td><td colspan="3">岗位</td><td colspan="2"></td><td colspan="2">部门</td><td colspan="2"></td></tr>
<tr><td>年龄</td><td colspan="3"></td><td colspan="3">入职时间</td><td colspan="2"></td><td colspan="2">评估时间</td><td colspan="2"></td></tr>
<tr><td>业绩考核得分</td><td colspan="3"></td><td colspan="3">能力评估得分</td><td colspan="2"></td><td colspan="2">态度评估得分</td><td colspan="2"></td></tr>
<tr><td colspan="10">综合考核得分＝业绩得分×70%＋能力得分×20%＋态度得分×10%</td><td colspan="3"></td></tr>
<tr><td colspan="13">绩效考核等级（考核总分为100分）：
□A（90～100分）　□B（80～89分）
□C（70～79分）　□D（70分以下）</td></tr>
<tr><td rowspan="4">考核结果处理意见</td><td colspan="4">岗位异动</td><td colspan="4">工资序列变动</td><td colspan="4">其他</td></tr>
<tr><td colspan="4"></td><td colspan="4"></td><td colspan="4"></td></tr>
<tr><td colspan="3">人力资源部意见</td><td colspan="3">被考核者意见</td><td colspan="3">直接主管意见</td><td colspan="3">部门主管意见</td></tr>
<tr><td colspan="3"></td><td colspan="3"></td><td colspan="3"></td><td colspan="3"></td></tr>
<tr><td>备注</td><td colspan="12"></td></tr>
</table>

九、管理人员综合能力评估表

<table>
<tr><td>姓名</td><td></td><td>岗位</td><td></td><td>部门</td><td></td></tr>
<tr><td>考核期间</td><td colspan="5">年　月至　　年　月</td></tr>
<tr><td>考核项目</td><td>权重</td><td colspan="3">评估要点</td><td>评估得分</td></tr>
<tr><td>管理能力</td><td>30%</td><td colspan="3">部门计划、组织、领导、协调、控制部门内外协调</td><td></td></tr>
<tr><td>人际沟通能力</td><td>20%</td><td colspan="3">沟通耐心、细心、认真、坦诚</td><td></td></tr>
<tr><td>创新能力</td><td>20%</td><td colspan="3">管理创新（制度建设、管理提案等）、技术创新（三新项目成果）、合理化建议被采纳数等</td><td></td></tr>
<tr><td>知识和技能</td><td>15%</td><td colspan="3">专业知识和工作经验及技能等</td><td></td></tr>
<tr><td>自我认知能力</td><td>15%</td><td colspan="3">学习能力、个人发展规划及述职报告等</td><td></td></tr>
<tr><td colspan="6">总得分：</td></tr>
<tr><td colspan="6">简要评语：</td></tr>
<tr><td>备注</td><td colspan="5">本表由直接上司评价</td></tr>
</table>

十、管理人员工作业绩评估表

<table>
<tr><td colspan="2">姓名</td><td></td><td>岗位</td><td></td></tr>
<tr><td colspan="2">部 门</td><td colspan="3"></td></tr>
<tr><td colspan="2">考核期间</td><td colspan="3">年　　月至　　　年　　月</td></tr>
<tr><td colspan="2">工作概要</td><td colspan="3"></td></tr>
<tr><td colspan="5">工作业绩评价</td></tr>
<tr><td>序号</td><td>工作目标计划</td><td>重要性基数
（10 分制）</td><td>评分</td><td>得分</td></tr>
<tr><td>1</td><td>第一项工作内容</td><td></td><td></td><td></td></tr>
<tr><td>2</td><td>第二项工作内容</td><td></td><td></td><td></td></tr>
<tr><td>3</td><td>第三项工作内容</td><td></td><td></td><td></td></tr>
<tr><td>4</td><td>第四项工作内容</td><td></td><td></td><td></td></tr>
<tr><td>5</td><td>第 N 项工作内容</td><td></td><td></td><td></td></tr>
<tr><td colspan="4">总得分 = Σ（各项得分）/ Σ 重要性基数 × 100</td><td></td></tr>
<tr><td colspan="2">被考核者
签名</td><td></td><td>部门主管
签名</td><td></td></tr>
<tr><td>备注</td><td colspan="4">1. 各项实际能力 = 评价得分 × 重要性基数 ÷ 100
2. 考核结果需到人力资源部备案</td></tr>
</table>

十一、部门季度（年终）奖金核算表

部门：　　　　　　　　　　　　　　　　　　　金额单位：元

序号	员工姓名	岗位	考核成绩	考核等级	部门考核结果	奖金基数	奖金金额
1							
2							
3							
4							
5							
6							
7							
8							
9							
10							
11							
合计							

部门经理签字：　　　　　　　　　　人力资源部经理签字：
主管副总经理签字：　　　　　　　　总经理签字：
财务经理签字：

第六章 中小企业薪酬管理制度与表格

第一节　中小企业薪酬管理概述

一、中小企业薪酬管理中存在的主要问题

中小企业的管理水平普遍较低，在薪酬管理方面的不足表现尤为明显。在中小企业中，薪酬管理普遍存在以下问题：

1. 薪酬战略缺失

现在是互联网时代，中小企业要想长久生存下去，就得具备战略眼光，而薪酬战略则是企业战略的重要组成部分。但是我国很多中小企业没有从企业的总体战略和人力资源战略高度出发来设计薪酬管理体系，而是就薪酬论薪酬，把薪酬单纯地理解为一种目的，至于什么样的薪酬才是企业最有力的战略措施则过问甚少，不知道应该与何种绩效管理系统相配合起来最大限度地发挥员工的积极性和创造性，与企业的战略目标严重脱节。

2. 薪酬理念缺乏

中小企业由于其管理者的素质参差不齐，对现代企业薪酬管理理念、技术、方法的把握相对滞后，缺乏必要的薪酬管理理论与实践知识。个别管理者甚至错误地认为，只要扣下员工几个月的工资就能留住员工为该企业工作，这种理念在薪酬政策的确定上缺乏长期、战略性的规划，有悖于薪酬决策的科学性，违反薪酬管理的公平原则。还有的中小企业的观念还处在计划经济时代，薪酬管理还是按行政级别、学历和在企业的工作年限来进行价值分配，而对职位所承担的责任和风险、员工的技能水平和能力等产生绩效的关键因素没有引起应有的重视。

3. 没有一套合理的薪酬体系

中小企业历来重效益，轻制度体系的设计，因此，长期以来大多没有一套合理的薪酬体系，造成这种局面的原因有很多，但关键的有两个，其一是企业意识方面的原因，认为企业规模小，尚不需要成套的薪酬体系，等将来需要时再做打算；第二，中小企业的人力资源管理者大多不是专业人员，缺乏足够的专业技能，即便想做也是心有余力不足。种种原因致使中小企业缺乏一套合理的薪酬体系，导致公司人才流动率居高不下。更有甚者，员工的薪资标准仅仅由老板根据当时的具体情况和自己的经验与应聘人员谈判来确定，这种随意性较大的措施是导致企业内部员工薪资标准

混乱的直接原因。

4. 薪酬结构失衡

科学的薪酬结构包括静态薪酬（如基本工资等）、动态薪酬（如绩效工资、奖金等）和人态工资（福利、津贴等）三类。但中小企业的薪酬结构往往有失偏颇，比如福利这一薪酬要素很多中小企业就缺乏足够的重视。薪酬结构失衡会使企业的薪酬体系在运行过程中缺乏足够的灵活性，无法满足多数员工在薪酬方面的不同需求。很多中小企业甚至将福利完全变成了保健因素，激励效果很差，自助福利的设计没有引起重视。这种失衡还表现在固定工资比例过高，而绩效工资比例过低，在这种薪酬框架下，员工大都没有上进心，因为干好干坏都有基本工资，特别是干好了也没有相应的额外报酬，这就使得薪酬的激励作用大大下降了。

二、中小企业应建立的薪酬理念与目标

中小企业由于规模小，因此它不可能在薪酬机制上与已形成规模的竞争者相抗衡，但这并不等于中小企业没有自己的优势。从全面性和系统论的角度来分析，设计、完善、管理、终止报酬福利机制的成本是昂贵的，一个不正确或运行错误的报酬计划的成本自然也会“水涨船高”。而中小企业可以利用自身所具有的经营灵活、形式多样以及竞争力较弱的特点，建立具有独特优点的薪酬体系。

1. 员工参与

让员工参与薪酬设计有诸多好处：第一，如果让员工参加薪酬设计，势必会让员工在心理上感到自己是整个企业管理团队的一员，而不是一个单纯的被管理者。从而激发员工积极参与企业事务的意识。第二，员工参与薪酬设计会增强员工对企业和管理层的信任度，时下就有不少公司采取工资保密制度，薪酬发放是暗箱操作，这时员工会感到疑惑和怀疑。第三，员工在参与制度设计的过程中，可以针对企业报酬政策及目的和管理层进行必要的沟通。一方面可以促进管理者与员工之间的相互信任，另一方面可以让薪酬制度中的缺陷充分暴露出来，企业针对不足的地方有的放矢地改进和完善，构建一个有效、全面的薪资系统。

2. 公平合理

古语云，不患寡而患不均，在薪酬问题上，要想发挥出薪酬的激励作用，首先就要做到薪酬的公平性，不能薄此厚彼，因为只有当人们认为奖励是公平的，才能激发动机。有些中小企业的奖金发放较为随意，唯总经理马首是瞻，在这种情况下，公平原则被完全忽略了，因而引起员工的不满与攀比情绪。但此处必须指出的是，薪酬公平并不是薪酬分配结果的均

等或平均，而是分配机会、分配尺度、分配过程和分配规则的公平。对每个员工来说，参与收入分配的机会均等，而实际分配的结果必然是不均等的。传统的“大锅饭”式的平均主义薪酬分配，没有体现出各种不同工作的不同价值含量，也没有体现各员工不同的个人劳动生产率，恰恰是不公平的表现。

3. 增加激励力度，收入与技能挂钩

现在是互联网时代了，企业间的竞争更加残酷，有些中小企业甚至徘徊在生死边缘，能活下来的都是管理有方、经营得道所致。在中小企业做事，员工所承担的劳动风险相比以前更大了，在这种情况下，员工更容易和企业结为命运共同体。所以，作为员工的东家，中小企业适宜建立刺激性的薪酬制度，将员工的收入与企业效益、企业销售收入结合起来。比如，可建立个人技能评估制度，以员工的能力为基础确定其薪水高低，工资标准由技能最低直到最高划分出不同的级别，最大限度地挖掘和利用员工已有的技能，这种评估制度能有效传递“一荣俱荣，一损俱损”的信息，会让员工更加关注自身的发展。

三、中小企业薪酬体系设计原则与流程

中小企业的薪酬管理存在上述诸多问题，因此，管理者在设计薪酬体系时务必遵循如下原则和流程：

1. 根据经营规划定岗定编

中小企业的薪酬制度变动不能太频繁，一般建议和年度经营计划的制订结合起来，一年调整一次。公司只有制订年度的经营计划，根据经营计划调配人力资源，确定岗位设置，才能测算出人事支出费用，从而为薪资制度的设计提供基础参考。

2. 了解企业的支付能力

人才对于企业来讲，不是越高端越好。中小企业受资本短缺的影响，如果一味地高薪聘请人才，只会给企业增加负担。因此，评估企业的支付能力，和内部目前人员的薪酬匹配，是选择人才的基本认知。

3. 设计企业的薪酬制度

（1）薪酬设计原则。考虑公平原则，首先要考虑外部的公平性，也就是社会的工资水平和本行业的工资水平。其次要考虑内部公平性，同工是否同酬，是否体现不同责任的薪资差别等。公平原则不是大家都一样，而是要充分考虑外部因素、岗位差异、对公司的价值等因素确定每个岗位的工资水平。

（2）薪酬结构设计。薪酬结构的设计要考虑人性化和科学化原则，薪

酬结构可以借鉴结构工资制的原理，企业根据自身情况灵活设计。最主要的是结合企业的人力状况、价值导向，强调忠诚度就多设计工龄工资，需要引进高学历人才就多加学历工资等。企业可根据自身情况进行模拟测算。

（3）设计不同职系的职等标准。企业应根据情况设计几个员工职业上升的通道，如营销职系、管理职系、技术职系、职能职系等，让员工有不同的上升空间，而不是只往管理一条通道上来。每个职系都有高中低之分，根据企业实际，一般中小企业的层级设计 5 等 5 级就可以满足需要。然后确定每个职等职级的年薪，使之符合稳步上升、小步快跑的原则（岗位提升薪资有大幅提升，岗位不变能力提升薪资也有提升）。

（4）薪酬等级变动（晋升）。薪酬等级的设定是为体现不同职位的价值不同，同时为不同职系的员工提供职业发展的方向，让员工看得到发展的前景。薪资等级如何变动、如何对应，应该在薪资制度中明确说明，建议每半年根据考核成绩、综合表现调整一次，以达到奖优罚劣的目的。

4. 宣贯执行，试行修改

企业的薪酬制度设计好以后，非常关键的一步就是让员工理解。因此有必要召开员工大会宣讲薪酬制度的设计原理、方法、具体制度。宣贯后由各部经理分别和本部员工沟通本人的薪资等级情况，真正让员工理解为什么定那个级别、自身努力的方向等，并听取意见，从而发挥管理者的作用。在运行 3 个月后可以根据收集的员工意见进行适当修改。

5. 业务部门奖金提成的设计

中小企业最为关键的是奖金提成的设计，因为目前中小企业的核心能力之一就在于营销体系的灵活和战斗力。因此，奖金体系的设计要能充分激励销售人员是关键。目前，奖金提成采用固定比率 + 浮动比率是一种较好的模式，当员工完成一定任务产值后享受固定的提成比率（这个任务产值应比较好完成），超出部分设计一个较高的提成比率，让员工努力去争取高产值。当然，也可以采用和毛利润甚至净利润挂钩的方式。

第二节　中小企业薪酬管理制度

一、薪酬管理制度

第一章　基本原则

第一条　公司的薪酬分配制度按企业制度的要求贯彻按劳分配、效率优先和兼顾公平三项基本原则。

第二条　根据激励、高效的原则，员工薪酬的收入与其为公司创造的效益和工作业绩挂钩，实行绩效考核。

根据简单实用、便于操作的原则，公司在建立平等竞争的用人制度的基础上，实行岗位系数工资制。体现以岗选人、以岗定薪、拉开差距、考核升级的原则。

根据公司发展的需要，薪酬管理制度与人力资源管理紧密结合，发挥留住人才、吸引人才、激励人才、人尽其才的作用。

第二章　管理规则

第三条　根据聘任、管理、考核、分配一体化的原则，公司各部门、各类人员及由公司直接聘任员工的薪酬分配统一由公司总经理工作部管理，并实行统一的岗位系数工资制。

第四条　公司各项目经理部聘用的员工的薪酬标准，由项目经理参照社会劳动力价格确定，经公司总经理同意后，报公司总经理工作部备案。

第五条　公司年度薪酬发放总额严格控制在公司董事会核定的年度薪酬总额以内。公司总经理工作部根据总经理的指令和公司的生产经营指标，对公司的年度薪酬总额实行动态管理。

第六条　公司任何部门、项目未经总经理批准发放钱物，均视为越权行为，应追究有关人员的责任。

第七条　公司员工的岗位在签订劳动合同或岗位聘用合同时明确，员工岗位由总经理根据劳动复杂程度、劳动强度、劳动责任、劳动环境等因素采用谈话协商的方式确定，员工工作一定期限后，由总经理工作部对员工进行考核评定，根据考核结果由总经理作出调整岗位或终止劳动合同的决定。

第三章　薪资构成

第八条　公司员工的薪资由以下三个单元构成：基本薪资、岗位薪资、奖金。

第九条　薪资各单元相加为员工月实际薪资。

第十条　员工的月基本薪资为岗位对应的基本薪资基数。

第十一条　员工的月岗位薪资为岗位对应的基本薪资基数×系数×实际出勤天数。

第十二条　奖金分为月度奖、季度奖、年终奖及其他专项奖金，奖金基数由总经理根据当期的生产经营成效确定。

第十三条　设立总经理专项奖，由总经理嘉奖当期为公司生产经营作出突出贡献的员工。总经理专项奖总额为当期奖金总额的30%。

员工的奖金为当期奖金基数×系数×出勤天数＋总经理专项奖。

第四章　薪资支付

第十四条　公司执行下发月薪制度，每月×日根据上月的考勤结果向员工支付上月的薪资。季度奖、年终奖和其他专项奖金根据公司的生产经营情况和考核结果，由总经理决定发放时间。

第十五条　公司员工的薪资不作公开，由财务部在指定银行设立个人账户，员工的薪资由公司财务部统一办理，转入个人账户。

第十六条　薪资计发人员及各类公司员工均不得随意打听、传播别人的薪资收入情况，避免盲目攀比。

第十七条　员工的个人所得税由公司代扣代缴。

第十八条　因员工个人原因给公司造成损失应赔偿的，可以在本人月薪资总额内扣缴。

第五章　附则

第十九条　本制度经总经理签发，从发布之日起实施。

第二十条　本制度由总经理工作部负责解释。如有条款修订，报总经理批准后发布执行。

二、计件工资管理办法

第一条　目的。

为了实现多劳多得、按劳取酬的薪资分配原则，鼓励先进鞭策后进，提高企业整体运作效率，使本公司之计薪方法合理化、科学化，特制定本办法。

第二条　原则。

按劳计酬，多劳多得，注重数量与质量相结合。

第三条　范围。

本办法适用于本公司全体计件员工，也可以是几个人或者是某一部门。

第四条　本公司计件工资分为固定金额与浮动金额两部分。

第五条　固定工资部分（占全部工资的25%～50%）。

（1）固定工资的核定内容分为五个方面，分别赋予一定的比例，合计后评定等级并按工资标准的规定核发工资。这五方面内容及相应比例为：

①技能 50%。

②工作的重要性 15%。

③工作年限 10%。

④工作环境 10%。

⑤学历 15%。

（2）固定工资核发标准见下表。

<table>
<tr><td colspan="2">级别</td><td>一</td><td colspan="8">二</td><td>三</td><td>四</td></tr>
<tr><td colspan="2">评定分数（分）</td><td>98～100</td><td>96～97</td><td>93～95</td><td>89～92</td><td>85～88</td><td>82～84</td><td>79～81</td><td>76～78</td><td>66～75</td><td>53～65</td><td>52以下</td></tr>
<tr><td rowspan="2">金额（元）</td><td>男</td><td colspan="2">×元</td><td colspan="2">×元</td><td colspan="2">×元</td><td colspan="2">×元</td><td>×元</td><td>×元</td><td>×元</td></tr>
<tr><td>女</td><td>×元</td><td>×元</td><td>×元</td><td colspan="2">×元</td><td>×元</td><td>×元</td><td>×元</td><td>×元</td><td>×元</td><td>×元</td></tr>
</table>

第六条　浮动工资部分。

（1）标准基数的确定。由厂业务室根据各订单所要求产品的不同型号（规格）设定所需要的标准工时，每一工时设定为一个基数，以此作为产量、工资计算的依据，则每人每天上班 8 小时的标准基数为 8。

（2）基数单价的确定。根据每个人技术的高低及轮班时间的不同而分别确定，其标准见下表。

级别	基数单价 / 性别	班级：早班	中班	晚班
AA 级（特殊技术性）	男	×元	×元	×元
	女	×元	×元	×元
A 级（技术性）	男	×元	×元	×元
	女	×元	×元	×元
B 级（半技术性）	男	×元	×元	×元
	女	×元	×元	×元
C 级（非技术性）	男	×元	×元	×元
	女	×元	×元	×元

（3）浮动工资应得金额的计算：

①当实际基数≤标准基数时，其计算公式为：

浮动工资 = 基数单价 × 实际生产基数

②当实际基数≥标准基数时：

浮动工资 = 基数单价 × （实际基数 - 标准基数） × 生产效率 + 基数单价 × 实际基数

其中：生产效率 = 实际生产基数/（标准基数 - 异常基数）。

第七条　各级工作人员试用期间前三个月的工作效率目标分别规定如下：

月份 / 目标 / 级别	第一月	第二月	第三月
A 级	×	×	×
B 级	×	×	×
C 级	×	×	×

第八条　新进人员实习期为一个月，其奖金一律按规定金额发给。

第九条　为减少新进人员离职，确保工作量，对新进人员实行基数补偿，补偿时间为三个月。新进人员到职后前两周进行训练，然后判定技术等级，并按下列标准进行补偿。

补偿基数 / 资历 / 级别	第一个月		第二个月	第三个月	第四个月
	实习	投入生产			
A 级（技术性）	依 C 级基数为 8 计算	4	2.4	1.6	0
B 级（半技术性）		3.2	1.6	0.8	0
C（非技术性）		1.6	0	0	0

第十条　新进人员若在试用期间表现良好，随时可以加入正式生产行列，除其浮动工资部分维持外，另外可以提早进行固定工资的调整。

第十一条　公司安排加班时付给加班费，加班费标准为____元/小时，对于政策性加班一律准报加班费。

第十二条　特殊加班规定。

（1）为缓解生产线过量的负担，鼓励员工主动自发地协助企业克服困难，各单位以志愿方式选择最优员工，组成特殊加班工作小组。

（2）加班费的计算公式为：

男女员工 = 基数单价 × 生产基数 × ____倍 + 加班时数 × ____元/小时

（3）每人每天加班____小时的基数为____。

（4）轮班男性员工实施两班制（12 小时），超过 8 小时部分，准予依特殊加班方式计发加班费。

第十三条　本办法自公布之日起实施。

三、津贴制度

第一章　特别工作津贴

第一条　领取资格。

从事特殊试验研究和特殊制品生产的人员。

第二条　特别工作津贴标准。

（1）专职从事特殊制品生产的人员，每月发给特别工作津贴 × 元。

（2）从事特殊试验研究者、兼职从事特殊制品生产者，按下列标准支付特别工作津贴。

试验研究部门或协助生产特殊制品的人员，其从事特殊制品生产或试验研究的时间比率（实际从事特殊制品生产或试验研究的时间占当月的全部工作时间的百分比）及相对应的特别工作津贴如下表所示：

从事特殊制品生产或试验研究的时间比率	特别工作津贴
不到 10% 的	每月 × 元
10% 以上，不到 15% 的	每月 × 元
15% 以上，不到 30% 的	每月 × 元
30% 以上，不到 50% 的	每月 × 元
50% 以上，不到 70% 的	每月 × 元
70% 以上的	每月 × 元

在上述计算标准中，生产部门和试验研究部门没有区别。工作时间比率由该部门负责人按工作考勤计算。

（3）特别工作津贴的奖金标准额为半年（上半年或下半年）特别工作津贴的月平均额，每半年发放一次。

第二章　电话交换津贴

第三条　领取资格。

从事电话交换工作的人员。

第四条　电话交换津贴标准。

（1）专职电话交换员，每月发给电话交换津贴×元。

（2）因专职电话交换员休假、缺勤或其他原因，由兼职人员从事电话交换工作时，按下列标准支付电话交换津贴。

兼职人员从事电话交换工作的时间比率及相对应的电话交换津贴如下表所示：

从事电话交换的时间	电话交换津贴
不到月总工作时间10%的	每月×元
10%以上，不到20%的	每月×元
20%以上，不到40%的	每月×元
40%以上，不到60%的	每月×元
60%以上的	每月×元

工作时间比率由该部门负责人按工作考勤计算。

（3）电话交换津贴的奖金标准额的计算，以第二条（3）的规定为依据。

第三章　保健津贴

第五条　保健津贴的发放范围。

在工厂内经常并大量处理有毒化工原料者，或工作环境有可能损害其健康者，享受保健津贴。

第六条　保健津贴标准。

长期在第二条所述环境中工作者，每月领取保健津贴____元。

临时在第二条所述环境中工作者，按下表所列标准发给保健津贴：

处理有毒化工原料或在恶劣工作环境下的工作时间	保健津贴
不到月总工作时间10%的	每月×元
10%以上，不到20%的	每月×元
20%以上，不到40%的	每月×元
40%以上，不到60%的	每月×元
60%以上的	每月×元

第四章　伙食补贴

第七条　领取资格及金额。

因工作原因不能在本公司食堂就餐的员工，按下列标准发给伙食补贴。

（1）每天午餐补贴×元，晚餐补贴×元。

（2）伙食补贴每月结算一次，按出勤天数乘以每天的伙食补贴标准支付。

第八条　本公司员工在市内出差，也按第七条标准领取伙食补贴。

第九条　在本公司食堂用餐者按下列标准给予伙食补贴。

（1）早餐×元（限在本公司宿舍居住的单身职工）。

（2）午餐×元。

（3）晚餐×元（限在本公司宿舍居住的单身职工及需在晚7点以后加班者）。

第十条　本公司员工因需要在下班以后加班两小时以上者，免费供应一顿晚餐（或夜餐）。

四、员工出勤奖金管理制度

第一章　总则

第一条　本公司为奖励员工出勤，减少请假，按照公司规章，特制定本制度。

第二章　出勤奖金计算办法

第二条　出勤奖金按点计算，每点20元，每月计分30点（600元）。凡本公司员工在公司工作每出勤1天给予1点。

第三条　凡员工于当月份内请假者，不论事病假，均按下列标准扣减出勤奖金。

（1）请假1天扣7点（140元）。

（2）请假2天扣14点（280元）。

（3）请假3天扣21点（420元）。

（4）请假4天扣30～31点（600～620元）。

第四条　全月不请假，且轮休不超过2天者，另加给全勤奖金8点（160元）。凡请假、旷工（包括1小时）或轮休超过2天（逢有法定假日的月份可增加为3天）及星期日固定休息人员均不加给。

第五条　兵役公假，婚、丧、生育假。

（1）点阅召集、后备军人召集等，出勤奖金照发。

（2）动员召集、教育召集及奉派受训20天以上者不予给点。

（3）婚、丧、生育假所请假日不予给点（跨月者其全勤加给的8点只扣1次）。

第六条　工伤与国内公差，出勤奖金照发。

第七条　每旷工1天扣10点（4小时以内扣5点，超过4小时按1天扣点）。

第八条　当月请事病假累计4小时以内不扣奖金，超过4小时按1天扣点。

第九条　员工确患重病必须住院（限公立或劳保医院治疗），其住院期间经取得医院证明者可予从轻扣点，即每住院1天扣5点，其余门诊仍按本制度第三条的规定计扣出勤奖金。

第十条　星期例假及轮休、特休。

（1）常白班员工星期例假日或排定轮休日出勤奖金照给，但被指定加班而不到工者扣10点。

（2）已排轮休的人员除轮休日外，如有不上班者一律请假，否则视作旷工。

（3）特别休假必须于前一天下午5点钟前提出申请，经核准者出勤奖金照给，事后（包括当天）申请者不准，视作事假。

（4）应休未休的特别休假在年限届满后均按现支日资的1.6倍发给奖金，但中途离职者不予发给。

第三章　全勤奖金给付办法

第十一条　为使员工勤于职务，提高生产效率，特制定本办法以资奖励。

第十二条　凡本公司生产线作业人员（领班除外）、守卫人员及长期临时性生产工作人员适用本办法。

第十三条　本奖金每季颁给一次，其给付日期为季末次月20日。

第十四条　凡当季内未请假（包括年休假）、迟到及早退者，按下列标准给予全勤奖金。

（1）月薪：按当季最后一个月的月薪÷30天×6天。

（2）日薪：按当季最后一个月的日薪×6天。

第十五条　颁发奖金前，人事部将名单送总经理核阅后公布。

第十六条　新进人员如到职日恰为当季第1日者，奖金自该月份起计算，否则于次季第1日起计算。

第十七条　当季服务未满3个月而离职者，不予计算奖金。

第四章　附则

第十八条　员工停薪留职期间不适用本制度。

第十九条　本制度经呈准后施行，修改时亦同。

五、员工年终奖金发给办法

第一条　目的。

为使公司年终奖金发挥最大功效，奖金的发放有所依循，特制定本办法。

第二条　适用范围。

（1）公司所有××××年××月××日前入职的员工。

（2）绩效考核时间：××××年××月××日至××××年××月××日。

第三条　职责。

（1）人力资源部。

①奖金发放方案与相关绩效量表的拟定和修订。

②向各部门提供绩效考评人员名单和相关资料。

③评估方案的实施效果，并进行总结。

（2）财务部。

①奖金预算。

②奖金核算，并提供奖金明细报表和相关分析报表。

第四条　奖金数额。

从业人员的年终奖金数额视公司当年度的业务状况及个人成绩而定。

第五条　按实际工作月数比例计算的范围。

从业人员在年度内有下列情形之一者，年终奖金按其该年度内实际工作月数的比例计算（服务未满半个月者以半个月计，半个月以上以一个月计）。

（1）准给特别病假或工伤假者。因执行职务奋勇负责而致伤害，经专案签准其请假期间可予发给的工伤假除外。

（2）非受处分的停薪留职者。

（3）中途到职者。

第六条　于当年度年终奖金发给前离职或受停薪留职处分者不予发给。退休、资遣人员服务已满该年度者不在此限。

第七条　发放日期。

每年度从业人员的年终奖金于次年××月××日发给。

第八条　奖惩的加扣标准。

从业人员在当年度曾受奖惩者，年终时依下列标准加减其年终奖金。

（1）嘉奖1次：加发1日份薪额的奖金。

（2）记小功1次：加发3日份薪额的奖金。

（3）记大功1次：加发10日份薪额的奖金。

（4）记小过1次：扣减3日份薪额的奖金。

（5）记大过1次：扣减10日份薪额的奖金。

第九条　请假旷工者扣减标准。

从业人员于年度中曾经请假或旷工者，其当年度的年终奖金依下列标准计扣（以元为单位）。

（1）病假1日扣减半日份薪额的奖金。

（2）事假1日扣减1日份薪额的奖金。

（3）婚假1日扣减1/4日份薪额的奖金。

（4）丧假1日扣减1日份薪额的奖金，但因父母、配偶等丧亡请假在5日以内者，每日扣减1/4日份薪的奖金。

（5）产假1日扣减半日份薪额的奖金。

（6）旷工1日扣3日份薪额的奖金，旷工半日扣1.5日份薪额的奖金。

第十条　奖金提拨。凡符合本办法第五条规定，工作不满1年者，其奖金按实际工作月数比例提拨。

第十一条　扣款处理。

依本办法规定扣除的款额应缴回公司。

第十二条　实施及修订。

本办法经总经理批准后实施，修改时亦同。

六、员工福利制度

第一条　目的。

为了确保员工的福利，规范企业的福利制度，使福利管理有据可依，特制定本制度。

第二条　适用范围。

适用于企业全体员工的福利管理。

第三条　福利细则。

（1）社会保险。公司依照国家和地方有关社会保险的规定为员工办理各项社会保险。

（2）医疗福利。

①员工因工负伤或患职业病，患病或非因公负伤和在职期间因工、非因公死亡的待遇按国家和地方的有关规定执行。

②员工患病或非因公负伤，公司可视具体情况，按当地有关政策执行。

③员工享受国家规定的医疗待遇。

④女员工在孕期、产期、哺乳期的待遇，按国家和地方规定执行。

⑤员工享受的其他保险福利待遇按国家和地方有关规定执行。

七、兼职人员工资管理办法

第一条　为加强兼职人员的薪资管理工作，特制定本办法。

第二条　工资的构成。

兼职员工的工资由下列 3 项构成：基本工资，规定时间外加班津贴，交通津贴。

第三条　基本工资。

（1）基本工资决定的原则：考察员工所担任的职务、技术、经验、年龄等事项后，由人事科根据个人表现分别制定。

（2）基本工资给付的原则：不得低于当地政府所制定的最低给付额。

（3）员工因私事请假或迟到、早退、私自外出而未能执行勤务所造成的缺勤，不得给予其工资，应从工资中直接扣除相等的缺勤基本工资额。

（4）公司与员工共同达成基本工资的协议后，应由人事科制定雇用合同书加以明确。

第四条　规定工作时间外加班津贴。

（1）兼职员工的工作时数因业务需要并由其主管要求加班而延长时，或于休假日到公司工作时，应依下列计算方式，以小时为计算单位并发放工作时间之外的加班津贴。

基本工资（小时工资部分）×1.25＝加班津贴

（2）深夜执行勤务者（从晚上 10 点到次日清晨 5 点），应加给上项所得的 25%，作为深夜勤务津贴。

第五条　交通津贴。

员工从住宅到公司上班时单程距离在 5 公里以上者，依公司所制定的交通津贴给付细则并视员工出勤状况给付津贴。

第六条　尾数的处理。

工资计算时，有未达到元的尾数产生时，一律计算到元，其尾数按四舍五入的方法计算。

第七条　工资扣除及工资给付方式。

（1）下列规定的扣除额应从工资中直接扣除：

①个人工资所得税。

②劳工保险费中个人应负担部分。

③根据公司与工会的书面协议规定，应代为扣除的代收金额。

④其他法令规定事项。

（2）工资对上列各项扣除后，员工所得应以现金形式直接交予本人。

第八条　工资计算期间及工资支给日。

工资计算期间从前一个月的 21 日开始到当月的 20 日为止，并以当月的 29 日为工资给付日。

第九条　离职或解雇时的工资。

兼职员工申请离职或被解雇时，应在离职日之后的 7 日内，计算并给付该员工已工作时间所应得的工资（申请离职日恰为工资支给日，则以当日计算并给付）。

第十条　奖金。

兼职员工服务届满一年以上且表现优异者，经部门主管呈报人事科核定为绩效优良员工，可予以奖励。

第十一条　奖金计算及给付。

奖金计算的标准，以基本工资为计算单位，并于每年 7 月根据员工的表现个别发放。

第三节　中小企业薪酬管理表格

一、员工工资表

单位：　　　　　　　　　　　　　　　　　　　　　　　　　　　　年　　月　　日

职等									小计
职位									
姓名									
应领工资金额	本薪								
	主管津贴								
	修护津贴								
	交通津贴								
	外调津贴								
	全勤奖金								
	绩效奖金								
	应付薪资								
	所得税								
	劳保费								
	福利金								
	借支								
	合计								
实领金额									
伙食津贴									
误餐和值班费									
总计									

核准：　　　　　　　　　　主管：　　　　　　　　　　制表：

二、新员工工资核准表

年　　月　　日　　　　　　　　　　　　　　　　　　编号：

<table>
<tr><td>工作部门</td><td></td><td>职别</td><td colspan="3"></td></tr>
<tr><td>姓名</td><td></td><td>到厂日期</td><td colspan="3">年　　月　　日</td></tr>
<tr><td>学历</td><td colspan="5"></td></tr>
<tr><td>工作经验</td><td colspan="5">相关______年，非相关______年，共______年</td></tr>
<tr><td>能力说明</td><td colspan="5"></td></tr>
<tr><td>要求待遇</td><td></td><td colspan="2">公司标准</td><td colspan="2"></td></tr>
<tr><td>核准工资</td><td></td><td colspan="2">生效日期</td><td colspan="2"></td></tr>
<tr><td>批示</td><td></td><td>单位主管</td><td></td><td>人事经办</td><td></td></tr>
</table>

三、员工工资奖金核定表

<table>
<tr><td colspan="2">本月营业额</td><td colspan="2"></td><td colspan="2">本月净利润</td><td></td><td>利润率</td><td></td></tr>
<tr><td colspan="2">可得奖金</td><td colspan="2"></td><td colspan="2">调整比率</td><td></td><td>应发奖金</td><td></td></tr>
<tr><td rowspan="4">奖金核定</td><td>部门</td><td>姓名</td><td>职别</td><td>奖金</td><td>部门</td><td>姓名</td><td>职别</td><td>奖金</td></tr>
<tr><td></td><td></td><td></td><td></td><td></td><td></td><td></td><td></td></tr>
<tr><td></td><td></td><td></td><td></td><td></td><td></td><td></td><td></td></tr>
<tr><td></td><td></td><td></td><td></td><td></td><td></td><td></td><td></td></tr>
<tr><td rowspan="7">奖金核定标准</td><td colspan="2">本月净利润
（万元）</td><td colspan="2">本月营业额
（万元）</td><td colspan="2">可得奖金
（元）</td><td colspan="2">目标利润提高比率
（%）</td></tr>
<tr><td colspan="2"></td><td colspan="2"></td><td colspan="2"></td><td colspan="2"></td></tr>
<tr><td colspan="2"></td><td colspan="2"></td><td colspan="2"></td><td colspan="2"></td></tr>
<tr><td colspan="2"></td><td colspan="2"></td><td colspan="2"></td><td colspan="2"></td></tr>
<tr><td colspan="2"></td><td colspan="2"></td><td colspan="2"></td><td colspan="2"></td></tr>
<tr><td colspan="2"></td><td colspan="2"></td><td colspan="2"></td><td colspan="2"></td></tr>
<tr><td colspan="2"></td><td colspan="2"></td><td colspan="2"></td><td colspan="2"></td></tr>
</table>

总经理：　　　　　　　　　　核准：　　　　　　　　　填表：

四、工作奖金核定表

月份：

本月生产金额		本月工作人数		生产批数	
可得奖金合计		调整奖金比率		应发奖金	

	部门	姓名	职别		绩效	点数	核发奖金	
			主管	其他				
奖金核定								
	合计							

	生产金额（万元）	可得奖金（元）	工作人数	调整比率
奖金核定标准				

总经理：　　　　核准：　　　　填表：

第七章 中小企业财务管理制度与表格

第一节　中小企业财务管理概述

一、中小企业财务管理现状

当前，中小企业财务管理存在着很多不足之处，主要表现在如下几个方面：

1. 资金短缺，融资能力差

资金是制约中小企业发展的一个硬性因素，为什么会出现资金不足、融资乏力的局面呢？这是因为：第一，中小企业的信用担保制度不完善。中小企业由于资本规模较小，这就决定了其抗风险能力先天不足，加上中小企业内部管理基础薄弱，产品比较单一，因此市场风险很大。而市场风险很容易转变为企业的财务风险和银行的信贷风险，从而影响其信用等级。第二，中小企业经营风险高。中小企业经营规模不大，自有资金较少，技术水平落后，经营业绩不稳定，抵御风险能力差，加上财务管理水平低下，给银行和投资方带来了投资风险。第三，缺乏专门为中小企业服务的金融机构。第四，无直接融资渠道。目前中小企业一般通过增加股本金和银行借款融资，政策上不允许发行股票和债券筹集资金。

2. 财务意识薄弱，财务结构失衡

不少中小企业主认为手中现金越多越好，这就造成了现金闲置，没有把资金周转起来；还有些中小企业主在自有资金不足的情况下，就开始了盲目的负债经营。而经营不利和内部财务管理弱化等因素又会加剧债务水平，造成企业过度负债。

3. 经营模式僵化，管理观念陈旧

大多数中小企业属于个体、私营性质，这就造成了企业的所有权与经营权的高度统一，企业的投资者同时就是经营者，这种模式势必给企业的财务管理带来负面影响。中小企业主集权现象严重，致使其职责模糊，往往越权行事，导致企业财务管理混乱，缺乏严格的监控，会计信息失真等。企业内部没有相应的审计部门，即便有也是形式而已，很难保证内部审计的独立性。

二、中小企业财务管理的主要内容

中小企业的财务管理并不是事无巨细、全面管理，而是应选择一些主

要方面实施重点控制，同时还应根据企业整体战略目标和环境的变化调整主要内容，以达到预期的效果。

1. 资本结构控制

资本结构是对企业控制权的决定因素。因此，应注重企业的资本结构，对企业因组建、合并、分立、资本调整以及清算等影响资本结构的情况实施事前、事中和事后的控制，以确保对企业的控制权。

2. 资金控制

财务管理的核心是管理资金整个运动过程。资金是企业的血液，融资能力已越来越成为企业发展的关键，企业对外融资意味着又增加了一个投资者（债权人或股东），这直接影响原有股东和企业的利益。因此，应对企业筹资规模和方向、融资渠道、偿还来源、资金用途及效益、存在的风险等实施全面的财务控制。这是一项重要的、经常性的工作。

3. 对外投资控制

对外投资从本质上来讲是资本的位移，这种投资会给投资者带来新的风险和效益。企业对投资控制的重点是抓好投资的可行性分析、投资来源分析、投资效益分析和风险因素分析，参与决策投资，监督投资实施过程，建立明确完善的投资分析、决策、实施和处置等相关制度，实施制度控制与过程控制相结合，并以过程控制为重点。

4. 重大工程项目控制

重大工程项目一般具有投资大、时间长、对企业发展有重大影响的特点，一旦失误会造成企业整体效益的大幅下降，乃至拖垮整个企业。重大项目控制的重点是可行性分析，实施过程监督和效益分析。

5. 对外担保控制

企业对外担保虽是一项或有负债，然而一旦被担保企业出了问题，就是一项即时债务。现实中不乏由于对外担保而造成企业破产的例子。因而，应加强企业对外担保事项的财务控制，对包括对外担保内容、金额、期限、被担保单位情况、担保条款等实施监控。

6. 基本制度控制

企业的内控制度包括职务分离的控制、授权批准的控制、业务程序的控制、信息质量的控制、内部审计的控制等。完善的内部控制制度可以防止资产被浪费、盗窃和无效使用，可以提高财务信息的正确性和可靠性，可以保证经营方针与策略的执行，可以正确评价经营效果。应加强对基本制度尤其是财务会计、资产管理等方面的制度的贯彻实施。

三、中小企业财务管理的目标

中小企业的财务管理目标是协调与各利益相关者的关系，使企业和各利益相关者的价值最大化。

1. 加强内部管理，而不能只考虑企业利润的最大化

企业资金的使用周转涉及企业内部的各个方面，所以，中小企业的经营者应转变观念，资金不仅是财务部门的职责，而是影响到企业的各个部门、各个生产经营环节，所以经营者要层层落实，让各部门积极配合，共同为企业资金的管理做出努力。

弱化管理，追求利润最大化，只看到了眼前短期利益，而忽略了长远利益，从而做出损害企业长远、持续发展的行为。如抽空资金、逃避债务、污染环境等。中小企业可以从以下几个方面来加强内部管理。

（1）要使资金的来源和动用得到有效配合，切不可用短期借款来购买固定资产，以免导致资金周转困难。

（2）准确预测资金收回和支付的时间。应收账款什么时候可收回，什么时候可进货等，都要做到心中有数。

（3）合理地进行资金分配，流动资金和固定资金的占用应做到合理组合。

2. 处理好企业与债权人的关系

（1）对金融机构的选择。应该选择对中小企业立业和成长前途感兴趣并愿意对其投资、能给予企业经营指导，资金充足且资金费用低，员工素质好、职业道德良好的金融机构。

（2）让合作的金融机构了解本企业的经营方针、发展计划、财务状况，说明企业遇到的困难，以实绩和信誉赢得金融机构的信任和支持，而不应以各种违法或不正当的手段来套取资金。当金融机构等债权人的利益得到保障时，债权人才会与企业保持长久的合作。

3. 关心员工的切身利益，创造优美和谐的工作环境

人永远是生产要素中最积极的要素，是增强企业竞争优势的最重要的源泉。所以，中小企业在财务人才管理方面要做好如下两点：

（1）人才引进。中小企业规模比较小，知名度不高，在其发展中存在很多的不确定性，员工随时都可能面对企业的破产，工作没有稳定和安全感，因此给企业引进人才、留住人才带来了困难。对此，中小企业可根据自身能力，尽最大的可能创造良好的环境引进人才。

（2）对已有的人才，企业必须给他们以充分的信任，满足他们自我成就的需要。对于普通员工，要视他们为企业重要的创造价值的主体，尊重他们，采取亲情式的管理，关心员工生活，让他们感受到企业的温暖，以企业为家，增强企业的凝聚力。

4. 打造企业的核心竞争力

（1）找准市场。中小企业因资产规模不强，缺乏知名度和影响力，所以不宜与大企业进行正面的市场竞争，要尽量去寻找大企业无法开发或不愿开发的市场，找准市场后，以良好的服务、灵活的机制巩固和稳步扩张市场占有率。

（2）充分运用自身的特点。作为中小企业，应随时了解市场上现有的产品及消费者消费动向。依靠其经营的灵活性、应变较快的优势来及时调整产品结构，改变生产方向，满足消费者的需求。

（3）寻找被“遗弃”的业务。有些业务对大企业来说是不值得做的，但对于中小企业来说则是一块蛋糕，中小企业要擦亮眼睛，找到这种被“遗弃”的业务，开发出能满足特定消费者的市场。

（4）注重质量。中小企业生存的法宝就是产品质量，中小企业一定要提高产品的技术含量，这样可以避免和较低水平的企业恶性竞争以及与大公司的正面竞争，不断扩大中小企业的生存空间。

5. 实施技术创新

不管中小企业将自己定位在哪个市场，技术都是一个重要的支撑力量。中小企业要靠持续地创新、不断地进行技术改进巩固自己在市场上的地位。中小企业在实施技术创新时，应注意企业技术创新战略应该和企业总体竞争战略相一致。

四、中小企业财务管理对策

中小企业稳健发展，就必须加强财务管理，一般来说，做好财务管理从如下方面着手。

1. 加强营运资金管理

（1）增强现金流量管理意识，提高现金流量管理水平。

（2）树立信用观念，提高企业信用程度。

（3）采用先进管理方法，提高存货管理科学性。

（4）运用财务分析方法，保持营运资金合理水平。

（5）提高管理人员素质，增强营运资金管理能力。

2. 优化资本结构，创造良好的外部信用

中小企业受企业规模限制，承受财务风险的能力比较低，因此形成合理的资本结构、确定合理的负债比例尤为重要。比如要学会把外来和自有资金合理搭配，形成合理的资本结构。中小企业实现的税后利润要尽可能地积累，以充实自有资本，这样，既保持了合理的资本结构，又有利于树立企业信用形象，取得银行的信任。

3. 稳健理财，科学投资

中小企业需要筹措必要的长期资本，以确保原有经营项目等营运资金周转不会因新投资项目而受到影响，所以，中小企业的投资只能是稳健的，切忌操之过急，盲目扩张。

4. 要有完整的财务资料

很多中小企业从不重视企业的财务记录，这就给财务规划造成了一定的困难，因为缺乏连续、完整的财务资料，就无法给自我评估、融资、计划、预算等财务管理工作提供可靠的数据。有效的财务管理需要有完整的财务资料，以帮助管理者分析企业现状和预测未来。

5. 严格控制企业扩张

中小企业的资金先天不足，因此，如果在没有十足的办法获得安全的资金时，宁可保持现状，也不能盲目依赖借贷扩大规模。待等自己的资本积累到一定规模，并出现了合适的时机后方可适当扩大企业规模。

6. 建立健全企业内部控制制度

（1）营造企业良好的内部控制环境。

（2）设置富有成效的内部控制活动。

（3）强化内部审计以提高内控制度的执行力。

（4）提高内部控制人员的综合素质。

（5）切实提高企业的风险意识。

第二节　中小企业财务管理制度

一、外部融资管理制度

第一条　目的。

为规范公司的融资行为，提高资金利用效益，降低融资成本，减少融资风险，依据国家有关法规规定，并结合公司的具体情况制定本制度。

第二条　适用范围。

本制度适用于公司融资管理的各相关事项。

第三条　定义。

（1）本制度所指的融资仅指公司向以银行为主的金融机构进行债权融资的行为，主要包括综合授信、流动资金贷款、项目融资等形式。

（2）公司股权融资行为不适用本制度。

第四条　融资的原则。

中小企业在正式融资之前要制定一个指导企业融资行为的融资计划书，其中包括融资决策的指导原则和其他融资行为的准则，目的在于确保企业融资活动顺利进行。

（1）收益与风险相匹配原则。

（2）融资规模量力而行原则。

（3）控制融资成本最低原则。

（4）遵循资本结构合理原则。

（5）测算融资期限适宜原则。

（6）保持企业有控制权原则。

（7）选择最适合的融资方式原则。

（8）把握最佳融资机会原则。

第五条　责任机构与融资流程。

（1）责任机构。董事会或授权人根据公司章程规定行使重大融资决策权。财务部为融资主要责任部门。其主要职责：

①制定融资管理办法。

②拟订融资预算。

③拟订融资方案，评估融资效益和风险。

④融资实施。

⑤筹集资金的使用监督。

⑥融资偿付。

⑦融资总结分析。

（2）融资业务流程。

①由公司资金管理部根据资金预算编制融资预算，并提出具体融资方案，报财务总监审核同意后，数额在董事会授权范围以内的报总裁批准，董事会授权范围以外的报董事会批准。

②重大经营项目的融资，资金使用部门提出融资需求和建议方案，公司在审批该投资项目时一并审批其融资方案。项目实施阶段融资方案或融资规模需要改变时，变动数额在董事会授权范围以内的由总裁审批，超过授权范围的报公司董事会批准。

（3）重大融资决策。

①根据公司发展战略、投资计划、生产经营需要，并以现金流为基础编制融资方案。

②融资方案的基本要求和内容：

a. 符合国家有关法规、政策。

b. 明确融资规模、融资结构和融资方式。

c. 预计融资成本。

d. 融资时机选择与分析。

e. 潜在融资风险分析及应对措施。

（4）执行控制。

①公司董事会、总裁或授权人进行融资决策，资金管理部严格按照确定的融资方案办理融资业务。

②公司应严格按照融资方案所规定的用途使用资金。

（5）融资偿付控制。

①资金管理部指定专人对债务资金进行管理，定期列单提示债务资金到期情况。

②严格按合同或协议约定，按时偿付本、息。

③到期债务如需续借，资金管理部在到期前一个月申请办理，完成续借手续。

第六条　融资成本控制。

根据公司发展策略、外部金融市场变化和资金运行风险控制融资成本。

（1）减少融资总量，提高资金运行效率。

①尽量减小现金类资产规模，对须保留现金进行增值操作。

②进行有效的应收款和存货管理，提高资产周转率。

（2）优化资金来源结构。

①合理选用结算支付工具，降低财务成本。

②在金融政策从紧的阶段，对流动性风险的防范应超越对成本的考量，避免出现“短贷长投”局面。

（3）设计合理的融资方式。通过融资成本的测算，选择合适的渠道和产品。融资成本应综合考虑：利息、账户存款要求、结算规模的要求、融资时的额外费用支出、时间成本等。

（4）利用银行金融产品，进行金融资产套期保值，如进行外币套期保值，尽量减小汇率变化对成本的影响。

（5）进行低风险理财，取得理财收益。

第七条　融资风险控制。

（1）加强日常财务管理工作。为防范融资风险，财务工作人员、资金运作人员务必加强日常财务分析。

（2）加强企业融资项目的审核与管理。包括：

①进一步规范企业的管理工作，在设计组织结构时，既要职责明确，还要建立经济业务处理的分工和审核制度，特别是严格规范财务工作体系。

②对每一个资金运作项目都应有科学严谨的可行性评价，切忌盲目融资，越是困难的企业面对融资时越要谨慎，关注融资成本、融资顺序与融资方式。

③加强企业信用管理，完善财务工作中对偿债工作的监督与控制，健全各类融资活动的后续跟踪管理。

④建立并实施融资风险预警管理机制。企业必须具备一套比较完善的管理机制，但考虑到预警的成本问题，不设专门的职能部门来执行预警系统，只需在经营管理中赋予每一个员工实时收集信息、传递信息的责任，然后由相关职能部门的人员兼任预警机构人员。

（3）从融资方式入手，加强企业发展各阶段的融资渠道。在企业的不同发展阶段，由于企业的财务状况、生产能力、信用水平、社会认可的程度等不同，需要不同的金融市场来帮助企业融集资金。

第八条　附则。

（1）本制度自公布之日起实施。

（2）本制度由财务部负责解释。

二、资金预算管理制度

第一章　总则

第一条　目的及依据。

为提高各部门的经济效益，灵活运用资金，充分发挥其经济效用，达成资金运用的最高效益，特制定本制度。

第二条 适用范围。

本公司有关预算单位均应按本制度进行预算工作。

第三条 作业期间。

（1）资料提供部门，除应于年度经营计划书编订时提送年度资金预算外，应于每月24日前逐月预计次3个月份资金收支资料送会计部，以利汇编。

（2）会计部应于每月28日前编妥次3个月份资金来源运用预计表，按月配合修订，并于次月15日前编妥上月份实际与预计比较的资金来源运用比较表一式三份，呈总经理核阅后，一份自存，一份留存总经理室，一份送财务部。

第二章 收入

第四条 内外销收入。

业务部门依据各种销售条件及收款期限，预计可收到的货款编列。

第五条 劳务收入。

业务部门收受同业产品代为加工，依公司收款条件及合同规定预计可收到的代为加工同业产品的货款编列。

第六条 退税收入。

（1）退税部门依据申请退税进度，预计可退现数编列。

（2）预计核退营业税虽非实际退现，但因能抵缴现金支出，可视同退现。

第七条 其他收入。

凡无法直接归属于以上各项收入的都属于其他收入的范围，包括财务收入、增资收入等。

第三章 支出

第八条 资本支出。

（1）房屋：依据兴建工程进度，预计所需支付资金编列。

（2）设备分期付款、分期缴纳关税等：会计部依据分期付款偿付日期予以编列。

（3）机械设备、预付工程定金等：工务部依据工程合同及进度，预定支付预算及资材部依据外购L/C开立计划，预计支付资金编列。

第九条 材料支出。

资材部依请购、采购、结汇作业，分别预计内外购原物料支付资金编列。

第十条 薪资。

财务部依据产销计划等资料及最近实际发生数，斟酌预计支付数编列。

第十一条　经常费用。

（1）制造费用：会计部依据生产计划，参考制造费用有关资料及最近实际发生数，斟酌预计支付数编列。

（2）销售费用：业务部依据业务计划，参照以往月份推销费用占营业额的比例推算编列。

（3）管理费用：财务部参照以往实际数及管理工作计划编列。

（4）财务费用：财务部依据财务部资金调度情况，核算利息支付编列。

第四章　资金调度

第十二条　公司经营资金由公司最高主管负责筹划，并由财务部协助筹措调度。

第十三条　采购部门根据国内外购料提出申请单，财务部根据此申请单编列“借款月报表”，呈总经理核准。

第五章　附则

第十四条　本制度经总经理核准后实施，修改时亦同。

三、财务分析制度

第一章　总则

第一条　为全面反映公司生产经营活动，及时提供重要信息，加强公司对生产经营的管理、监督和控制，增强公司内部管理的时效性、针对性及对未来发展趋势的预见性，进一步优化公司财务状况，提高公司的经济效益，特制定本制度。

第二条　本制度规定了公司财务分析的评价指标、分析内容、分析方法和程序等，适用于财务分析各相关工作。

第三条　财务分析工作由公司财务部负责并组织编制分析报告，经财务主管、副总经理签批后报总经理及相关领导审阅。

第四条　公司财务分析主要包括财务报表分析和财务指标分析，根据工作安排，可进行定期（月、季、年）分析，或根据工作需要进行综合或专题分析。

第五条　公司财务状况及经营成果的财务分析评价指标包括偿债能力指标、营运能力指标、盈利能力指标，具体包括资产负债率、流动比率、速动比率、应收账款周转率、存货周转率、利润率、社会贡献率等。

第二章　财务分析的主要内容

第六条　每月月末，公司财务分析人员要将各职能部门和生产车间的预算完成情况进行汇总，进而分析公司的总体预算完成情况，特别是收入、成本费用、利润、现金流量等指标的预算完成情况，对引起差异的主要原因进行研究并提出改进措施，然后上报公司月度经营分析会。

第七条 每年年末，公司的财务分析人员要根据公司报表分析公司的总体盈利能力，如收入净利率、净资产收益率等；总体变现能力，如流动比率、速动比率等；总体资产营运能力，如应收账款周转率、总资产周转率等；偿债能力，如资产负债率、已获利息倍数等。财务分析人员要不断积累资料，以便开展财务趋势分析。

第八条 公司财务分析人员要定期或不定期地开展公司内外环境分析，搜集资料，研究国内外行业发展动态、竞争对手情况、国家相关产业政策等与公司经营密切相关的因素。

第三章 财务分析的工作重点

第九条 公司财务分析的重点是按照预算管理的要求对各责任中心预算目标完成情况加以分析。

第十条 成本费用分析。

（1）成本费用分析的主要内容和要求。

成本费用分析主要是分析企业的主营业务成本、管理费用、财务费用等支出预算的执行情况、构成比例和变化，找出各项支出增减变化的原因，提示成本费用管理的薄弱环节，提出降低成本、费用的具体措施，以保证企业成本费用预算控制目标的实现。

（2）企业成本费用分析的主要指标：

成本费用预算完成率=本期实现成本费用/本期成本计划×100%

成本费用增长率=（本期实现成本费用/上期实现成本费用-1）×100%

成本费用利润率=利润/成本费用总额×100%

单项成本费用所占比例=单项成本费用/成本费用总额×100%

单位成本变动率=（本期单位成本-上期单位成本）/上期单位成本×100%

第十一条 公司资金情况分析。

（1）公司资金分析的主要内容和要求。

通过分析现金收入和现金支出预算的执行情况，得出其变化的主要原因、资金使用效果及存在的主要问题，并制订出相应的对策措施，以加速资金周转，合理有效地安排和使用资金。

（2）资金分析的主要指标。

现金收入预算完成率=本期实现现金收入/本期现金收入预算×100%

现金支出预算完成率=本期实现现金支出/本期现金支出预算×100%

现金收入增长率=（本期实现现金收入/上期现金收入-1）×100%

现金支出增长率 =（本期实现现金支出/上期现金支出 -1）×100%

速动比率 = 速动资产/流动负债×100%

第四章　附则

第十二条　本制度由公司财务部拟订，报总经理批准后执行，解释权归财务部。

第十三条　本制度自××××年××月××日起实施。

四、财务内控管理制度

第一章　总则

第一条　为加强公司财务管理和内部控制，规范企业财务行为，提高经营管理水平和效益，适应企业发展的需要，根据有关的规定，结合本公司实际情况，特制定本制度。

第二条　本公司财务内部控制制度由财务部负责，其基本任务和方法是：做好各项财务收支的计划、控制、核算、分析和考核等内部控制工作，以达到合理筹集资金、参与经营投资决算、有效利用公司各项资产，努力提高公司的经济效益。

第二章　财务内部控制的目标和原则

第三条　财务内部控制应当达到的基本目标。

（1）规范企业会计行为，保证会计资料真实、完整。

（2）堵塞漏洞、消除隐患，防止并及时发现、纠正错误及舞弊行为，保护企业资产的安全、完整。

（3）保证业务活动按照适当的授权进行；保证所有交易和事项以正确的金额在恰当的会计期间及时记录于适当的账户，使财务报表的编制符合会计准则的相关要求。

（4）保证对资产和记录的接触、处理均经过适当的授权；保证账面资产与实际存在资产定期核对相符。

（5）提高财务管理与公司整体管理水平的契合度，从而达到管理效率最优化。

第四条　财务内部控制的基本原则。

（1）权力分隔，每一项经济业务的处理程序，不能由一个部门和一个人全部包办，以防止出现差错和弊端。

（2）合理分管，实行账物分管、钱账分管、印鉴分管及钥匙分管等。

（3）审批稽核，任何经济业务的处理都要有明确的授权与审批，同时要经过财务部门的审核与稽核。

（4）责任明确，各部门和人员要职责分明，以便任何情况都能落实到

个人责任。

（5）凭证控制，建立和健全凭证制度及严格传递程序，直到会计资料归档。

（6）例行核对，对每一项经济业务和会计记录，都要进行例行核对，以保证账证、账账、账表、账物及账款核对一致。

第三章　财务内部控制的内容

第五条　财务内部控制的内容主要包括：销售与收款、采购与付款、生产成本、对外投资、筹资、货币资金、存货、固定资产、工程项目、期间费用、对外担保、关联交易、预算、财务报告等经济业务的内部控制。

第六条　公司应当在制定商品或劳务等的定价原则、信用标准和条件、收款方式等销售政策时，充分发挥会计机构和人员的作用，加强合同订立、商品发出和账款回收的会计控制，避免或减少坏账损失。

第七条　公司应当合理设置采购与付款业务的机构和岗位，建立和完善采购与付款的会计控制程序，加强请购、审批、合同订立、采购、验收、付款等环节的会计控制，堵塞采购环节的漏洞，减少采购风险。

第八条　公司应当合理安排生产，根据顾客订单或对销售的预测和产成品的存量需求的分析来决定生产授权，建立健全成本会计制度，将生产控制和成本核算有机结合起来。公司财务部门应当为总经理、生产部门提供原材料转化为在产品、在产品转化为产成品的详细资料，为分析生产成本、控制生产成本提供充分依据。

第九条　公司建立规范的对外投资决策机制和程序，通过实行重大投资决策集体审议等责任制度，加强投资项目立项、评估、决策、实施、投资处置等环节的会计控制，严格控制投资风险。

第十条　公司应当加强对筹资活动的会计控制，合理确定筹资规模和筹资结构，选择筹资方式，降低资金成本，防范和控制财务风险，确保筹措资金的合理、有效使用。

第十一条　公司对货币资金收支和保管业务建立严格的授权批准制度，办理货币资金业务的不相容岗位应当分离，相关机构和人员应当相互制约，确保货币资金的安全。

第十二条　公司建立存货管理的岗位责任制度，对原材料、产成品的验收入库、领用、发出、盘点、保管及处置等关键环节进行控制，防止各种实物资产被盗、毁损和流失。

第十三条　公司建立规范的固定资产管理制度，包括采购预算、授权批准、账簿记录、固定资产处置、定期盘点、维护保养及保险制度，以杜绝生产事故发生，提高固定资产使用效率。

第十四条　公司应当建立规范的工程项目决策程序，明确相关机构和人员的职责权限，建立工程项目投资决策的责任制度，加强工程项目的预算、招投标、质量管理等环节的会计控制，防范决策失误及工程发包、承包、施工、验收等过程中的舞弊行为。

第十五条　公司应当建立期间费用控制系统，做好费用管理的各项基础工作，制定费用标准，分解费用指标，控制费用差异，考核费用指标的完成情况，落实奖罚措施，降低期间成本费用，提高利润总额。

第十六条　公司应当加强对担保业务的会计控制，严格控制担保行为，建立担保决策程序和责任制度，明确担保原则、担保标准和条件、担保责任等相关内容，加强对担保合同订立的管理，及时了解和掌握被担保人的经营和财务状况，防范潜在风险，避免或减少可能发生的损失。

第十七条　公司应当建立关联交易的控制制度，按照《企业会计准则——关联方交易》的要求识别关联方，对不同标的关联交易实行授权。

第十八条　公司应当加强对单位预算的内部控制，规范预算编制及调整，严格预算执行与考核，提高预算管理水平。

第十九条　公司应当加强对财务报告的内部控制，规范财务报告的编制，确保会计信息质量。

第四章　财务内部控制的方法

第二十条　财务内部控制的方法主要包括：不相容职务相互分离控制、授权批准控制、会计系统控制、预算控制、财产保全控制、风险控制、内部报告控制、电子信息技术控制等。

第二十一条　不相容职务相互分离控制要求企业按照不相容职务相分离的原则，合理设置会计及相关工作岗位，明确职责权限，形成相互制衡机制。不相容职务主要包括授权批准、业务经办、会计记录、财产保管、稽核检查等职务。

第二十二条　授权批准控制要求企业明确规定涉及会计及相关工作的授权批准的范围、权限、程序、责任等内容，单位内部的各级管理层必须在授权范围内行使职权和承担责任，经办人员也必须在授权范围内办理业务。

第二十三条　会计系统控制要求企业依据《会计法》和《企业会计准则》制定适合本企业的会计制度，明确会计凭证、会计账簿和财务会计报告的处理程序，建立和完善会计档案保管和会计工作交接办法，实行会计人员岗位责任制，充分发挥会计的监督职能。

第二十四条　预算控制要求企业加强预算编制、执行、分析、考核等环节的管理，明确预算项目，建立预算标准，规范预算的编制、审定、下达和执行程序，及时分析和控制预算差异，采取改进措施，确保预算的执行。预算内资金实行责任人限额审批，限额以上资金实行集体审批。严格控制无预算的资金支出。

第二十五条　财产保全控制要求企业限制未经授权的人员对财产的直接接触，采取定期盘点、财产记录、账实核对、财产保险等措施，确保各种财产的安全完整。

第二十六条　风险控制要求企业树立风险意识，针对各个风险控制点建立有效的风险管理系统，通过风险预警、风险识别、风险评估、风险分析、风险报告等措施，对财务风险和经营风险进行全面防范和控制。

第二十七条　内部报告控制要求企业建立和完善内部报告制度，全面反映经济活动情况，及时提供业务活动中的重要信息，增强内部管理的时效性和针对性。

第二十八条　电子信息技术控制要求企业运用电子信息技术手段建立财务内部控制系统，减少和消除人为操纵因素，确保财务内部控制的有效实施。同时要加强对财务会计电子信息系统开发与维护、数据输入与输出、文件储存与保管、网络安全等方面的控制。

第五章　财务内部控制的监督检查

第二十九条　公司审计部负责财务内部控制执行情况的监督检查，确保财务内部控制的贯彻实施。财务内部控制检查的主要职责是：

（1）对财务内部控制的执行情况进行全面检查和评价或专项检查和评价。

（2）根据检查情况写出检查报告，对涉及会计工作的各项经济业务、内部机构和岗位在内部控制上存在的缺陷提出改进建议。

（3）对执行财务内部控制成效显著的内部机构和人员提出表彰建议，对违反财务内部控制的内部机构和人员提出处理意见。

（4）总经理办公会议根据审计部的处理意见作出处理决定。

（5）审计总监对公司财务内部控制检查的情况向董事会负责。

（6）审计委员会一名以上委员提议可对公司财务内部控制进行专项检查。

第三十条　公司可以聘请中介机构或相关专业人员对本公司财务内部控制的建立健全及有效实施进行评价，接受委托的中介机构或相关专业人员应当对委托单位财务内部控制中的重大缺陷提出书面报告。

第六章　附则

第三十一条　本制度由财务部制定，解释权归财务部。

第三十二条　本制度经总经理审批通过，自发布之日起执行。

五、内部审计制度

第一章　总则

第一条　为进一步完善公司内部审计，增强公司自我约束，完善公司内部控制制度，优化公司业务流程，改善经营管理，提高经济效益，现依据国家的有关法规和公司的相关规定精神制定本制度。

第二条　公司的内部审计主要负责对公司经营管理的各方面各环节进行独立监督和评价，以确定其是否遵循了公司的方针、政策和计划，是否符合公司规定的程序与标准，是否有效和经济地使用了资源，是否正在实现公司的目标。

第三条　公司审计部门依照本制度和总经理的指示独立行使审计职权，不受其他部门和个人的干涉。

第四条　内部审计的基本原则。

（1）独立性原则。

（2）合法性原则。

（3）实事求是原则。

（4）客观公正原则。

（5）廉洁奉公原则。

（6）保守秘密原则。

第二章　审计机构和审计人员

第五条　公司设立审计部门，依照本制度行使审计职权，对公司最高领导层负责并报告工作。公司根据需要，可在所属公司派驻专职审计人员。

第六条　公司审计部门应配备与工作相适应的专职人员。专职审计人员应具有审计、会计、经济、工程等相关技术职称，具备与所从事的审计工作相适应的思想素质和业务能力。

第七条　公司审计部门应有计划地开展审计人员岗位培训和考核，不断提高内部审计人员的思想素质和业务能力。

第八条　审计人员忠于职守、客观公正、保守秘密，不得滥用职权、徇私舞弊。

第九条　审计人员办理审计事项，与被审部门和审计事项有利害关系时，应当回避。

第三章　审计机构的职责

第十条　公司审计部门依照本制度对公司及下属实体行使审计职权。

第十一条　根据公司生产经营目标，对各项经营计划的制订及执行情况进行审计，包括公司生产计划、销售计划、人力资源计划、财务计划、产品开发计划等。

第十二条　对各业务流程和有关内部控制制度的合理性、健全性、有效性进行评审。

第十三条　财务、会计审计事项。

（1）财务预算的执行及决算。

（2）与财务收支有关的经济活动的合法性、合规性。

（3）资产的管理情况。

（4）公司筹资及对外投资的合法性、可行性及其效益。

第十四条　对有关经济事项合同的合法性、合规性和效益性进行评审。

第十五条　对公司基本建设项目进行审计监督。

第十六条　对公司内部负有重要岗位责任人员的离任（职）进行审计。

第十七条　对公司资源（包括人力、物力和财力等）使用的效益性进行审计。

第十八条　对公司最高领导交办的其他事项进行审计。

第四章　审计机构的权限

第十九条　审计人员依照有关制度行使审计职权，被审计部门和个人应予以积极配合。

第二十条　审计人员的主要职权。

（1）检查与审计事项有关的各种文件和资料。

（2）参加有关会议。

（3）对审计中的有关事项进行调查并索取证明材料。

（4）审计过程中发现的正在违反公司制度、损失浪费等行为，经请示总经理后作出临时制止决定。

（5）项目审计结束后，作出审计结论，提出审计意见。

（6）对有关审计事项提出改进管理、提高经济效益的建议。

（7）检查审计决定的落实情况。

第五章　审计工作程序

第二十一条　审计部门应根据公司中、短期发展目标制定相应的工作规划，且每年要制订年度审计工作计划。

第二十二条　年度审计工作计划经公司最高领导层批准后，作为执行的依据。

第二十三条　审计部门在实施具体审计任务前成立审计小组，审计小组负责人应制订具体的审计工作方案。

第二十四条　审计部门在实施专项审计 3 日之前，应向被审计部门或单位送达审计通知书。审计通知书的内容应包括：

（1）被审计部门或单位名称。

（2）审计项目、名称、依据、范围、内容、审计时间和方式。

（3）审计小组组长及其成员名单。

（4）被审计部门（或个人）应做的有关准备工作。

第二十五条　审计人员进驻被审单位后，结合审计事项调查了解情况。

第二十六条　审计人员通过审查会计、统计、计划以及其他经济活动的有关资料、信息数据，查阅与审计事项有关的文件、制度，检查现金、实物、有价证券，查验有关的经济管理活动，以及向有关部门和个人调查等方式进行审计，取得审计证据并及时编制审计工作底稿。

第二十七条　审计终结后，审计部应向公司最高管理层提出审计报告。审计报告呈送前，应当征求被审部门（单位）或个人的意见。被审部门（单位）或个人自接到审计报告之日起2日内将书面意见送交审计小组。审计报告应包括下列内容：

（1）审计项目的基本概况、项目的依据、范围、内容、时间、方式及有关情况。

（2）与审计事项有关的事实。

（3）依据的有关法律、法规及公司的规章制度。

（4）审计结论及建议。

第二十八条　由公司总经理（或审计总监）根据审定后的审计报告作出审计决定。审计决定以公司的名义下达给被审计部门（单位）或个人，自送达之日起生效。被审计部门（单位）或个人对审计决定有异议的，可在收到审计决定五日内向总经理（或审计总监）提出申诉，申诉期间原审计决定继续有效。

第二十九条　审计部门对审计决定的执行及审计建议的落实情况进行后续审计。

第三十条　公司审计部门应建立审计档案，加强档案的安全管理，严格执行档案的销毁制度。

第六章　内部审计管理

第三十一条　内部审计工作通过制订审计计划（包括中、长期计划、年度计划以及项目审计计划）进行组织、指导和控制。计划通过不同层次领导批准，作为授权执行审计的依据。

第三十二条　内部审计部门通过制定工作职责和项目职责进行责任控制。工作职责包括部门职责和岗位职责；项目职责包括不同审计项目中主审、一般审计师和助理审计师的职责。

第三十三条　内部审计部门通过制定审计准则加强审计质量控制，包括对上岗内部审计人员素质的考核，安排周密的审计程序，实行审计工作底稿的审核制度，特别是主审对助理审计人员工作底稿的审核，建立内部审计的各种工作规范。

第三十四条　内部审计部门要有计划地对内部审计人员进行系统的培训，包括新进的内部审计人员的专业训练和在职内部审计人员的继续教育。同时，在完成一定时期的审计任务后，要进行工作考评与总结。

第三十五条　内部审计部门要加强档案管理，对审计过程中形成的大量资料进行科学的分类编号、立卷和归档，并注意有效地发挥审计档案的重要作用。

第三十六条　内部审计部门实行系统的报告制度，包括每个项目审计结束后的报告和一段时期的工作报告，及时将一段时期工作的成果，所发现公司中带有倾向性、普遍性的问题向公司总经理报告，切实发挥内部审计的重要作用。

第七章　奖励和处罚

第三十七条　审计部门和审计人员工作有显著成绩的，公司应给予表彰和奖励。

第三十八条　审计人员违反本制度，有下列行为之一者，给予纪律处分并调离审计部门。

(1) 泄露有关审计工作机密的。

(2) 利用职权谋取私利的。

(3) 玩忽职守，造成较大损失的。

(4) 弄虚作假、徇私舞弊的。

第三十九条　对被审计部门（单位）违反本制度，有下列行为之一者，建议有关部门对直接责任者及有关领导给予纪律处分。

(1) 拒绝提供与审计事项有关文件、账单、凭证、会计报表、资料和证明的。

(2) 阻挠、破坏审计人员行使审计职权的。

(3) 打击、报复揭发检举人和审计人员的。

(4) 拒不执行审计决定的。

(5) 弄虚作假、隐瞒事实真相的。

第八章　附则

第四十条　审计部门根据本制度制定具体实施办法。

第四十一条　本制度由审计部门负责解释。

第四十二条　本制度自发布之日起施行。

第三节　中小企业财务管理表格

一、融资预算表

编制部门：

第　　　张，共　　　张　　　　　　　　　　　　　　　　　　　　单位：元

项目	前期累计数	预计本期融资	预计本期还款	预计本期累计数
银行借款				
其中：短期借款				
长期借款				
应付票据				
其中：银行承兑汇票				
商业承兑汇票				
银行本票				
其他票据				
应付债券				

二、融资风险分析表

项目	年　　　月				差异（比重）	
	年初数	期末数	平均数	比重	比重差	升降幅度
流动负债						
长期负债						
负债合计						
所有者权益						
融资总额						

注　表中平均数还可以采用按季、月平均的方式计算，这样更精确。

三、融资成本利润分析表

项目对比分析期	年　月	年　月	差量
所有者权益			
负债融资			
融资总额			
税前利润			
减：税前等负债融资			
成本			
税前利润			
减：所得税			
税后利润			
减：应交特种基金			
提取盈余金			
本年实现的可分配利润			
本年资本（股本）利润率			
本年负债融资成本率			

四、财务预算申请表

编号：　　　　　　　　　日期：　　　　　　　　单位：

预算编号	预算名称	用 途	说 明	单 价	数 量	申请金额
合计						
批示	审核：________　　填写：________					

五、预算变更申请表

部门：　　　　　　　　　日期：　　　　　　　　单位：

变更类别	□预算调整　□预算增加　□预算追减				
预算科目	细项说明	原核定预算	拟变更内容	调整幅度	申请理由
批示					
其他					

六、资产负债表

编制单位： 年 月 日 单位：元

资产	行次	年初数	期末数	负债和所有者权益（或股东权益）	行次	年初数	期末数
流动资产：				流动负债：			
货币资金	1			短期借款	68		
短期投资	2			应付票据	69		
应收票据	3			应付账款	70		
应收股利	4			预收账款	71		
应收利息	5			应付工资	72		
应收账款	6			应付福利费	73		
其他应收款	7			应付股利	74		
预付账款	8			应交税金	75		
应收补贴款	9			其他应交款	80		
存货	10			其他应付款	81		
待摊费用	11			预提费用	82		
一年内到期的长期债权投资	21			预计负债	83		
其他流动资产	24			一年内到期的长期负债	86		
流动资产合计	31			其他流动负债	90		
长期投资							
长期股权投资	32			流动负债合计	100		
长期债权投资	34			长期负债			
长期投资合计	38			长期借款	101		
固定资产				应付债券	102		
固定资产原价	39			长期应付款	103		
减：累计折旧	40			专项应付款	106		

七、利润表

编制单位：　　　　　　　　年　　月　　日　　　　　　　　单位：元

项目	本期金额	上期金额
一、营业收入		
减：营业成本		
营业税金及附加		
销售费用		
管理费用		
财务费用		
资产减值损失		
加：公允价值变动收益（损失以“－”号填列）		
投资收益（损失以“－”号填列）		
其中：对联营企业和合营企业的投资收益		
二、营业利润（亏损以“－”号填列）		
加：营业外收入（亏损以“－”号填列）		
减：营业外支出		
其中：非流动资产处置损失		
三、利润总额（亏损以“－”号填列）		
减：所得税		
四、净利润（净亏损以“－”号填列）		
五、每股收益		
（一）基本每股收益		
（二）稀释每股收益		

八、现金流量表

编制单位：　　　　　　　　年度：　　　　　　　　　　　　单位：元

项　　目	行次	上年数	本年数
一、经营活动产生的现金流量			
销售商品、提供劳务收到的现金	1		
收到的其他与经营活动有关的现金	8		
现金流入小计	9		
购买商品、接受劳务支付的现金	10		
支付给职工以及为职工支付的现金	12		
支付的各项税费	13		
支付的其他与经营活动有关的现金	18		
现金流出小计	20		
经营活动产生的现金流量净额	21		
二、投资活动产生的现金流量			
收回投资所收到的现金	22		
取得投资收益所收到的现金	23		
处置固定资产、无形资产和其他长期资产所收到的现金净额	25		
收到的其他与投资活动有关的现金	28		
现金流入小计	29		
购建固定资产、无形资产和其他长期资产所支付的现金	30		
投资所支付的现金	31		
支付的其他与投资活动有关的现金	35		
现金流出小计	36		

续表

项　　目	行次	上年数	本年数
投资活动产生的现金流量净额	37		
三、筹资活动产生的现金流量			
吸收投资所收到的现金	38		
借款所收到的现金	40		
收到的其他与筹资活动有关的现金	43		
现金流入小计	44		
偿还债务所支付的现金	45		
分配股利、利润或偿付利息所支付的现金	46		
支付的其他与筹资活动有关的现金	52		
现金流出小计	53		
筹资活动产生的现金流量净额	54		
四、汇率变动对支付的影响	55		
五、现金及现金等价物净增加额	56		

表内逻辑关系：

1. （20）＝（1）＋（8）＋（9）＋（10）＋（12）＋（13）＋（18）
2. （29）＝（22）＋（23）＋（25）＋（28）
3. （36）＝（30）＋（31）＋（35）
4. （44）＝（38）＋（40）＋（43）
5. （53）＝（45）＋（46）＋（52）

九、内部审计表

<table>
<tr><td>审计事项</td><td colspan="5"></td></tr>
<tr><td>审计部门</td><td colspan="5"></td></tr>
<tr><td rowspan="2">审计记录</td><td>单据</td><td>编号</td><td>金额</td><td>正确性</td><td>说明</td></tr>
<tr><td></td><td></td><td></td><td></td><td></td></tr>
<tr><td>评语</td><td colspan="5"></td></tr>
</table>

十、内部审计查账记录单

<table>
<tr><td colspan="2">年</td><td rowspan="2">凭证册号</td><td rowspan="2">凭证号码</td><td rowspan="2">内容提要</td><td rowspan="2">金额</td><td colspan="2">会计记录</td><td rowspan="2">审计结论</td></tr>
<tr><td>月</td><td>日</td><td>借</td><td>贷</td></tr>
<tr><td></td><td></td><td></td><td></td><td></td><td></td><td></td><td></td><td></td></tr>
<tr><td></td><td></td><td></td><td></td><td></td><td></td><td></td><td></td><td></td></tr>
<tr><td></td><td></td><td></td><td></td><td></td><td></td><td></td><td></td><td></td></tr>
<tr><td></td><td></td><td></td><td></td><td></td><td></td><td></td><td></td><td></td></tr>
<tr><td></td><td></td><td></td><td></td><td></td><td></td><td></td><td></td><td></td></tr>
<tr><td></td><td></td><td></td><td></td><td></td><td></td><td></td><td></td><td></td></tr>
<tr><td></td><td></td><td></td><td></td><td></td><td></td><td></td><td></td><td></td></tr>
<tr><td></td><td></td><td></td><td></td><td></td><td></td><td></td><td></td><td></td></tr>
<tr><td></td><td></td><td></td><td></td><td></td><td></td><td></td><td></td><td></td></tr>
</table>

审计组长（主审）：　　　审计员：　　　复核：　　　审计日期：

第八章 中小企业会计管理制度与表格

第一节　中小企业会计管理概述

一、中小企业会计管理现状

在中小企业的实际管理工作中，形成了重市场、重技术、轻财务管理的思想，这已经成为中小企业正常发展的瓶颈。

1. 会计基础工作不规范，内部控制制度不健全

不少中小企业中会计基础工作很不规范，内控制度很不健全。产生这一问题的原因有政策部门疏于指导和监督的原因，更重要的是中小企业一般受业主一个人支配或几个人支配，从管理的重视程度等方面讲，都不愿意建立严格的控制或不遵守业主自己建设的制度。还有一点非常重要，就是中小企业自身的固有缺陷，如一人说了算，人事政策上重忠诚轻才能，经营管理不规范，员工社会保障上缺乏安全感等，使之难以招聘到高素质的财务人员，并且很难留住优秀的财务管理人员。

2. 会计工作不能发挥经营管理职能

会计方法的科学性与完整性，是全面履行会计职能的关键。目前对于中小企业会计管理的理论方法缺乏应有的认识和研究，使企业会计管理的职能没有得到充分发挥，有相当一部分企业忽视了会计管理工作的核心地位，没有将会计管理工作纳入企业管理的有效机制中，使会计管理工作失去了在企业管理中应有的地位和作用。会计人员仅完成自己职责范围内的记账、算账和报账工作，与其他部门配合较少，忽视了会计监督和会计分析；提供的产量、产值、成本、销售额、利润方面的数据较多，而对资金如何有效利用、成本费用如何下降、盈利能力如何提高等企业管理深层次的问题研究得较少。重核算、轻管理的现象普遍存在，造成会计部门与其他职能部门联系少，不能有效地发挥企业整体功能，改善企业经营管理，提高经济效益。

3. 会计机构不健全，会计监督不力

一些企业会计机构不健全，会计人员配备不合理，财会人员的岗位责任制不明确、不落实，缺乏行之有效的内部管理制度和会计监督制度。会计机构无法真正发挥会计管理工作在企业经营管理中的监督作用，与企业经营领导者不懂会计工作和对会计工作的作用认识不足有关。此外，会计人员自身的素质也亟待提高。

4. 会计人员违规操作严重

会计人员作为财务活动的主体人员，其会计行为直接影响着会计信息的真实与否。会计人员的素质及其独立性也直接决定了会计信息的质量。在不少中小企业中确实存在会计实务经常凭借会计人员的经验、素质来对会计事项进行判断、计量、记录等处理，加之相关法规尚不完善，约束机制乏力，使得会计人员在保证会计质量方面的权数大大增加。另外，会计人员也由于种种原因执行领导指示，听从领导的意图，不坚持原则，主动或被动地在会计管理方面作弊，以企业信用做代价，其结果只能使中小企业举步维艰。

二、中小企业会计管理对策

中小企业会计管理工作关系到企业自身发展和管理水平的提高，做好中小企业会计管理工作具有深远的意义。作为会计工作人员，只有认清会计工作的重要性和紧迫性，加强学习，主动找到问题所在，才能使会计管理工作为企业理好财，促使企业又好又快地发展。

1. 加强全员法制教育，提高法制意识

很多中小企业由于重效益、轻管理，往往把会计管理工作定位在企业经营领导者利益和企业眼前利益上，这就致使企业的会计工作缺乏规范性，正确的做法是应当与市场经济及现代企业制度的建立相一致，正确反映企业自身经济活动情况。企业上下都要有法制意识，只有依靠企业全员上下的共同努力，提高认识，才能防止和避免生产经营中的偏差，制止营私舞弊行为的发生，提高会计工作质量，才有可能改善企业管理状况，提高企业的竞争实力。

2. 提高认识，摆正会计工作的位置

中小企业规模小，但麻雀虽小五脏俱全，除了会计部门外，还有生产部门、销售部门、人力资源管理部门、物资采购供应部门及物资保管部门等。作为企业的一个组成部门，会计部门不是一个独立的系统，它涉及企业生产经营的各个环节，贯穿于企业的每一项经济活动之中，与其他管理系统有着千丝万缕的联系。所以，作为中小企业，要想使各项管理活动有条不紊地推行，就必须摆正会计在企业经营中的位置，为其他部门提供真实有用的信息，只有会计信息有效共享，其他各职能部门才能与会计部门密切结合，共同发挥作用。

3. 健全会计机构，建立各种会计内控制度

中小企业应依法设置会计机构，明确会计机构的职责与权限，做到工作目标明确、职责具体、权责分明，保证财会人员在工作中有章可循，增强会计人员的责任感。各种会计内控制度的建立和完善是抑制、解决会计工作中存在问题的重要条件，是实现会计基础工作规范化的重要制度保证。各中小企业应根据《会计法》和《会计基础工作规范》等规定，结合本企业内部管理的具体要求，建立如实反映企业经济业务的各类账目，健全内部控制制度、内部牵制制度，逐步实现企业会计工作规范化、制度化。同时，要抓好各项控制制度的贯彻实施。制度的贯彻实施由财会部门牵头，需要企业负责人的大力支持和各职能部门的密切配合。在各项控制制度实施过程中，各企业应根据内部管理的发展变化情况以及在制度执行中存在的实际问题，不断进行修改、完善，使其建立在科学、合理、实用的基础上。只有这样，会计管理在实际工作中才能抑制问题的产生，产生出来的问题也会得到有效的解决。

4. 建立健全会计监督体系，强化会计监督职能

会计监督是会计工作中一项比较重要的职能，目的就是针对企业各个单位进行强有力的监督和指导，包括检查核算会计工作中的账目记录、年终报表等各个环节，以检验账目与实施是否合一。加强监督管理的权力，能够有效地对企业单位进行的各项活动起到制约作用，进一步改善中小企业在生产销售中所处的环境，改善其经济效益。

对中小企业来说，加强监督主要包括两方面内容：

（1）加强会计机构、会计人员的自我监督。这主要包括：

①建立健全企业内部牵制制度，也就是说企业财产、物资和货币资金的收付、结算及其登记的每一项工作，都必须经过上下级之间不同人员分工掌管，使其成为相互制约的一种工作制度。

②建立健全企业的财务凭证稽核制度。为了保证会计信息的真实性，会计机构内部应配有业务水平高、素质好的会计人员，赋予其一定的权限，专职和兼职从事会计凭证的稽核工作，以建立会计机构的自我约束机制。

（2）加强企业领导人的监督。企业领导人是本企业会计工作的领导者，也是保障各项财会制度顺利实施的组织者，他们对会计基础工作的认识如何，采取的措施是否得力，直接决定企业的会计基础工作水平。因此，企业领导人应当认真履行职责，组织并督促会计和核算人员不断加强和改善会计基础工作，从而推动企业生产经营管理水平的全面提高。为了保证会计监督作用的正常发挥，企业财会部门应在上级直接领导下开展工作，严格按照制度办事，做好财务管理基础工作，正确核算，如实反映企业财务状况和经营成果，依法计算和交纳国家税收，维持投资者权益，并接受主管财政机关的监督检查。对于企业领导人违反国家财经纪律、违反本企业规章制度的行为，财会人员有权拒绝执行，从而强化会计监督职能，保证制度的落实和有效执行。

第二节　中小企业会计管理制度

一、会计内部牵制制度

第一章　总则

第一条　目的。

为了强化内部制度控制机制，加强管理、堵塞漏洞，防范公司内部可能的舞弊行为，加强对财产物资的监管，保障企业资产的完整与安全，特制定本制度。

第二条　财务管理与会计内部牵制的组织结构。

公司的财务管理与会计内部牵制工作是在财务副总的领导下，由财务部门具体负责各项财务管理、会计控制制度的建立健全工作，对内接受法制监督科的监督检查，同时接受各相关部门的指导与监督。

第三条　内部牵制工作的主要内容。

内部牵制工作的主要内容包括：货币资金、实物资产、采购、验收与付款等经济业务的内部牵制。财务部门及各部门相关岗位负责贯彻并组织具体执行本制度。

第四条　内部牵制的原则。

（1）岗位分设原则。结合岗位说明书，遵循钱账分离、票章分离、账物分离、制单审核分离、审批经办分离等基本原则，对各项会计业务的处理均须有审核。

（2）定期轮岗原则。计划财务部应建立定期轮岗制度，出纳实行最长每两年要轮岗一次，轮岗的方式包括出纳和其他会计岗位之间的轮换。资金管理岗位最长不得超过 2 年、其他人员最长不得超过 3 年轮岗一次。

（3）亲属回避原则。公司主要负责人的直系亲属不得担任机构计划财务部负责人，计划财务部负责人或主管人员的直系亲属不得担任本公司的出纳。

（4）统一领导、分级管理原则。公司内部牵制的组织形式由财务副总负责，财务等相关部门负责具体执行。

第二章　会计岗位分工控制的规定

第五条　公司具体财务业务分工为主管会计和出纳会计岗位。

第六条　公司财务会计核算工作，需按照国家《会计法》、会计制度等相关规定，对发生的各种财务会计事项进行规范的审查、结算、复核、核算，按规定进行会计处理。

第七条　出纳会计岗位的会计人员不得兼管稽核（审核）、会计档案保管，以及收入、支出、债权债务的管理和账目的登记工作。

第八条　主管会计岗位的会计人员除本职工作以外，不得兼管公司现金、有价证券的保管工作，特殊情况下需要兼管（临时代管）的，必须办理必要的交接手续。

第九条　会计业务牵制管理的具体措施由公司计算机网络控制，赋权后，岗位责任人按规定的职责和权限认真进行核查，并在计算机程序上或手工履行各自的手续。

第十条　公司会计制单、审核、主管会计签字等手续以及会计记账，都必须在会计软件上操作，不得以其他方式完成上述岗位的工作。

第十一条　会计出纳、仓库实物责任人不得由其他会计人员兼任。

第十二条　公司领导的直系亲属不得担任会计机构负责人、主管会计，不得承担出纳岗位工作，会计机构负责人、主管会计人员的直系亲属不得承担本公司出纳工作。

第三章　财务印章分管控制的规定

第十三条　财务印鉴由财务部门负责实行分管制，即出纳员保管单位财务专用章；主管会计保管法人人名章，以防止发生丢失造成损失。特殊情况下必须办理交接手续。

第十四条　财务专用章主要用于财务活动，包括银行存款收支，现金的收支，发票、财务关系的划转和相关事宜。使用财务专用章必须经过财务部门负责人同意，大额支出、上报计划等事项，必须经单位领导批准方可使用。财务专用章由财务部门专人保管，无特殊情况不得携带外出。

第十五条　内部牵制工作职责。

（1）按财务管理制度规定，用款必须由企业负责人或授权人审批签字生效，否则不得报销入账。

（2）对支出的原始凭证报销，要有财务主管签字，核对记账凭证，必须经过编制人员、稽核人员、主管会计签章，然后才能据以登记入账。

（3）内部发生的物资、材料、设备等采购业务，要按国家与地方的相关规定执行，同时完善实物验收、登记手续。

（4）财会人员要认真执行会计稽核制度，保证会计资料的合法、真实、完整。

（5）仓库物资管理人员对所经管的物资要定期进行清查盘点。

（6）出纳人员经管的现金和其他有价证券，要做到日清月结，账面结

存数与现金或有价证券的实存数相符。

(7) 出纳人员对所经管的支票等结算票据的购买、领用等都要逐笔逐项进行登记，确保其安全。

(8) 发票或银钱收据的使用填制应按规定执行。各部门领用和交回发票、收据，都必须由财务部门登记。

(9) 在岗会计人员离职或轮岗时，经审计后在主管部门、主管人员监督下办理正式移交手续。

第十六条　责任。

(1) 稽核检查中发现凭证、账簿、会计手续上出现问题和错误的，要及时更正。

(2) 对不执行本制度规定，给公司造成损失或造成财务工作混乱的，依据相关规定进行处理。

第四章　附则

第十七条　本制度由财务部制定，解释权归财务部。

第十八条　本制度自颁布之日起执行。

二、财产清查制度

第一章　总则

第一条　目的。

为促进企业内部控制制度建设，加强内部稽核监督，根据有关法规及相关规定，特制定本制度。

第二条　财产清查的基本目标。

(1) 规范企业会计行为，保证会计资料真实、完整。

(2) 堵塞漏洞、消除隐患，防止并及时发现、纠正错误及舞弊行为，保护企业资产的安全完整。

第三条　财产清查的主要内容包括货币资金、实物资产、对外投资、工程项目、应收及应付款项等。

第四条　财产清查组织成员。

(1) 企业负责人对财产清查有效实施负全面责任。

(2) 财务负责人参与财产清查全过程，并负责清查资料的汇总。

(3) 各业务部门负责人及有关经办人参与与其有关的财产清查。

(4) 其他指定协助财产清查的人员。

第五条　财产清查应每年至少一次，具体时点可根据实际需要确定。

第六条　财产清查的方法主要有盘点实物数量、观察实物质量、往来对账、与有关职能部门核对工程进度、检查被投资单位效益、复核折旧和摊销政策等。

第七条 财产清查的范围为所有权属于本企业的所有财产，包括存放在外单位所有权属于本企业的财产。存放在本企业但所有权不属于本企业的财产不属于清查范围。

第八条 在财产清查中要编制清查表，以记录清查情况。对发现的差异，应进一步调查核实，如确实存在盘盈盘亏的，待报批后按规定的核销制度处理。

第二章 货币资金和存货的清查

第九条 监盘库存现金，并调整至清查时点的数额，与现金日记账核对。

第十条 检查清查时点该月的银行存款余额调节表和其他货币资金余额调节表，对超过一个月以上的差异原因应作出详细的分析。

第十一条 盘点存货。

（1）存货盘点应有供应、存储、财务、生产等部门的有关人员参与。

（2）为了保证存货数量的准确，盘点时，企业供应、存储、生产部门的存货必须停止流动，并分类摆放。

（3）规划盘点线路、统一盘点时点，以避免重盘、漏盘。

（4）实地盘点时，做到见物就盘、见账就查，并观察存货的陈新度以及是否有呆滞、积压的存货。

（5）对存放在外单位的存货，应尽量做到亲自盘点。如确有困难，可采用由存放地点的单位书面确认的方法，但该方法对同一个存放地点不可连续使用。

第三章 固定资产的清查

第十二条 实地盘点固定资产，核对固定资产的编号，检查账、卡、物是否三相符。

第十三条 通过实地盘点固定资产，可进一步了解固定资产的使用情况，据以判断原对其使用期限和残值的估计是否合理。

第十四条 检查固定资产的租赁情况：租入的固定资产是否确属企业必需，租出的固定资产是否确属企业多余或闲置不用的，同时检查双方是否认真履行合同，租金有无多收、少收现象，租入的固定资产是否已记入备查簿。

第四章 应收及应付款项的清查

第十五条 分别编制应收及应付款项的账龄分析表。

第十六条 对所有的应收及应付款项均要求经过经办人员的确认。

第十七条 对业内的应收及应付款项每月均要求对账，对业外的应收及应付款项每年至少对账一次，并及时调整差异。

第十八条　对账龄超过一年的应收款项，均要求经办人员进行催讨。对催讨没有结果的情况应作出分析和责任处理。

第十九条　对应收及应付款项的余额按明细科目进行检查，对不符合会计制度的，作分类调整或结转损益。

第五章　借入款项的清查

第二十条　分别编制短期借款、长期借款明细表。

第二十一条　将短期借款、长期借款的借款数额、借款条件、借款日期、借款期限、借款利率与借款合同相核对，以确认其正确性。

第六章　账外资产及或有负债的处理

第二十二条　对盘点中发现货到单未到的情况，应按暂估计划价及时入账。

第二十三条　对外单位寄存的资产，应作备查簿登记，并将该批资产单独保管。

第二十四条　对租入的资产，应作备查簿登记，并在使用中注意保养。

第二十五条　对接受赠送的资产，应查明原因，及时入账。

第二十六条　对或有负债应作备查簿登记，并在报表附注中说明。

第七章　附则

第二十七条　本制度解释权归财务部。

第二十八条　本制度经总经理批准后，自颁布之日起执行。

三、往来账款管理制度

第一章　应收账款管理

第一条　收款方针。

（1）业务人员在公司为其客户提供了相应的服务或劳务后，应及时把认定单交由客户确认，并及时催收款项。

（2）收款时间：次月__日前。（注：数据入网要求一次收回合同所签订的金额）

（3）回款方式：转账支票，非远期、空头或错误支票，现金，抵实物（所抵实物必须为公司需要或对方企业濒临破产无法收回所欠款项，并且要有公司总经理的批示）。严禁业务员垫付业务款，否则公司追收客户款、没收业务员所垫款项，并通报批评。

（4）部门人员调动或离职等，部门经理必须监督其业务款项的回收及移交，必须填写移交清单一式四份（一份交财务、一份部门留存、移交人接受人各执一份），移交人、接受人、监交人及财务部相关统计人员均应签字，并报财务部备案。接受人应核对账单金额及是否经过客户确认。

第二条　未回款考核办法。

（1）未回款处罚。

①由于业务人员失职造成的未回款，扣全额。

②由于公司内部原因造成的未回款，分相关责任扣罚。

③由于外部不可抗力（如客户倒闭、破产等）造成的未回款，持相关部门证明，只扣业务成本。

（2）未回款从个人收入中按比例核减，待回款后按以下方法返还。

①未回款额分__个月核扣，当月扣__%，次月扣__%，第三个月扣__%。

②未回款扣款每月随工资补发，__个月内全部收回，补发全部扣款额，提成按5%计。

③若第三个月仍未回收该款项，该业务员停止业务，专职收款。在__个月之后回款，待回款后只补发扣款额，不予提成。

（3）未回款项不计入业绩。

（4）__个月（含__个月）以上的未回款如申请坏账，则扣除该业务员该笔应收款__%的成本，并处以__%的罚款，其直接主管或经理督账不利，同时处以__%的罚款。

（5）若业务员连续__个月无未回款且业绩均在部门任务额（任务额低于__元的以__元计）以上，则酌情给予奖励。由业务员申报，部门经理审批，财务部审核后在工资中发放。

（6）财务部对部门未回款进行监督，将__个月以上未回款部门上报公司总经理。

（7）对预收款，按__%的比例对业务员给予奖励。

第三条　可疑客户及可疑账款的处理。

（1）业务员在接洽客户时，如发现客户有异常情况，应填写“可疑客户报告单”，并建议采取措施。

（2）业务员对在__个月内催收无效且金额较大的票款，应填写“可疑客户报告书”，并收集有关证据、资料等，报请公司领导批准后移送法律部门依法追诉。

（3）催收或经诉讼案件，有部分或全部款项未能收回的，业务人员应取得相关法律机关证明、债权证明、破产宣告裁定等中的任何一种凭证，送财务部作冲账准备。

（4）对收款不报或积压收款的业务员，一旦发现，公司将从重处罚。

第二章 应付账款管理

第四条 付款时间。

（1）业务款项由部门申请，经过审批后执行。

（2）上月各项费用一般在次月__日左右支付。

（3）购置固定资产款项于固定资产验收入库后支付。

第五条 付款方式。

（1）转账支票，非远期、空头或错误支票。

（2）现金。

（3）实物或广告，要有公司总经理的批示。

第六条 其他。

非本公司人员领款时，必须由我公司相关人员带领。

四、库存现金、银行存款、支票管理规定

第一章 总则

第一条 为加强公司对库存现金、银行存款、支票的控制与管理，维护公司财产安全，避免造成不必要的损失，根据国家相关法律法规，结合公司的实际情况，特制定本规定。

第二条 本规定适用于公司的库存现金、银行存款、支票等相关工作事项。

第三条 库存现金限额，是指为保证日常零星支付按规定允许留存的现金的最高数额。

第二章 库存现金管理制度

第四条 公司财务部库存现金控制在核定限额内，不得超限额存放现金。各单位经银行核定了库存现金限额后，必须将库存现金严格控制在核定的限额内，超出库存限额的现金必须及时送存银行，如库存现金不足限额的，可向银行提取现金，不得在未经开户银行准许的情况下坐支现金。

第五条 严格执行现金盘点制度，做到日清日结，保证现金的安全。现金遇有短款，应及时查明原因，报告单位领导，并要追究责任者的责任。

第六条 不准用“白条”入账。“白条”是指用不符合财务制度规定和审批手续的字条或单据顶抵库存现金的做法。

第七条 不准私人挪用、占用和借用公款现金。

第八条 到公司以外金融机构提取或送存现金（限额 1 万元以上）时，需由两人共同前往。

第九条 现金出纳员必须严格和妥善保管金库密码和钥匙。

第十条　现金出纳员要妥善保管金库内存放的现金和有价证券。私人财物不得存放在公司金库内。

第十一条　现金出纳员必须随时接受开户银行和本单位领导的检查监督。

第十二条　出纳员必须严格遵守执行上述各条规定。

第三章　银行存款管理

第十三条　各类货币资金，应按照资金性质或业务需要，开设银行账户进行结算。

第十四条　财务部设置银行存款分户账，逐日记录收、支、结存情况，每月与银行对账单核对，编制未达账款调节表，保持账账相符。

第十五条　银行存款的收付业务必须经相关部门负责人和财务负责人员审批签字后方可办理，支付结算业务资金超过×元时，需经公司总经理审核批准。

第十六条　公司取得的资金及支付结算业务都必须及时记入公司银行账，不得设立“账外账”。

第十七条　公司办理预付款项应填制借款申请单，按照已签订的合同中有关付款的条款，由相关领导及经办人签字，按照审批付款手续办理。

第十八条　各类银行存款的支票预留印鉴和密码，由财务负责人和出纳员分别掌握，不得向其他部门或个人借用、泄露。如因借用泄密而造成损失，则由当事人赔偿。

第十九条　对于发生的结算业务，出纳员要根据合法、正确和完整的收支凭证依业务发生的先后顺序登记入账，每日终了应结出余额。

第二十条　每月最后一个工作日，银行存款日记账必须与银行对账单核对并编制“银行存款余额调节表”，作出未达账项调节表，查明未达账项的原因并妥善作出处理，防止出现差错。

第二十一条　公司所有银行存款结算凭证须包括凭证名称、凭证签发日期、公司名称和账号、公司开户银行的名称、结算金额、结算内容、凭证联次及其用途、公司及其负责人的签章等内容。

第二十二条　各种凭证的内容必须填写整洁齐全，做到不错不漏，写坏作废时，应当加盖“作废”戳记，全部保存，不得撕毁。

第四章　支票管理

第二十三条　支票的购买、填写和保存由出纳员负责。

第二十四条　建立和健全银行存款日记账簿，出纳员应根据审批无误的收支凭单逐笔顺序登记银行流水收支账目，并每天结出余额。

第二十五条　建立支票领用备查簿，依序登记领用人、领用支票日期

及注销日期。

第二十六条　支票签发一律记名，领用支票时，须凭“支票领用单”，经总经理批准签字，然后将支票按批准金额封头，加盖印章，填写日期、用途，登记号码，领用人在支票领用簿上签字备查。

第二十七条　原则上不准签发空白抬头或空白金额的支票，如确实需要，应由总经理批准，并在支票上填上最高限额，由领用人负责收回相关的报销凭证，由出纳员核对是否准确。

第二十八条　签发支票必须在银行账户余额内按规定向收款人签发，不准签发空头、远期支票，不准出租支票或将支票转让其他单位和个人使用，不准将支票交收款单位代签。

第二十九条　不准携带空白支票外出，如有特殊情况，经总经理批准，并登记用途及限额。

第三十条　支票自领用起五日内报账，报账时应发票齐全，支票号填写准确，如领用的支票五日内未支付的，应及时退回财务部，支票领用人在“支票领用单”及登记簿上注销。

第三十一条　支票付款后凭支票存根，出纳员统一编制凭证，登记账簿。

第三十二条　支票丢失应立即向开户银行办理挂失手续，同时向总经理、董事长报告。

第三十三条　已作废支票应与支票存根放在一起，加盖“作废”印章后妥善保管。

第五章　附则

第三十四条　本规定由财务部制定，解释权归财务部。

第三十五条　本规定经总经理审批通过后自发布之日起执行。

五、费用管理制度

第一条　为加强公司费用管理、控制不合理费用开支，提高经济效益，特制定本制度。

第二条　公司费用管理通过预算管理、额度管理和行政管理三种方法实现。除公司特别规定的项目外，严禁先列支后报销。

（1）预算管理。

①定义：预算管理是指各职能部门、业务单位事先向财务部提出下期本部门所有费用的计划（金额≥1000元的大额财产购置、修理、装潢，需单独预算申请），财务部统一报预算委员会或会同相关部门讨论、审核，经总经理批准后，确定单位下期费用预算金额。实际费用报销时，财务部

门根据费用预算，准予报销或另行处理。

②具体实施：

a. 目前公司对所有费用按月预算，之后将逐步向季度预算、年度预算目标迈进。

b. 每月25日前，各职能部门、各业务单位向财务部提交下月的“费用预算表”，审批核准后的预算在月底前发回各单位。

c. 各职能部门、各业务单位未能在规定时间内提交“费用预算表”，则该部门的费用报支顺延一个月。

d. 总部由财务部建立统一格式的“费用报销手册”，对报支的费用逐笔登记，并在内部局域网络上共享，供各部门查询本部门费用使用情况。

e. 总部之外由业务单位会计自行建立“费用报销手册”，每周一向总部费用会计传送“费用报销手册”。

③超预算部分审批权限：

a. 部门本期费用合计数超预算≤500元，或单项费用超预算≤10%，由各部门、各业务单位经理审批。

b. 部门本期费用合计数超预算≤2000元，或单项费用超预算≤30%，由各管辖范围副总经理审批。

c. 部门本期费用合计数超预算>2000元，或单项费用超预算>30%，由总经理审批。

（2）额度管理。

①定义：额度管理是指费用在一定的额度范围内控制使用，额度确定的依据是销售额、工作职务、员工人数等。

②具体实施：

a. 根据销售额确定额度的费用项目是交际费、运输费。交际费超额度本期内不予报销，运输费超额度需向总部相关部门提出书面报告，经批准后方可报销。

b. 根据工作职务确定额度的费用项目是手机费。手机费超额度部分不予报销。

c. 根据员工人数确定额度的费用项目是办公费。办公费超额度部分本期内不予报销。

（3）行政管理。

①定义：行政管理是指费用报销人在费用产生前，采用口头或书面形式向行政领导提出本次费用计划，经行政领导同意后，产生的费用方能按费用报销流程到财务部门报销。

②具体实施：

a. 单项费用金额≥200 元必须采用书面申请。无批准的书面申请，在报销时财务部门作退回处理。

b. 行政领导级次：职员→部门经理→总经理办公室→总经理。

③行政管理审批权限：

a. 单项费用≤500 元，由各部门、各业务单位经理审批。

b. 单项费用≤2000 元，由各管辖范围副总经理审批。

c. 单项费用 >2000 元，由总经理审批。

第三条　费用内容及管理分类见下表。

管理方法	费用项目	费用内容
预算管理 额度管理	业务单位的交际费用	餐费、招待费、礼品费、旅游景点门票等
	通讯费	因工作需要而实际已支付的通讯费
	办公费	日常办公支出，如购买打印、复印设备及耗材，纸笔、印制名片等
	快递费	公司承担的快递费、送货费、维修运费等
预算管理 行政管理	职能部门的交际费	招待客人的餐费、礼品、旅游景点门票等
	差旅费	出差的火车票、机票、船票；住宿费、市内交通费；出差生活补贴
	车管费	车辆花费费用，如汽油、充电费、养路费分摊、过桥路费等
	会务费	参加各种会议而单独列明的费用（费用由总部负担的除外）
	佣金	支付的代理费用
	广告费	支付网络、电视的广告；宣传用资料、小礼品、展示摊位费等
预算管理	除上述变动性费用项目外的所有费用项目均列入相对固定费用	

第四条　费用报销单填列规范。

（1）费用报销单必须用蓝、黑水笔书写，用胶水粘贴附件，不得使订书钉、大头针、回形针串别。不符合规定的，财务部门作退回处理。

（2）所有报销原始凭证不得涂改，如有涂改，在报销时扣除该费用金额。

（3）报销的原始发票要求是正规发票，确实无法取得的，可以采用“付款凭单”代替，但需写明原因，且金额不得超过100元。发票级次：增值税发票—普通发票—正式收据。

（4）对其他部门委托办理的事项，费用需由委托部门承担的，报销单应由经办部门填写，并经委托部门经理签字确认，无委托部门经理签字的，费用记入经办部门账。

（5）报销单据。

①差旅费报销单：差旅费报销（车、船、飞机票、住宿费等）。

②支出证明单：非差旅费的日常费用的报销。出差过程中的交际费和手机费补贴也分别单独填写“支出证明单”。

③原始凭证粘贴单：对小票较多，按类别分层次粘贴，附在前2种报销单后面。

④借支（暂付）单：个人差旅费暂借款。

⑤请款单：各类货款和代垫款项的支付，其他金额较大的日常费用支付。

“请款单”使用注意事项：

a. 各项货款的请款必须附加采购合同、入库单、费用明细清单作为审核依据。

b. 办公场地、仓库等租赁合同必须报财务部备案，作为租赁费支出依据。

c. “请款单”的审批权限，等同于第二条“费用管理方法”中的权限。总部下达的直接支付给供应商的“付款通知书”除外。

d. “请款单”的大额日常费用（≥1000元）支付，以支票形式为主。

第五条　费用报销审核流程。

（1）总部所有报销的费用均须由总经理办公室主任审批签字，其中：业务部、拓展部、各办事处的差旅费、交际费还须营业管理部经理审批签字。

（2）判断所发生的费用有无预算，无预算或超预算的，按超预算部分审批权限执行。

（3）判断所发生的费用属于哪种管理方法。

①如属预算管理、额度管理项目，判断是否超额度，若超额度不予报销。

②如属预算管理、行政管理项目，判断是否经过“行政管理”，单项费用金额≥200元是否有批准的书面申请。

第六条　借支规定。

（1）公司不开放除差旅费外的其他各种个人借款。

（2）个人差旅费借款，需凭批准后的“出差申请单”进行申请。

①个人差旅费借款的审批权限，按第二条费用管理方法中的行政领导审批权限执行。

②员工差旅费借款，最高限额为×元。

③部门主管差旅费借款，最高限额为×元。

第七条　差旅费。

差旅费采用预算管理和行政管理两种管理方法。所谓差旅费的行政管理，是指是否填写“出差申请单”，并经相应行政级别批准（公司统一组织的出差除外）；产生的费用是否按行政级别审批。

（1）外埠出差。

①外埠出差的差旅费是指因公需要，到外埠出差发生的费用，包括在途交通费、出差生活补贴、住宿费、市内交通费。

②出差期间的交际费不列入差旅费报销单，另行填写“支出证明单”，与差旅费同时报销。若出差期间的交际费未与差旅费同时报销，在另行报销时，财务部门作退回处理。

③对不享受手机费月报销额度≥100元/月的人员，出差期间的手机费补贴另行填写“支出证明单”，与差旅费同时报销。

④外埠出差，必须先填“出差申请单”，根据需要，凭批准后的“出差申请单”和“借支（暂付）单”借支差旅费。

⑤出差回公司后，在2个工作日内，持“出差申请单”到财务部门办理报销手续，无特殊原因未在2天内报销差旅费的，其差旅费节约部分不再补贴给出差人，返回公司时间以回程车、船票时间为准。

⑥在途交通费：

a. 乘火车10小时内可以到达的，原则上不得乘坐飞机和软卧；乘火车5小时内可到达的，以硬座为准，不得乘坐硬卧。未经批准，超标部分个人自理。

b. 在途交通费按路途时间、职务级别的乘坐标准给予报销。乘坐火车、长途汽车，符合乘坐卧铺条件而不买卧铺的，给予票价40%的补助。

c. 在途交通费还包括：飞机场至宾馆的往返出租车费、机场建设费、保险费。

⑦出差生活补贴：

出差生活补贴按地区标准、出差天数给予。

a. 出差天数以中午 12：00 为界限，以车、船票的时间为标准。

b. 出发时间≤12：00 的，出差天数为 1 天，反之为半天。

c. 到达时间 >12：00 的，出差天数为 1 天，反之为半天。

d. 部门主管以上级别人员到公司业务单位所在地出差，其间接受业务单位接待的，则生活补贴不予发放。

e. 参加各种会议、培训期间的生活补贴、市内交通费不予发放。

f. 出差期间如有餐费支出，则该天的出差生活补贴减半发放，判断的标准是餐费发票号是否相连，如发票号是两组号码，则算两天，依次类推。

⑧住宿费：

住宿费按地区标准、职务级别给予报销。节约或超过标准的部分，公司与个人四六分担，即公司 40%，个人 60%。

a. 出差同行人员中职务级别不一致，其他同行人员可享受最高级别人员的住宿标准。但超过最高级别住宿标准的部分仍须四六分担。

b. 出差人员如为单数，或同行人员中有异性，住宿费可以按标准乘以 2 的范围内报销，超出部分四六分担，如住宿包间未超过住宿标准，则出差人员仍可享受节约归己部分。

c. 住宿费按实际住宿天数平均计算，以车船票的时间为准。

⑨市内交通费：

市内交通费（含出租车费）按地区包干使用，不再凭据报销。市内交通费包括除飞机票、火车票、轮船票、长途汽车票及有关机场费、保险费以外的所有交通费用，未能认定为长途汽车票的一律视同市内交通费。

a. 出差人员因病在外地住院，其间的市内交通费不再发放，生活补贴视同出差。

b. 长期驻外人员（指在同一城市连续出差≥15 天），其间的市内交通费不实行包干制，按实报销。

c. 公司人员自备车外埠出差，其间的市内交通费不再发放。

⑩出差人员趁出差之便，事先经主管经理批准就近返家探亲办事的，其绕道车船费扣除直线单程车船费，多开支的部分由个人自理。不报销绕道和在家期间的出差生活补贴、住宿费和市内交通费。

⑪出差人员因游览或非工作需要的参观而开支的一切费用均由个人自理。

（2）本市出差（列入“交通费”项目）。

①本市出差（或办事）仅有市内交通费，无在途交通费、出差生活补贴、住宿费项目。在会计费用科目中列入“交通费”，报销人填写“支出证明单”。

②市内交通费按实报销，原则上以公交车、地铁为主，无特殊情况不得乘坐出租车；若有特殊情况的，事先向主管经理提出申请，批准后方可乘坐。

③因工作需要而加班或外出办事的，时间在8：00前或22：00后，可乘坐出租车。

④乘坐出租车的，在报销车费时，须在出租车票空白处写明乘坐原因，起止地点。不写明这两项内容的，在报销时财务部门作退回处理。

⑤公司自备车本市出差的，无市内交通费。

⑥本市出差享有公司各地标准的“员工餐费”补贴。

（3）工作外派。

①根据公司需要派往外地业务单位工作的人员，其往来在途交通费按外埠出差标准执行。

②外地业务单位能够提供伙食或住宿的，一律由业务单位统一安排，据实际情况由总部与业务单位结算，出差人员不再享受其间的出差生活补贴及住宿费的节约归己部分，住宿费若超标四六分担。

③工作外派期间的市内交通费不实行包干制，按实报销。

第八条　交际费。

（1）定义。

交际费是指招待客人而产生的支出，包括餐费、礼品、娱乐活动、旅游景点门票等。总部职能部门的交际费采用预算管理和行政管理相结合的方法，业务单位的交际费实行预算管理和额度管理相结合的方法。

所谓交际费的行政管理是指费用报销人在费用产生前，采用口头或书面的形式向行政领导提出本次费用计划，单次费用金额≥200元必须采用书面申请，申请内容包括：事由，参加人数，发生次数，预计金额。

所谓交际费的额度管理是指交际费的总额不得超过销售额的1‰，超额度部分本期内不予报销。

（2）额度。

①整个公司的交际费控制在销售净额的2‰额度内使用。

②业务单位最大额度是销售净额的1‰。

③总部职能部门的交际费控制在销售净额的0.8‰额度内使用。

（3）交际费必须单独填列“支出证明单”，并在摘要栏内简要列明事由、参加人数、发生次数，不写明此三项内容的，在报销时财务部门作退回处理。出差期间的交际费须与差旅费同时报销。

（4）如有高一级别主管人员参加，须由最高一级主管作为报销人。

（5）招待费一次性支出在500元以上的，原则上刷卡支付，报支时应附刷卡账单。

第九条　手机费。

（1）定义。

公司对手机费采用预算管理和额度管理相结合的方法。额度管理是指根据所担当的职务级别和工作的需要，确定该岗位的手机费报销额度。手机费须先自行缴费，后凭有效发票在额度范围内按实报销，超额度部分个人承担。若确因业务所需通信费超过当期额度，本人可申请对超额部分进行核实报支，但应附通话清单，并分别列出业务通话与私人通话的实际金额。

（2）总部各部门的额度见下表。

职务 部门	总经理助理 大区经理 总监		部门经理 副经理		部门助理 部门主管 业务主管	
	额度 元/月	出差补贴 额度 元/天	额度 元/月	出差补贴 额度 元/天	额度 元/月	出差补贴 额度 元/天
总经办						
营业部主管						
市场部						
拓展部						
产品部						
业务部						
技术部						
财务部						
企划部						
物流部						
售后服务						
人事部						

（3）分公司、办事处的额度。

职务 部门	经理		业务经理		业务员	
	额度 元/月	出差补贴 元/天	额度 元/月	出差补贴 元/天	额度 元/月	出差补贴 元/天
分公司						
办事处 （无办公间）						
办事处 （有办公间）						

（4）特别规定。

①根据手机使用的实际情况，总部的营业管理部、市场部、拓展部、产品部、业务部、物流部和分公司、办事处，这些部门中从事销售业务人员的手机费账单以九五折计算；总部的总经理办公室、企划部、财务部、售后服务部、技术部、人力资源部，这些部门人员的手机费账单以九折计算。

②享受月报销额度≥100 元/月的手机要求入网，对入网的账单金额不再打折，而对未入网的充值定额收据再打八折。

第十条　办公费。

（1）定义。

办公费是指因日常工作需要而购买的办公用品及其他办公性质的消耗，如购买纸笔、印制名片、邮寄费、快递费、因工作需要公司统一订购的报纸及书刊、办公室清洁卫生所需的用品等。

（2）办公用品分类。

①办公用品按会计核算项目分为专用办公用品、快递费、其他办公用品。具体如下：

a. 打印机、传真机专用的硒鼓、墨盒、色带等耗材和销售业务专用的单据。

b. 快递费，是指邮局的邮寄费、市内快递费。

c. 其他办公用品：

常用消耗品：购增值税票、账本、铅笔、胶水、胶带、大头针、图钉、曲别针、橡皮筋、笔记本、复写纸、便条纸、橡皮、夹子、印泥、圆珠笔、订书钉、复印纸、信纸、信封等。

管制品：剪刀、美工刀、订书机、钢笔、计算器、各类书籍资料等。

②其他办公用品按使用可分为个人领用与部门领用两种。

个人领用：由个人使用保管的物品，如铅笔、胶水、橡皮等。

部门领用：是指打孔机等管制品，由部门指定人员领用、保管、集体使用。

（3）其他办公用品的日常管理。

①常用消耗品的使用根据实际工作需要和以往使用记录进行数量控制，并根据不同的部门和人员的工作性质作相应调整。

②管制品主要供部门领用。

③领用办公用品须作领用登记，办公室管理员建立办公用品领用台账和领用卡以控制办公用品的消耗。

④办公用品系为公共活动提供，严禁带出公司私用。

⑤新进人员到职时由各部门向行政部门提出文具申请单领文具，并列入领用卡。人员离职时，应将剩余文具交还行政部门。

⑥总部办公用品（除财务部门专业用品外）由行政部门统一负责购买、保管和发放，各部门不得任意购买。特殊活动支付的费用可提出申请计划，报请批准后购买。

（4）额度。

扣除专用办公用品、快递费，各部门的办公费最高额度为每人每月30元，各部门的人数以总经理办公室的批准人数为准。

第十一条　运输费。

公司对运输费采用预算管理和额度管理相结合的方法，如运输费超额度需向总部物流部、财务部、总经理办公室提出书面报告，说明原因及改进的方法。

（1）额度。

①总部物流部的运输费额度为销售额的1.5%。

②业务部、拓展部、分公司的运输费为销售额的0.4%。

③其他业务单位的运输费为销售额的0.2%。

（2）支付规定。

①根据预算管理和额度管理的规定审批和支付。

②运输费支付应填写“请款单”，并附：

a. 货运合同（有跨期间的合同，第一次作要求）。

b. 正规的运输发票（带抵扣联）。

c. 货运清单（要求每笔清单必须有托运经办人签字，同时注明托运内容和相关部门）。

d. 相应权限的审批。

对 a、b、c、d 四项附件不全的请款，财务部门作退回处理。

③对≥1000 元的运输费以支票形式支付。

（3）注意事项。

①业务单位在比较货运公司的信誉及价格后，集中货运公司，定点路线，统筹安排发货，快件应与货运一起发运，力求降低运输费，尽量减少无效运输。

②不论何种情况，都必须与货运公司签有货运合同或协议，作为报销运输费的附件之一。

第十二条　员工餐费和加班餐费。

（1）员工加班应根据《员工考勤休假管理规定》执行。总部的部门助理、部门主管、业务经理及以上职务人员和业务单位的业务员、业务经理及以上职务人员，不计加班工资、不发放加班餐费。其他人员若加班可享受加班餐费。加班餐费不予单独报支，于月终根据考勤记录同员工正常工作餐费一起核发。

（2）公司按地区级差和实际出勤天数，不分职务级别，制定员工餐费和加班餐费的标准。

地区	员工餐费	加班餐费（中、晚餐）
北京、上海、广州、深圳	×元/天	×元/餐
其他城市	×元/天	×元/餐

（3）对员工餐费各业务单位可以采用发放现金或统一订餐的形式，在标准内解决。

（4）若外埠出差、工作外派已包含出差生活补贴，则其间不发工作餐费。

第十三条　附则。

（1）本制度由公司财务部、总经理办公室修正制定，经总经理核准签发，自××××年××月××日起实施。原相关费用制度同时作废。未尽事宜以财务部发文为准。

（2）本制度由财务部、总经理办公室负责解释、监察。

第三节　中小企业会计管理表格

一、存货清查评估明细表

编号	科目名称	账面价值	调整后 账面价值	评估价值	增值额	增值率 （%）
1	原材料					
2	材料采购（在途物资）					
3	在库低值易耗品 包装物（库存物资）					
4	委托加工材料 产成品（库存商品）					
5	在产品（自制半成品） 分期收款发出商品					
6	在用低值易耗品 委托代销商品					
7	受托代销商品					
	存货合计					
	减：存货跌价准备					
	存货净额					

资产占有单位填表人：　　　　　　　　　　评估人员：

填表日期：　　　　年　　月　　日

二、现金盘点报告表

年　　月　　日　　　　　　　　　　　　　　　　　　　　　　（日表）

<table>
<tr><td rowspan="12">现金及周转零用金</td><td>人民币面额</td><td>数量</td><td>金额</td><td>盘点异常及建议事项</td></tr>
<tr><td>100</td><td></td><td></td><td rowspan="8"></td></tr>
<tr><td>50</td><td></td><td></td></tr>
<tr><td>10</td><td></td><td></td></tr>
<tr><td>5</td><td></td><td></td></tr>
<tr><td>1</td><td></td><td></td></tr>
<tr><td>0.5</td><td></td><td></td></tr>
<tr><td>0.2</td><td></td><td></td></tr>
<tr><td>0.1</td><td></td><td></td></tr>
<tr><td>0.05</td><td></td><td></td><td>盘点结果及要点报告</td></tr>
<tr><td>0.02</td><td></td><td></td><td rowspan="9">左列款项及票据于____年__月__日时盘点时本人在场，并如数归还无误
保管人：
盘点人：</td></tr>
<tr><td>0.01</td><td></td><td></td></tr>
<tr><td colspan="2">小计</td><td></td><td></td></tr>
<tr><td colspan="2">其他项目：未核销费用</td><td></td><td></td></tr>
<tr><td colspan="2">员工借支</td><td></td><td></td></tr>
<tr><td colspan="2">总计</td><td></td><td></td></tr>
<tr><td colspan="2">账面数</td><td></td><td></td></tr>
<tr><td colspan="2">盘盈或（盘亏）</td><td></td><td></td></tr>
</table>

<table>
<tr><td>项目</td><td>张数</td><td>金额</td><td>盘点数</td><td>盘盈（亏）</td></tr>
<tr><td>应收票据：代收</td><td></td><td></td><td></td><td></td></tr>
<tr><td>库存</td><td></td><td></td><td></td><td></td></tr>
<tr><td>应收保证票据</td><td></td><td></td><td></td><td></td></tr>
<tr><td>合计</td><td></td><td></td><td></td><td></td></tr>
</table>

盘点人：　　　　　　　　复核人：　　　　　　　　　　核准人：

三、结存调整表

经管部门：　　　　　　　　　　　　　　　　　　年　　月　　日　　　No.

品名	编号	单位	账面 结存数	增加数	减少数	调整后 结存数	调整原因 说明

核准：　　　　　　　　　　复核：　　　　　　　　　　制表：

本表一式二联：①财务部门→经管部门（白色）。②财务部门→经管部门→财务部门（红色）。

说明：①本表由财务部门账务员填制，由其主管复核。②盘点工作开始前，账务必须调整时编制本表。

四、实存账存对比表

单位名称：　　　　　　　　　　　　　　　　　　　　年　　月　　日

编号	类别及名称	计量单位	单价	实存		账存		对比结果				备注
								盘盈		盘亏		
				数量	金额	数量	金额	数量	金额	数量	金额	

会计人员签章：　　　　　　　　　　　　　　　　稽核人签章：

五、库存料品盘点盈亏报告表

经管部门：　　　　　　　　　　　　　　　　　年　　月　　日　　　　No.

品名	料品编号资产	规格	单位	账面数量	盘点数量	盘盈		盘亏		差异原因说明	拟处理对策及建议
						数量	金额	数量	金额		

总经理批示		财务部门	部主管	主管	制表	经营管理部门	部主管	主管	经管人

本表一式三联：①财务部门→经营管理部门→财务部门→总经理→经营管理部门（白色）。

②财务部门→经营管理部门→财务部门→总经理→财务部门（红色）。

③财务部门→经营管理部门→财务部门→总经理→总经理室（黄色）。

六、稽核工作计划表

稽核类别			稽核项目	估计数量	抽样数量	稽核时间		稽核人员	会同人员	备注
日常	定期	不定期				起	讫			

第九章 中小企业员工培训制度与表格

第一节　中小企业员工培训概述

一、中小企业员工培训现状

当前，我国中小企业的员工培训存在诸多问题，归纳起来，主要有如下几点。

1. 缺乏对员工培训需求的了解

不少中小企业的管理者盲目跟风，看别的企业在进行培训，自己也就出来作作秀，美其名曰为员工培训，结果却收效甚微。对于财务能力薄弱的中小企业来说，在员工培训方面一定要务实，了解员工真正的培训需求所在，进行合理的培训分析，然后做出有针对性的培训需求计划，如此才能取得预期的效果。

2. 培训方法单一

很多中小企业的管理者都认为，培训就是上上课，灌输点理论知识，所以在培训方式上一直采用最简单的课堂式教学，单纯地对员工进行理论讲授，致使培训内容与实际工作脱节，培训效率低下。

3. 培训课程没有针对性

中小企业由于缺乏自己的培训团队，在培训员工方面大多请社会上的一些培训机构，这种培训方式的弊端就是企业和培训机构缺乏有效的沟通，培训机构由于不了解企业和员工的真正需求，在培训课程上往往忽视了企业的实际和培训对象的特点。

4. 管理者不重视培训

还有不少中小企业的管理者认为，培训非但不能增强企业员工才干，反而会挤占员工的干活时间，对企业来说得不偿失；还有的管理者认为，在职员工的知识技能足以应付现有工作，培训是能增长员工的才干，但却增加了员工的离职率，对企业没有多大益处。凡此种种，很多中小企业的员工培训都是在走形式、赶过场的过程中敷衍了事的。

5. 培训控制、效果评价滞后

有些中小企业在员工培训活动中不能进行有效的控制，再加上没有严格的效果评价体系，员工培训是否成功，能否为企业带来预期的收益，不得而知。

6. 缺乏科学、合理的员工培训制度

某些中小企业的管理者对员工培训还停留在肤浅的认识上，没有形成科学的培训制度。只有有了制度做保障，根据员工的实际情况，按照培训需求评估、培训需求策划、培训效果评价的轨迹才能取得培训应有的效果。

二、中小企业员工培训的目标

中小企业员工的培训目标就是培养企业需要的专业人员，具体来说有如下几个指标。

1. 专项培训

上行下效。企业只有组织专项的培训，才能提高企业的经营效率。中小企业一定要根据企业的发展需要为员工进行专项的培训，这对企业与员工来说是双方建立和谐关系、共同发展的基础。

2. 鼓励员工自学

心理学家认为，只有具备了自主学习的能力，学生的能力才能真正得到提高。因此，作为企业的培训项目，其终极目标不是给员工传授几项工作技能，而是通过培训的形式让员工感受到通过学习才能提升自身价值。也就是说，如果不学习，没有学习的观念，最终将会被企业淘汰，员工必须不断学习才能适应企业的发展。

企业通过建立自学成才的奖励制度，鼓励员工根据企业的生产发展需要学习相关的知识与技能，帮助员工实现个人的职业规划，这可以减少企业的相关投入，培养专业的人才。员工通过自学，综合素质有了较大的提高，才能为企业的长远发展打下坚实的基础。

三、中小企业人才培训的原则

为了更好地开展培训工作，实现预定的目标，通常必须注意以下几项基本原则：

（1）培训计划必须首先从公司经营出发，“好看”更要“有用”。

（2）培训的方式与方法要适合培训的对象。

（3）制定培训计划必须要进行培训需求调查。

（4）预先制定并公布培训所要达到的预期标准。

（5）因势利导，因材施教。

（6）尽可能多地得到公司最高治理层和各部门主管的承诺，以足够的资源来支持各项具体培训计划，尤其是学员培训时间上的承诺。

（7）提高培训效率要采取一些积极的措施。

（8）提倡主动学习和培训。

（9）积极指导员工的学习和培训。

（10）要让受训员工在培训过程中有收获感和满足感，产生希望继续培训的愿望。

四、中小企业员工培训的种类

员工培训的分类很多，比如，根据员工是否脱产可以分为在职培训和脱产培训。但对中小企业而言，最重要的培训类型就是新进员工上岗前培训和对老员工的培训（此处的“老”是针对新招聘员工而言的）。

1. 对新进员工的培训

新进员工的培训是指给企业为新招聘进来的员工提供有关企业的基本背景情况，使员工了解所从事的工作的基本内容与方法，使他们明确自己工作的职责、程序、标准，并向他们灌输企业及其部门所期望的态度、规范、价值观和行为模式，等等，从而帮助他们顺利地适应企业环境和新的工作岗位，使他们尽快进入角色。培训的方法主要是脱产培训，也可以采用以老带新的在职培训。

2. 对老员工的培训

老员工虽然熟悉企业的业务流程，但为了满足企业日常生产经营的需要和长久、持续发展的需要，老员工也是需要培训的。在培训内容上既有针对文化知识普及和提高的培训，又有针对某一专门技能而进行的培训，还有改善人际关系的培训，以及学习新知识、新观念、新技术和为了晋升职级做准备而进行的培训。

五、中小企业员工培训的方法

员工培训的方法不一而足，但适合中小型企业特点的一般有：演示法、讲解法、小组讨论法、录像法、案例学习法、角色演练法和游戏法等。中小企业要根据培训的不同内容，有针对性地采用不同的培训方法。

1. 知识类培训

知识类培训是最基本的培训，通过培训，使员工具备完成本职工作必需的基本知识，了解企业经营的基本情况（如企业的发展战略、目标、经营方针、经营状况、规章制度等），便于员工参与企业活动，增强员工主人翁精神。

2. 技能类培训

技能类培训旨在提高员工的操作水平，将培训内容和实际工作相结合，通过在实际工作岗位或真实的工作环境中亲身操作、体验，以掌握工

作所需的知识、技能。技能类培训的方法包括：工作指导法、岗位轮换、特别任务法、个别指导法等。通过培训，员工掌握完成本职工作所必须具备的各项技能。

3. 综合能力类培训

综合能力类培训主要采用主动参与的方式进行培训。通过调动受训者的积极性，使其参与到互动的学习和交流中。综合能力类培训一般有案例研究法、模拟训练法等。

4. 态度类培训

培训学习不仅仅是为了提高员工的知识水平和操作技能，而且还包括观念的转变和态度的改善。通过培训，建立起企业与员工之间的相互信任，培养员工对企业的忠诚，增强企业集体主人翁精神。

5. 心理类培训

心理类培训主要采用拓展训练的方式，培养团队精神、把握机遇、抵御风险等心理素质，包括拓展体验、回归自然活动等外化型的体能训练。

六、中小企业员工培训的流程

完整的培训活动是一项非常复杂的工程，必须经过一系列的程序和步骤，一般来说，中小企业的员工培训流程有如下几个组成部分：培训需求分析、培训计划制定、培训活动组织与实施、培训效果评估。

1. 培训需求分析

培训需求分析是培训流程的起点，企业在设计培训活动之前，必须先对组织及成员的目标、知识、技能等方面进行系统的鉴别与分析，从而确定培训必要性及培训内容的过程。培训需求分析具有很强的指导性，是确定培训目标、设计培训计划、有效地实施培训的前提，是企业培训活动的首要环节，是进行培训评估的基础，对企业的培训工作至关重要，是使培训工作准确、及时和有效的重要保证。

2. 培训计划制定

培训计划是按照一定的逻辑顺序排列的记录，它是从企业的战略出发，在全面、客观的培训需求分析基础上做出的对培训时间、培训地点、培训者、培训对象、培训方式和培训内容等的预先系统设定。

一个比较完整的培训计划包含6W1H的内容，即：

Why——培训目标；

What——培训内容；

Whom——培训对象；

Who——培训者；

When——培训时间；

Where——培训地点及培训设施；

How——培训方法及培训费用。

3. 培训活动组织与实施

经过前面两个基础步骤的执行，接下来就正式进入培训活动了，这个环节包括培训对象和培训机构选择、培训教师选配、培训课程设置、培训教材开发、培训活动安排等。

4. 培训效果评估

培训效果评估是培训的最后一个环节，通过效果评估，不仅可以监控培训活动是否达到了预期的目的，更重要的是有助于以后培训活动的改进和优化。

培训效果评估一般包括如下几个指标：

（1）认知成果。可用来衡量受训者对培训项目中强调的原理、事实、技术、程序或过程的熟悉程度。认知成果用于衡量受训者从培训中学到了什么，一般用笔试来评估认知成果。

（2）技能成果。用来评估技术或运动技能，以及行为方式的水平，它包括技能的获得与学习及技能在工作中的应用两个方面。

（3）情感成果。包括态度和动机在内的成果。

（4）绩效成果。用来决策公司为培训计划所支付的费用。

（5）投资回报率。指培训的收益和培训成本的比较。培训成本包括直接和间接成本，收益指公司从培训计划中获得的价值。

第二节　中小企业员工培训管理制度

一、员工培训管理制度

第一条　目的、目标、方针。

（1）培训目的是提高员工素质，满足公司发展和员工发展需求，创建优秀的员工队伍，建立学习型组织。

（2）培训的目标是通过不断提高员工的知识水平、工作能力和能动性，把因员工知识、能力不足和态度不积极而产生的人力成本的浪费控制在最小幅度，使员工实现自我的目标。

（3）公司的培训制度与员工的职业生涯设计相结合，促进公司与个人的共同发展。

（4）培训方针是自我培训与传授培训相结合，岗位培训与专业培训相结合。

第二条　适用范围。

适用于本公司所有员工的培训。

第三条　职责。

（1）人力资源部：发布培训需求至各部门。

（2）各部门主管：负责填写本部门年度培训需求计划或临时性的培训并监督执行。

（3）培训讲师：负责培训教材的准备及授课。

第四条　培训内容。

（1）员工培训主要应根据其所从事的实际工作需要，以岗位培训和专业培训为主。

（2）管理人员应学习和掌握现代管理理论和技术，充分了解政府的有关方针、政策和法规，提高市场预测能力、决策能力、控制能力。

（3）专业技术人员应接受各自的专业技术培训，了解政府有关政策，掌握本专业的基础理论和业务操作方法，提高专业技能。

（4）基层管理人员应通过培训充实自己的知识，提高实际工作能力。

（5）基层工作人员须学习企业及本部门各项规章制度，掌握岗位责任和要求，熟悉客户心理，学会业务知识和操作技能。

（6）其他人员也应根据本职工作的实际需要参加相应的培训。

第五条　培训方法。

（1）专业教师讲课，系统地讲授专业基础理论知识、业务知识，提高专业人员的理论水平和专业素质。

（2）本单位业务骨干介绍经验，传帮带。

（3）组织员工到优秀的同行企业参观学习，实地观摩。

第六条　培训形式。

（1）长期脱产培训。培养有发展前途的骨干，使之成为合格的管理人员。

（2）短期脱产培训。主要适用于上岗培训，或某些专业性强的技术培训。

（3）半脱产培训。主要是专业培训，系统学习基础经营管理知识。

（4）业余培训。鼓励员工在不影响工作的前提下，积极参加各种与本职工作有关的培训，并承认相应的学历。

第七条　培训档案。

（1）培训部应建立员工培训档案，及时地将员工的培训内容、培训方式、考核成绩记录在案。

（2）取得培训证书人员的考核成绩应与工资晋级、提拔任用结合起来，对于取得优异成绩者可给予精神与物质奖励。

二、员工继续教育管理办法

第一章　总则

第一条　为了提升员工专业知识和素质，公司鼓励员工参加继续教育学习，特制定本办法。

第二条　继续教育是公司长期激励的一种，它将重点资助那些对公司作出重要贡献，并希望在公司长期发展的员工。

第三条　本办法中所指的继续教育包括不脱产硕士学历教育和不脱产博士学历教育。

第二章　继续教育的审批

第四条　在公司工作年满两年以上（含试用期）的正式员工，如果当年度的年度考评为“优秀”，则可由部门经理向公司提出资助继续教育的申请（申请中应注明报考院校、报考专业等信息）。

第五条　原则上要求报考学校在本市，报考专业与本人岗位或公司发展方向相适应。

第三章　资助类型

第六条　考试假：在不影响工作的前提下，入学考试前可以请一周的带薪考试假。

第七条　经济资助：由公司承担部分或全部学费。

第八条　学习时间：根据课程安排，在不影响工作的前提下，经主管经理批准，可以适当减少工作时间。但最多不超过正常工作时间的30%。

第四章　经济资助程序

第九条　根据员工当年度的年度考评结果，总经理助理与人力资源部共同确定公司对该员工下年度的经济资助金额。

第十条　经济资助标准：原则上，考评结果为“优秀”，资助金额为下年度学费的100%；考评结果为“良好”，资助金额为下年度学费的50%；考评结果为“合格”或“不合格”，公司下年度不予以资助。

第十一条　在获得经济资助之后，该员工要与公司签订“继续教育资助协议”，用来保证毕业后能够继续在公司工作或偿还公司的经济资助。

第十二条　出于以下原因，公司可以随时停止经济资助。

（1）该员工在工作中犯有重大错误。

（2）该员工辞职或被公司辞退。

第五章　附则

第十三条　本办法由人力资源部负责解释。

第十四条　本办法自公布之日起执行。

三、新进员工培训制度

第一条　目的。

为了规范和促进公司培训工作持续、系统的进行，通过知识、经验、能力的积累、传播、应用与创新，提升员工职业技能与职业素质，使之适应企业可持续发展的需要。

第二条　培训原则。

留优淘劣，扎实基础业务知识，培养高素质团队。

第三条　适用范围。

本办法适用公司新入职的员工。

第四条　培训方式。

（1）脱岗培训：由人力资源部制订培训计划和方案并组织实施，采用集中授课及讨论、参观的形式。

（2）在岗培训：由新员工所在部门负责人对其已有的技能与工作岗位所要求的技能进行比较评估，找出差距，以确定该员工培训方向，并指定专人实施培训指导，人力资源部跟踪监控。可采用日常工作指导及一对一辅导形式。

第五条　培训教材。

新进员工培训教材以本公司《员工手册》为主要培训教材。

第六条　培训内容。

（1）公司介绍：公司发展史、公司的企业文化、愿景、各部门的功能和业务范围、人员结构、薪酬福利政策、培训制度以及新员工关心的各类问题解答等。

（2）员工手册：公司各项规章制度、奖惩条例、行为规范等。

（3）入职须知：入职程序及相关手续办理流程。

（4）财务制度：费用报销程序规定及办公设备的申领使用。

（5）实地参观：参观公司各部门。

（6）介绍交流：介绍公司高层领导、各部门负责人及公司骨干与新员工认识并交流恳谈。

（7）在岗培训：服务意识、岗位职责、业务知识与技能、业务流程、部门业务、周边关系等。

第七条　培训考核。

（1）考核的形式：分书面考核和应用考核。

（2）占分比例：脱岗培训以书面考核为主，在岗培训以应用考核为主，各占考核总成绩的50%。

（3）书面考卷：书面考核考题由各位授课教师提供，行政人事部统一印制考卷。

（4）应用考核：应用考核通过观察测试等手段考查受训员工在实际工作中对培训知识或技巧的应用及业绩行为的改善，由其所在部门的领导、同事及人力资源部共同鉴定。

第八条　效果评估。

行政人事部通过与学员、培训负责人直接交流，并制定一系列书面调查表进行培训后的跟踪了解，逐步减少培训方向和内容的偏差，改进培训方式，以使培训更加富有成效并达到预期目标。

第九条　培训工作流程。

（1）行政人事部根据新进员工的规模情况确定培训时间并拟定培训具体方案。

（2）行政人事部负责与各相关部门协调，做好培训全过程的组织管理工作。

（3）行政人事部负责在培训结束当日对学员进行反馈调查，填写“新员工入职培训反馈意见表”，并根据学员意见给出对该课程及授课教师的改进参考意见。

（4）新员工集中脱产培训结束后，分配至相关部门岗位接受在岗培训，由各部门负责人指定指导人实施培训并于培训结束时填写“新员工入职培训记录表”报行政人事部。

（5）行政人事部在新员工接受上岗培训期间，应不定期派专人实施跟踪指导和监控，并通过一系列的观察测试手段考查受训者的实际工作情况，以评估培训结果，调整培训策略和培训方法。

第十条　培训要求。

（1）培训工作要重实效轻形式。

（2）培训教师授课要通俗易懂，深入浅出。

（3）参加培训的新员工要准时参加培训，认真听课，遵守纪律，细做笔记。

（4）培训考试成绩记入个人档案，作为转正、升（降）级、晋（降）职、转岗的重要依据之一。

第十一条　其他。

本制度从公布之日开始实施。

四、在职员工培训制度

第一章　目的

第一条　为提高本公司从业人员素质，充实其知识与技能，以增进工作质量及绩效，特制定本制度。

第二章　适用范围

第二条　凡本公司所属从业人员的在职培训及其有关作业事项均依本制度执行。

第三章　工作职责划分

第三条　培训部。

（1）全公司共同性培训课程的举办。

（2）全公司年度、月份培训课程的拟定、呈报。

（3）培训制度的制定及修改。

（4）全公司在职教育培训实施成果及改善对策呈报。

（5）共同性培训教材的编撰与修改。

（6）培训计划的审议。

（7）培训实施情况的督导、追踪、考核。

（8）外聘讲师担任公司全体在职培训的讲师。

（9）全公司外派培训人员的审核与办理。

（10）外派受训人员所携书籍、资料与书面报告的管理。

（11）其他有关人才发展方案的研拟与执行。

(12) 各项培训计划费用预算的拟定。

第四条 各部门。

(1) 全年度培训计划汇总呈报。

(2) 专业培训规范制定及修改，讲师或助教人选的推荐。

(3) 内部专业培训课程的举办及成果汇报。

(4) 专业培训教材的编撰与修改。

(5) 受训人员培训成果的督导与追踪。

第四章 培训规范制定

第五条 培训部应召集各有关部门共同制定从业人员在职培训规范，提供训练实施的依据。其内容包括：

(1) 各部门的工作职务分类。

(2) 各职务的培训课程及时数。

(3) 各培训课程的教材大纲。

第六条 各部门组织机能变动或引进新技术使生产条件等变化时，培训部即应配合实际需要修改培训规范。

第五章 培训计划拟订

第七条 各部门依培训规范及配合实际需要，拟订“在职培训计划表”，经培训部审核，作为训练实施之依据。

第八条 培训部应就各部所提出的培训计划汇编“年度培训计划汇总表”，呈报人力资源部核签。

第九条 各项定期培训课程，主办单位应填写“在职培训实施计划表”，提供呈核后通知有关部门及人员。

第十条 临时培训课程亦需填写“在职培训实施计划表”，呈核后实施。

第六章 培训实施

第十一条 培训主办部门应依“在职培训实施计划表”按期实施并负责该项培训之全盘事宜，如培训场地安排、教材分发、教具借调，通知讲师及受训单位等。

第十二条 如有补充教材，讲师应于开课前一周将讲义原稿送培训部统一印刷，以便上课时发给学员。

第十三条 各项培训结束时，应进行测验，由主办部门或讲师负责监考，测验题目分 3～4 种，由讲师于开课前送交主办部门。

第十四条 各项在职培训实施时，受训学员应签到，培训部应切实了解上课、出席状况。

第十五条 受训人员应准时出席，因故不能参加者应办理请假手续。

第十六条 培训部应定期召开检查会，以评估各项培训课程实施成果，并记录、送交各有关单位参考予以改进。

第十七条　各项培训之测验缺席者，事后一律补考，补考不列席者，一律以零分计算。

第十八条　培训测验成绩成果报告，列入考核及升迁参考。

第七章　培训成果呈报

第十九条　每项培训结束后一周内，讲师应将学员的成绩评定出来，登录于"在职培训测验成绩表"，连同试卷送人力资源部门，以建立个人完善的培训资料。

第二十条　主办单位应于每项培训结束后一周内填写"在职培训总结报表"及"讲师钟点费用申请表"，连同"成绩表"及"学员意见调查表"报培训部门，凭此支付各项费用及归档。

第二十一条　如需支付教材编撰费用时，主办部门应填写"在职培训教材编撰费用申请表"，送相关部门核签后凭此予以支付。

第二十二条　各部门应对所属人员设立"从业人员在职培训资历表"。

第二十三条　每三个月各部门应填写"在职培训实施结果报告"呈人力资源与培训单位，以了解该部门最近在职培训实施状况。

第八章　评估

第二十四条　每项培训结束时，主办部门应视实际需要分发"在职培训学员意见调查表"，供学员填写后与测验卷一并收回，并汇总学员意见，送讲师转入人力资源部会签，作为以后再举办类似培训的参考。

第二十五条　培训部应对各部门评估培训的成效，定期分发"培训成效调查表"，供各单位主管填写后汇总意见，做成书面报告后分送各部门及有关人员作为再举办培训的参考。

第九章　外派培训

第二十六条　因升迁等任职新工作的需要，各部门可推荐有关人员外派受训，推荐名单送培训部审议，呈总经理核准后外派受训，并依人事管理规章办理出差手续。

第二十七条　外派受训人员返回后，应将受训之书籍、教材及资格证件等有关资料送培训部归档保管，其受训成绩亦登录于受训资历表中。

第二十八条　外派受训人员应将受训所习知识整理成册，列为讲习教材，并举办讲习会，担任讲师传授给有关人员。

第二十九条　旅费报销单据呈核时，应送培训部审核其外派受训之资料是否缴回，并于报销单据上签注，如未经审核，会计部门不予付款。

第三十条　本条款适用于参加公司外的培训，对因升迁、储备需要，于任职前可集中委托外协部办理培训，每年以两次为限。

五、员工外部培训管理办法

第一条 目的。

规范外部培训管理，提高外部培训效果。

第二条 适用范围。

公司所有外派培训和外聘讲师到公司培训。

第三条 权责。

（1）人力资源部负责公司外部培训的计划及各单位外部培训申请的审核与组织管理。

（2）各单位提出外部培训需求，核准后参加或实施外部培训。

第四条 内容。

（1）外部培训适用情形。

①国家规定的特种岗位人员证件的取得与复审。

②新管理体系、新技术、新设备等引进所需要的外派培训或外聘讲师到公司培训。

③公司内部没有相关讲师或讲师专业技能达不到要求的课程培训。

④其他需参加的外部培训（如脱产参加学历提升教育等）。

（2）外部培训信息收集。由人力资源部培训管理人员负责收集，各单位可根据本单位实际工作需要，协助提供相关信息，由人力资源部组织评估与确定。外部培训信息包含以下内容。

①外部培训机构信息：包括机构名称、成功案例或成功辅导企业、主要服务项目、主要培训师、年度公开课或专项公开课计划、所在地区、联系电话、联系人等。

②外部培训师信息：包括培训师的个人基本情况、擅长课程、曾辅导过的企业等。

（3）外部培训的申请与核定权限。

①根据公司年度培训计划和实际工作需要，拟参加外派培训或聘请外部讲师到公司培训的相关人员填写“培训申请表”，由经理级（含）以上主管审核后交人力资源部审批，人力资源部根据公司实际及外部培训适用情形进行评审，确定外部培训机构和外聘讲师。

②外派培训费用（含培训报名费和差旅费）在2000元（含）以上的，报总裁审批。

③外聘讲师到公司培训需与讲师所在培训机构签订培训协议，明确培训时间安排、培训效果评估、培训费用计算标准与支付办法等，报总裁审批。

④“培训申请表”经本单位主管确认后，属于外派培训的应于受训日

期 7 天前送交人力资源部，属于外聘讲师到公司培训的应于培训开始日期 15 天前送交人力资源部，逾期不予办理。

⑤新进人员在试用期间不得申请外派培训。

（4）外部培训实施。

培训申请经核准后，由人力资源部将“培训申请表”复印件交受训人的直接上级主管，由主管负责通知受训人准时参加；对外聘讲师到公司培训的，另附培训协议复印件一并交负责单位的主管组织实施。

（5）外派培训合同的签订。

人力资源部培训管理人员应在受训人员外出参加培训前与其签订培训合同。

（6）外部培训的借款、付款与结算。

①参加外派培训人员在外派培训前依批准的“培训申请表”复印件和签订的培训合同到财务部借款或填写付款通知书请款，由受训人负责交款到培训机构；培训结束取得发票后，经人力资源部审核签字，培训合格的到财务部办理借款结算手续，培训不合格的，所有培训费用自付，从其工资中扣回。

②到公司以外的地点培训，按公司出差相关规定核算差旅费。

③外聘讲师到公司培训的费用结算按培训协议规定处理。

（7）外派培训的考勤。

①外派受训人员应按《出勤管理办法》规定，在外出培训前填具“公出单”。

②外派培训期间若逢晚上、节假日上课，不得报加班或调休。

③外派培训人员应按时参加学习，无故不参加培训或中途退出培训者，经查实予以记小过以上处分，并自付全部培训费用。

④如参加外派培训人员因特殊原因无法参加外训时，应提前向人力资源部说明，由人力资源部和单位主管另行安排人员参加或另外安排时间参加。

（8）外部培训训后要求。

①参加外训人员应将培训资料、证书复印件或培训心得报告于培训结束后 7 天内交到人力资源部存档，逾期未交给予记严重警告以上处分，并取消其 1 年内参加外训的资格。

②人力资源部视需要组织外训人员举办培训心得交流会，如外训取得的资料不足以当教材时，外训人员应负责编写相应的教材，并按要求配合完成。

③对外聘讲师到公司培训的，人力资源部将根据情况对讲师教学效果进行评估，评估结果作为是否再次聘请及以后公司选择外部培训机构的依据。

第三节　中小企业员工培训管理表格

一、新员工培训计划表

编号：

<table>
<tr><td rowspan="3">受训人员</td><td>姓名</td><td></td><td>学历</td><td></td><td>辅导员姓名</td><td></td></tr>
<tr><td>培训时间</td><td colspan="3">__月__日至__月__日止</td><td>部门</td><td></td></tr>
<tr><td>专长</td><td colspan="3"></td><td>职称</td><td></td></tr>
<tr><td>项次</td><td>培训期间</td><td>培训天数</td><td>培训项目</td><td>培训部门</td><td>培训员</td><td>培训日程及内容</td></tr>
<tr><td>1</td><td>__月__日至
__月__日止</td><td></td><td></td><td></td><td>职称：____
姓名：____</td><td></td></tr>
<tr><td>2</td><td>__月__日至
__月__日止</td><td></td><td></td><td></td><td>职称：____
姓名：____</td><td></td></tr>
<tr><td>3</td><td>__月__日至
__月__日止</td><td></td><td></td><td></td><td>职称：____
姓名：____</td><td></td></tr>
<tr><td>4</td><td>__月__日至
__月__日止</td><td></td><td></td><td></td><td>职称：____
姓名：____</td><td></td></tr>
<tr><td>5</td><td>__月__日至
__月__日止</td><td></td><td></td><td></td><td>职称：____
姓名：____</td><td></td></tr>
<tr><td>6</td><td>__月__日至
__月__日止</td><td></td><td></td><td></td><td>职称：____
姓名：____</td><td></td></tr>
</table>

经理：　　　　　审核：　　　　　　　拟定：

二、在职员工培训费用申请表

制表日期：　　　　年　　月　　日

<table>
<tr><td>单位</td><td>姓名</td><td>□讲授科目
□教材名称</td><td>□时数
□字数
（千字）</td><td>□钟点数
□教材费</td><td>总计
（元）</td><td>盖章
（签字）</td></tr>
<tr><td></td><td></td><td colspan="3"></td><td></td><td></td></tr>
<tr><td></td><td></td><td colspan="3"></td><td></td><td></td></tr>
<tr><td></td><td></td><td colspan="3"></td><td></td><td></td></tr>
<tr><td></td><td></td><td colspan="3"></td><td></td><td></td></tr>
</table>

<table>
<tr><td>会计部</td><td></td><td>教育培训部</td><td></td><td>单位</td><td></td></tr>
</table>

三、员工外部训练申请表

<table>
<tr><td>姓名</td><td></td><td>工号</td><td></td><td>部门</td><td></td><td>职位</td><td></td></tr>
<tr><td>受训机构</td><td colspan="3"></td><td>受训课程</td><td colspan="3"></td></tr>
<tr><td>备注</td><td colspan="7"></td></tr>
<tr><td colspan="8">我个人希望参加上级机构所举办的训练，训练课程细目如下，所需经费希由公司负担。此项训练必须增加我未来的工作效率，其中课程训练时间如有任何改变，我一定依照公司规定通知有关部门。受训期间个人如触犯任何公司训练规定，愿意由公司扣除本人工资以抵缴公司代付的学费</td></tr>
</table>

<table>
<tr><td rowspan="4">课程内容</td><td colspan="2">名称</td><td>日期起</td><td>日期讫</td><td>学费</td></tr>
<tr><td colspan="2"></td><td></td><td></td><td></td></tr>
<tr><td colspan="2"></td><td></td><td></td><td></td></tr>
<tr><td colspan="2"></td><td></td><td></td><td></td></tr>
<tr><td rowspan="3">审核</td><td>姓名</td><td>日期</td><td colspan="2">姓名</td><td>日期</td></tr>
<tr><td></td><td></td><td colspan="2"></td><td></td></tr>
<tr><td></td><td></td><td colspan="2"></td><td></td></tr>
</table>

四、员工培训总结报告表

培训名称					
培训日期		培训时数		地点	
培训人数		费用			
培训成绩					
受训人员意见					
讲师意见					
异常事项检讨					
改善对策与追踪事件					
核阅		复核		培训经办人	

五、员工培训反馈信息

培训名称及编号		参加人姓名	
培训时间		培训地点	
培训方式		使用资料	
培训者姓名		主办单位	
培训后反馈信息	1. 课程安排是否合理		
	2. 所学内容与工作联系是否密切		
	3. 主管是否支持本次培训		
	4. 对所学内容是否感兴趣		
	5. 对所学内容能否用于工作中		
	6. 对讲师的授课方式是否满意		
	7. 讲师授课是否认真		
	8. 讲师是否能够针对学员特点安排课堂活动		
受训人员意见	受训中值得应用于本公司的建议：		
	对公司下次派员参加本训练课程的建议：		

年　　月　　日

六、新员工培训成果检测表

评价项目		第1次评价	第2次评价
公司的经营理念	①了解公司的经营理念		
	②能随口背出经营理念		
	③逐渐喜欢经营理念		
	④以经营理念为荣		
	⑤以经营理念为主题写出感想		
企业存在的意义	①了解企业的社会存在意义		
	②了解本公司的社会使命		
	③了解何谓利益		
	④了解创造利益的重要性		
	⑤了解什么是工资与福利		
公司的组织、特征	①以简单的图解表示出公司的组织		
	②了解各部门的主要业务		
	③了解公司的产品		
	④能说出公司产品的特征		
	⑤能说出公司产品所占的市场份额等数字		
热爱公司的精神	①了解公司的历史概况		
	②了解公司创业者的信念		
	③了解公司的传统		
	④喜欢公司的代表颜色或标志		
	⑤发自内心热爱公司		
业界的理解	①能说出公司所属的业界		
	②了解业界的现状		
	③了解公司在业界的地位		
	④能提出如何提高公司在业界的地位		
	⑤强烈地关心业界的整体动向		

续表

评价项目		第1次评价	第2次评价
修饰外表的重点	①服装整体而言有干净整洁、稳重的感觉		
	②服饰配件或手表等搭配不对称或过于华丽		
	③头发不脏乱		
	④鞋子不肮脏		
上班、下班的规则	①比上班时间更早到公司		
	②早晨的问候很清脆、有精神		
	③不会在下班时间之前就收拾准备回家		
	④整理收拾桌上或周围东西后才下班		
致力于工作的态度	①充满干劲		
	②表现出对新工作的关心与兴趣		
	③不会毫无理由随便离开工位		
	④有时间观念		
电话、会客的方式	①接电话时不会胆怯		
	②接电话时一定准备纸、笔		
	③了解会议或洽商的重要性		
	④了解会议或洽商时应有的态度		
	⑤了解工作完成期限或交货期的重要性		

第十章 中小企业销售管理制度与表格

第一节　中小企业营销管理概述

一、中小企业销售管理现状分析

对企业来说，销售部就是排头兵，它是企业的最重要的部门之一，它是企业资金及利润的来源。打个比方来说，销售部就是公司的“造血部门”，如果这个部门的造血速度快，企业发展就快；如果它的造血速度慢，就如人体血液中血小板含量低，造血功能就大打折扣，此时企业就会面临诸多问题。我们知道现在已经是互联网＋时代了，而国内还有相当一部分中小企业处在粗放式的经营模式上，观念陈旧、实力有限、人力资源配套跟不上以及管理不善或者管理水平不高、企业融资渠道不畅，导致销售业绩不理想。除了自身无法改变的限制因素外，在某种程度上，销售工作发展不利也成为广大中小企业发展的瓶颈。

1. 销售无计划

无计划不销售，科学合理的销售计划是做好销售工作的基础。但一些中小企业往往着眼于眼前的一点利益，哪个好卖就销售哪个，造成的结果就是同类产品充斥市场，各企业之间开始自相残杀，互相攀比降价，给企业造成了极大的成本负担，有的企业不堪负重最终葬身商海。

销售计划管理既包括如何制订一个切实可行的销售目标，也包括实施这一目标的方法。具体内容有：在分析当前市场形势和企业现状的基础上，制订明确的销售目标，回款目标和其他定性、定量目标；根据目标编制预算和预算分配方案；落实具体执行人员、职责和时间。

许多中小企业的销售计划非常简单，如无目标明确的年度、季度、月度的市场开发计划；销售目标不是建立在准确把握市场机会、有效组织企业资源的基础上确定的，而是拍脑袋拍出来的；一些中小企业的经营主只是向业务员下达目标数字，却不指导业务员制订实施方案；一些中小企业销售计划的各项工作内容从未具体地量化到每一个业务员头上，业务员不能根据分解到自己头上的指标和内容制订具体的销售方案，甚至有的业务员不知道应该如何制订销售方案等。

市场计划的缺失，致使中小企业的销售工作失去了目标，竞争激烈的市场上，企业的销售工作就像一头闯入火阵的野牛，东冲西撞，最后撞得头破血流。

2. 过程无控制

大多数中小企业追逐的仅仅是利润，只要能带来钱，就是英雄。这种"只要结果，不看过程"的销售策略是极其危险的。在这种粗放式的管理下，业务员领取的只是一纸命令，然后就像鸽子一样飞向市场，而企业经营者则稳坐军中帐，等着业务员给企业拿来一份份订单、开发出一片片市场。这种做法其实是极不负责任的：业务员行动缺乏计划性，没有考核标准；企业无法掌控业务员的行动，从而使销售计划的实现没有保证；业务员的销售活动过程不透明，这让企业背负了极大的经营风险；在过程中会出现业务员的销售水平无法提高，业务员队伍建设不力等现象。

"没有耕耘，哪有收获？"不对销售过程进行有效的管理控制，就不会有良好的业绩结果。

3. 客户无管理

客户管理是营销管理中的核心内容，通过客户管理可以提高客户的忠诚度和满意度，从而提高企业的竞争优势。然而，许多中小企业对客户没有进行有效的管理，结果，企业既无法留住优秀客户，也无法为既有客户提供满意的服务。这就给原本势力单薄的中小企业造成了不少麻烦，如客户对企业不忠诚、窜货现象、应收账款成堆等，这些看似是客户的问题，其实都是企业的问题，是企业没有善加管理所造成的。

4. 信息无反馈

信息是企业决策的生命。业务员身处市场一线，最了解消费者的需求特点、竞争对手的变化、经销商的要求，这些信息及时地反馈给企业，对决策有着重要的意义。销售活动中存在的问题也要迅速向上级报告，以便管理层及时采取对策。业务员的工作成果包括两个方面：一是销售额，二是市场信息。对企业的发展而言，市场信息比销售额更重要，因为它决定着企业明天的销售业绩和市场。然而，许多中小企业既没有向业务员提出收集信息的要求，也没有建立一套业务报告系统。

企业销售工作出了问题并不可怕。可怕的是企业不能及时发现企业营销活动各个环节中发生的问题，并在管理上做出及时的反馈，使这些问题得以迅速解决而不至于给企业造成危害。为什么有些企业客户档案长期不真实？为什么有些企业应收款不断发生问题而得不到纠正？为什么有些企业在销售方面的严重问题长期不能发现？其根本原因是对企业销售管理过程中发生的各种信息无监控管理，尤其是无及时的制度性的管理反馈。

5. 业绩无考核

考核是销售的动力，缺乏考核的销售是没有真正业绩的，许多中小企业就缺乏对业务员的考核，企业靠的都是业务人员的激情豪言。最终结果就是该到出业绩的时候出不来业绩，企业损失了大量的成本，而业务员由于没有完成业绩而不得不走人。企业对销售人员定期进行定量和定性考核，包括考核业务员的销售结果，如销售额、回款额、利润额和客户数；考核业务员的销售行动，如推销员每天平均拜访次数、每次访问所用时间、每天销售访问的平均收入、每次访问的平均费用、每百次访问平均得到的订单数、一定时间内开发的新客户数、一定时间内失去的老客户数、推销员的费用在总销售额中所占的比重等；对业务员进行定性考核，如考核业务员的合作精神、工作热情、对企业的责任感等。对业务员的考核，一方面是决定销售人员报酬、奖惩、淘汰与升迁的重要依据，从而调动业务员的积极性；另一方面，对业务员的业绩进行检讨和分析，可以帮助业务员进步。销售管理的一个重要内容就是培养业务员的销售能力，业务员不进步，销售业绩就不会提高。

6. 制度不完善

销售管理制度实质上是对营销业务流程的具体描述，每个部门和岗位都必须遵循业务流程的统一规范，每个人员都必须了解自己在每一个流程环节的工作内容是什么、什么时候完成、按照什么标准完成、产生什么结果、向谁汇报结果、对工作结果的评估标准、自己工作业绩如何考核，等等。营销管理制度一旦确定，企业就必须全力推动，做到令行禁止，严肃维护制度在整个团队中的权威性。

一套科学完善的销售管理制度必须及时建立起来。员工的行为要用制度来规范，公司的决策要以制度为基础。

二、中小企业销售管理对策

中小企业的销售管理对策可从如下两个方面来讲。

1. 人、钱、客户管理

（1）人，是指公司一线的业务人员，它是管理工作的核心。企业光有完善的销售管理系统是不够的，还必须把人用好。业务人员的考核制度和报表，要有人不断地检查，核实业务报表的真实性，同时建立一套激励机制，让业务人员既有劳动上的丰厚回报，又能学习到丰富的营销管理知识。关心业务人员的工作、生活情况，不要让业务人员和公司成为两个独立体，而是一个共同发展的联合体。

做好对业务人员的管理，就要时时了解其工作心态和目的，不要等见到一张辞职报告时而措手不及。要辞职的人对工作的交接配合往往是有限的，有的人干脆一走了之，给企业造成损失。所以，作为企业的管理者，要及早采取控制措施，以防患于未然。

（2）对钱的管理，是指对货物和促销费用的管理。如果说对人的管理是核心，那么对钱的管理办法就是根本。当今市场竞争如此激烈，中小企业一定要有利润才能生存。大多数终端都是先拿货后结款，或销多少结多少，作为中小企业，送货就要少而勤。在销售过程中，业务人员一旦发现合作方运营有问题，生意不好，就要马上向公司汇报，最大限度地把呆账、死账扼杀在萌芽之中。关于终端的进场费和促销费用，应由销售部经理或老板直接操作，以减少资源流失。

（3）客户管理。客户是公司的衣食父母，所以要搞好客户关系。同时要充分了解客户的资信情况、经营情况，随时拜访，如发现有恶意欠款，应立刻停止供货，尽可能减少销售损失。

2. 销售的管理、监督和预警

中小企业的销售管理，不但要建立完善的销售管理制度，还要有一套行之有效的检核体系和预警系统。

（1）作为一个小的销售公司，可以简化很多销售管理环节，用一张表格就可以管理好业务人员。要求所有的业务人员每天认真填写，养成良好的工作日报习惯。不要让业务人员早上报个到就出去跑业务，而且跑到哪里、去做什么，没人知道。

（2）行之有效的监督在小的销售公司也可用一张表格实现。这张表格是业务主管每天必须填写的，每天的晨会主管都要告诉大家昨天的工作情况，让每个业务人员都知道谁做得最好，谁还需要改进。主管可以通过实地调查、电话拜访、抽查、业务人员互相了解等方法，来确保表格的真实性。

（3）预警系统是企业在销售工作中针对可能发生的危险而进行事先预测和防范的一种战略管理手段。它能对企业进行实时研究，分析和发现问题，警告和提醒管理者及时采取调整措施，使企业稳步发展。

三、互联网 + 时代的销售策略

跨入互联网 + 时代，传统行业的生意越来越萧条，如何在蒸蒸日上的互联网时代获得新生，是中小企业梦寐以求的事情。然而，要真正做好这件事并不容易，如何在这个时候选择一个正确的切入点，获得一个不错的互联网 + 开局就显得尤为重要。那么，究竟该选择一个什么样的切入点呢？毫无疑问，那就是销售。

1. 有精准的定位

互联网经济下，繁荣的市场已成过去，形势陡变，多数中小企业茫然无措，没有目标，没有定位。定位的实质是什么？简单来说，企业的定位就是通过其产品及其品牌，基于顾客需求，将其企业独特的个性、文化和良好形象，塑造于消费者心目中，并占据一定位置。定位是方向，企业如果缺乏精准的定位，所有的努力必定付之东流。定位一般包含如下内容：对盈利模式的定位、对目标客户的定位、对核心产品的定位、对产品卖点的定位、对关键词的定位以及对移动互联网的定位。找准企业的“互联网+营销”的定位能够让中小企业在与对手的竞争中完美胜出，能让网络营销的效果倍增。

2. 有成交力和传播力的营销型网站

据统计，90%的企业都已经做了网站，但是这些企业中只有1%的企业在网上接过订单！导致这样的原因是网站不具备成交力和传播力。互联网时代，企业网站是重要的工具，如何让企业网站从摆设品变成最强有力的接单利器，需要建设有高营销力和高传播力二者合一的营销型网站，让客户能够快速找到你，了解你，然后成交。

3. 免费推广和付费广告有效结合

互联网+时代的特征之一就是免费，以前原本是企业的核心竞争力，到了互联网+时代，这个核心竞争力可能会变成“免费的午餐”，因为只有免费，才能获得更广阔的客户。免费的推广手段也不一而足，比如邮件营销、内容营销、搜索引擎优化、博客营销、视频营销、微博营销，等等，诸多免费产品对客户来说是天大的好事，但对企业自身来说却是沉重的负担，企业在自身定位的基础上根据企业的实际情况和特点选择最适合自己的方式。就拿付费广告来说，这明显是一种“烧钱”的行为，但没有广告，再香的酒也是深藏巷中无人识的，中小企业如何通过最低的成本得到最高的效益呢？这里有四个关键，即第一要定好目标，第二要选好媒体，第三要做好准备，第四要多做测试。

4. 有完善的运营团队构架

互联网+时代不是一人来玩转的，必须得靠团队制胜。所以，团队的构建就显得非常重要，特别是团队成员的水平能力的选择是重中之重。据不完全统计，未来5年，国内对电商人才的需求量将达到300万以上。运营团队的构架其实就是网络营销开展的核心，中小企业需要在人员的配备、员工工作的安排与分配上要有标准化的建设，良好的团队架构还需要一套完善的绩效考核制度为之保驾护航，有了绩效考核，就可以监督团队成员的工作，对每天、每周、每月的工作做总结和计划。

阿里巴巴总裁马云说，“互联网时代，你如果错过了互联网，那你错过的不是一个机会，而是一个时代。”没有任何一个企业强大到不能被挑战，也没有任何一个企业弱小到不能被竞争。拥抱互联网将是跟上时代快车的最后一把钥匙。

第二节　中小企业营销管理制度

一、客户名单管理制度

第一条　目的。

为了更好地管理客户，及时给客户反馈信息，特制定本制度。

第二条　范围。

本制度适用于公司所有客户。

第三条　客户分类。

本公司客户分为A、B、C三类，具体如下：

A类：与业务部门有过长期业务往来的企业。

B类：主动与我公司联络过的企业（包括通过电话、微信、email等通讯工具与我公司进行联络）。

C类：从其他信息渠道取得联系的企业（包括公司网页、杂志报纸等）。

第四条　增加客户的流程。

（1）信息统一反馈至业务部（尽可能地注明企业名称、电话、微信公众号、联系人、地址、邮编等）。

（2）业务部负责人于每月月底汇总一次，编制出“每月新增客户名单表”，呈营销部主管签字，然后将新增客户信息输入电脑，保存归类。

第五条　删减客户的流程。

（1）信息统一反馈到业务部。

（2）业务部负责人于每月月底汇总一次，编制出“无效客户名单”，呈营销部主管签字，然后将删减客户的信息直接从电脑资料库中删除。

第六条　客户名单的管理。

（1）由客户名单管理员加设密码，并做好备份。

（2）业务人员日常使用的客户名单。

①应先填写“客户名单使用申请表”，然后呈销售主管核准。

②客户名单管理员打印出相应内容并登记“客户名单使用登记簿”，使用人签领。

③使用人务必按时归还，客户名单管理员要及时索要回来，否则给予记大过处分。

（3）其他非业务部使用的客户名单。

①首先要向业务部提出“客户名单使用申请表”，经销售主管核准后方可借阅。

②客户名单管理员打印出相应内容并登记“客户名单使用登记簿”，使用人签领。

③当日下班前务必归还，不能带出公司，否则客户名单管理员将被记大过一次。

（4）客户名单保密管理应根据公司其他规定相关条款而定。

二、销售计划管理规定

第一条　目的。

销售计划是制订公司的经营方针和经营目标的重要依据，也是制订公司未来发展计划、利益计划、损益计划、资产负债计划等发展计划的基础。

第二条　适用范围。

本规定适用于公司年度生产计划、月度销售计划、销售促销计划。

第三条　销售计划的内容。

通常来说，销售计划的内容应包括以下几个方面：

（1）商品计划。

（2）渠道计划。

（3）成本计划。

（4）销售单位组织计划。

（5）销售总额计划。

（6）促销计划。

第四条　年度销售总额计划的编制。

（1）参考过去年度自身和竞争对手的销售实绩。根据本公司过去年度的实绩和竞争对手销售实绩的比照，依次列出销售量及平均单价的计划。

（2）以损益平衡点等为基准。

（3）事业发展计划的销售总额。综合许多政治、经济、社会变迁资料拟出事业发展计划的销售总额。

（4）召开会议做最后的检查改进及最终决定。将会议中决定最后的销售总额计划记入决定计划中。这个最终决定额是事业发展的基本销售总额计划，而各个营业部门的销售额目标可酌情予以提高，拟定该部门的内部目标计划。

（5）损益平衡点基准＝固定费用预估＋计划销售利益/计划边际利益

率×100；计划边际利益率=100－（变动费用预估/销售总额）×100。

（6）资产周转率基准=计划资产×1年周转次数。

（7）纯益率基准=计划年度税前净利/计划销售总额对税前纯益率×100。

（8）附加价值基准=（计划人员数×每人附加价值目标）/计划附加价值率×100。

第五条　月度销售额计划的编制。

（1）收集过去3年间月别销售实绩。

（2）将过去3个年度的销售实绩、3个年度的月别销售实绩分别合计起来。

（3）计算过去3年间的月别销售比重。以3年间每个月合计的销售总额为100计，将每个月的3年合计实绩除以全部3年合计实绩即可得月别销售比重。视每月销售情况不同，可看出因季节因素的变动而受影响的月销售额。此后，将过去3年间的月别销售比重运用在最后决定的全公司销售总额中，即可得到每个月的销售额计划。

第六条　月度商品别销售额计划的编制。

（1）取得商品别销售比重。将去年同月的商品别销售比重及过去3年同月的商品别销售实绩等找出，计算商品别销售比重，了解销售较好的商品群及利益率较高的商品群。

（2）参酌商品销售比重政策调整销售比重。参酌商品销售比重政策、利害关系人的意见及商品需求预测等项目来修正过去3年间及去年同月的商品群别销售比重。

（3）用修正过的商品销售比重来编制商品别计划。使用修正后的月别商品销售比重和月别销售总额计划金额，即可得商品别的计划销售金额。

第七条　促销计划的编制。

（1）与商品相关的促销计划。

①销售系统化。

②商品的质量管理。

③商品的新鲜、卫生程度及安全性。

④专利权。

⑤样本促销。

⑥展示会促销。

⑦商品特卖会。

（2）与销售方法相关的促销计划。

①确定销售点。

②销售赠品及奖金的支付。

③招待促销会。

④节日人口聚集处促销。

⑤代理店及特约店的促销。

⑥建立连锁店。

⑦销售退货制度。

⑧分期付款促销。

（3）与销售人员相关的促销计划。

①业绩奖赏。

②行动管理及教育强化。

③销售竞赛。

④团队合作的销售。

（4）广告宣传等促销计划着眼点。

①POP（销售点展示）。

②宣传单随报夹入。

③模特展示。

④目录、海报宣传。

⑤报纸、杂志广告。

三、销售提成管理制度

第一章　总则

第一条　目的。

为规范公司销售提成管理，激励公司员工，提高其爱岗敬业责任心和工作积极性，特制定本制度。

第二条　适用范围。

本制度适用于公司销售人员的提成。

第二章　提成比例的确定

第三条　公司销售提成。

按照各项目公司实现销售业绩每月提取，提成比例为2%。各项目公司扣除一线销售人员提成和营销外包方佣金后，余额每月如数交回本部财务审计中心作为公司全员奖励提成。

营销外包佣金包括销售代理佣金、营销顾问费、推广/广告服务费等营销业务外包所需支付的费用。

年底时，行政人力资源中心制订全员奖励提成分配方案，报公司总经理办公会审议批准后执行。

第四条 一线销售人员提成。

一线销售人员销售提成比例的确定见下表：

职级	销售业绩完成率	R＜70%	70%≤R＜85%	85%≤R＜100%	R≥100%	计算公式
业务主管/业务员	提成比例（B）	0	2.5%	3.5%	5%	（X×70%+Y×30%）×B
区域经理/大区经理		0	2%	3%	4%	（X×50%+Y×50%）×B
大客户经理		0	2%	3%	4%	（X×50%+Y×50%）×B
营销总监（营销大区）		0	1%	1.5%	2%	（X×40%+Y×60%）×B
营销总监（运营中心）		0	0.8%	1%	1.5%	（X×50%+Y×50%）×B
相关部门		0	2%	3.5%	5%	X×B

注 1. X=当季度发货金额－赠品－样品－佣金－佣金成本

2. Y=当季度回款金额

第三章 销售业绩申报及提成核算与实施

第五条 销售业绩的申报。

销售主管每月按照销售员销售业绩制订销售业绩报表，报销售经理审核。

第六条 提成核算及实施。

（1）人力资源部负责提成核算。

（2）提成核算以月度为周期，提成奖金于每月×日发放，由公司直接汇入指定金融机构的员工工资账户上。

（3）月度内离职员工上月未发放提成需按常规发放。离职当月奖金按截止离职日完成的销售目标情况核算。

（4）提成明细表按人力资源部→财务部→总经理的流程进行审批。

（5）提成需按规定代扣个人所得税。

（6）连续三个月度销售业绩完成率未达到70%的，从下季度起薪资下降10%。曾下降薪资的员工在下降薪资后连续三个月度销售业绩完成率达到70%的，从下季度起薪资上调10%。未下降过薪资的员工连续六个月月度销售业绩完成率达到70%的，经考核合格，上调5%～10%的薪资。连续下降薪资4次的，需下岗培训，经培训合格后方可上岗。

第四章　附则

第七条　本制度由销售部负责拟定，由财务部审核。

第八条　本制度经公司总经理审批后生效实施。

四、销售货款回收管理办法

第一条　未收款。

当月货款未能于次月5号以前回收者，自即日起至月底止，列为“未收款”。

第二条　催收款。

未收回款又未能于前项期限内回收者，即转列为“催收款”。

第三条　准呆账。

经销店有下列所述的情形者，其货款列为“准呆账”。

（1）经销店已宣告倒闭或虽未正式宣告倒闭，但濒临倒闭。

（2）经销店因他案受法院查封，货款已无清偿的可能者。

（3）支付货款的票据一再退票，而无令人可相信的理由，并已停止出货一个月以上者。

（4）催收款迄今未能解决，并已停止出货一个月以上者。

（5）其他货款的回收明显有重大困难的情形，经签准依法处理者。

第四条　未收款的处理。

（1）当月货款未能于次月5日以前回收者，财务部应于每月10日以前将其明细列交销售部核定。

（2）对于前项情形，该辖区经理级主管应于未收款期限内监督下属解决。

第五条　催收款的处理。

（1）未收款未能依上列［未收款的处理第（2）款］解决，以致转为催收款者，该经理级主管应于未收款转为催收款后5日内将其未能回收的原因及对策以书面提交副总经理，转呈总经理核示。

（2）货款经列为催收款后，副总经理应于30日内监督下属解决。

第六条　准呆账的处理。

（1）准呆账的处理仍以营业单位为主，根据所配合的法律程序，由法务部以专案研究的方式处理。

（2）移送法务部配合处理的时机：准呆账第（1）（2）两款的情形，应于知悉后，即日遣送法务部配合处理。第（3）（4）款的情形，营业单位应依催收款的处理规定先行处理解决。处理未能有结果，认为有依法处理必要者，再签移法务部依法处理。

（3）正式诉诸法律以前的和解，由营业部会同法务部前往处理。

（4）法律程序的进行，由法务部另以专案签准办理，并随时转营业单位，协助有关事项。

第七条　准呆账的检查。

准呆账移送法务部后，由法务部移请董事会定期召集营业、企划、财务等单位召开检查会，检查案件的前因后果，以为前车之鉴，并评述有关人员是否失职。

五、销售回款奖惩制度

第一章　总则

第一条　目的。

（1）进一步加强应收账款管理，加大货款回收和清欠力度，确保货款回收率达××%。

（2）激励销售业务员积极销售，及时回收货款，将销售业务员的收入与货款回收全面挂钩，体现回款与销售同等重要的原则。

第二条　适用范围。

本制度适用于销售部全体销售业务员及相关人员。

第二章　销售回款奖惩实施

第三条　销售业务员奖惩细则。

（1）销售业务员在完成销售任务的基础上，按提成比例进行奖惩。

（2）货款回收率达××%的，给予销售业务员××%的提成奖励。

（3）货款逾期不到位超过××天的，销售业务员的提成奖励降至××%。

（4）逾期货款超过×个月仍未到账的，取消销售业务员的提成奖励。

（5）对拖延1年以上的货款，销售业务员除了不能享受提成奖励外，还应接受××%的处罚。

（6）销售中遇倒账或收回票据未能如期兑现时，经办业务员应负责赔偿售价或损失的××%。

（7）凡属销售业务员责任心不强导致发生坏账的，应按坏账金额的××%扣减销售业务员的业务提成。

第四条　企业将货款回收、清欠工作纳入销售业务员的绩效考核范围，并作为今后提拔任免和奖惩的依据。

第五条　财务人员奖惩。

（1）应收账款主管应做好应收账款账龄分析工作，并督促和协助销售部回收货款。

（2）销售部门应收账款回收率达××%的，给予应收账款主管××%的奖励。

（3）因应收账款账龄分析出错或不及时而导致货款不能及时回收的，予以应收账款××%的处罚。

第六条 法律顾问奖励。

（1）企业法律顾问负责对逾期账款提起诉讼，协助销售部清收欠款。

（2）法律顾问通过法律途径追回欠款的，给予欠款××%的奖励。

第三章 附则

第七条 本制度由销售部负责拟定，由财务部审核。

第八条 本制度经公司总经理审批后生效实施。

六、年度销售计划管理

第一章 基本目标

第一条 销售额目标。

（1）部门全体××元以上。

（2）每一员工每月××元以上。

（3）每一营业部人员每月××元以上。

第二条 利益目标（含税）××元以上。

第三条 新产品销售目标××元以上。

第二章 基本方针

第四条 本公司业务机构的所有人员都要精通其业务，人心安定、有危机意识、有效地开展销售活动。

第五条 所有人员都必须全力投入工作，使工作朝高效率、高收益、高分配（高薪资）方向发展。

第六条 为加强机能的敏捷迅速化，本公司将大幅委让权限，使人员得以果断迅速实现上述目标。

第七条 为达到明确责任的目的及确立责任体制，本公司将贯彻重赏重罚政策。

第八条 为了完善各类规定及规则，本公司将加强各种业务管理。

第九条 为促进零售店的销售，改变销售方式，将原有购买者的市场转移为销售者的市场。公司会将目标放在零售店上，并致力于培养、指导其促销方式，借此进一步刺激需求的增大。

第十条 定期举办联谊会，借此更进一步加强与零售商的联系。

第十一条 利用顾客调查卡的管理体制来确立。

（1）零售店实绩。

（2）销售实绩。

（3）需求预测等统计管理工作。

第十二条　检查与代理商关系，确立具有一贯性的传票会计制度。

第十三条　依本方针制订的计划应做到具体而有实效，并贯彻至所有相关人员。

第三章　业务机构计划

第十四条　内部机构。

各业务机构维持现状，借此确立各自的责任体制。在业务处理方面若有不妥之处，再酌情进行改善。

第十五条　外部机构。

交易机构及制度将维持经由本公司→代理店→零售商的销售方式。

第四章　零售商的促销计划

第十六条　新产品销售方式。

（1）将全国××家零售商店依照区域划分，于各划分区内采用新产品的销售方式。

（2）新产品的销售方式是指每人各自负责30家左右的店，每周或隔周做一次访问，借访问的机会督导、奖励销售，并进行调查服务及销售指导、技术指导等，借此促进销售。

（3）上述的××家店所销出的本公司产品的总额须为以往的2倍。

（4）库存量须努力维持在零售店一个月、代理店两个月的界限上。

第十七条　新产品协作会的设立与活动。

（1）为使新产品的销售方式所推动的促销活动得到配合，另外又以全国各主力零售店为中心，依地区设立新产品协作会。

（2）新产品协作会的工作大致包括下列10项：

①分发寄送机关杂志。

②赠送本公司产品的负责人员礼品。

③安装各地区协作店的招牌。

④分发商标给市内各协作店。

⑤组织协作商店之间的销售竞赛。

⑥分发广告宣传单。

⑦积极支援经销商。

⑧举行讲习会、研讨会。

⑨增设年轻人专柜。

⑩介绍新产品。

（3）协作会的存在方式是非正式性的。

第十八条　提高零售店店员的责任意识。

为加强零售商店店员对本公司产品的关心，增强其销售意愿，应加强下列各项措施的实施：

（1）奖金激励对策。零售店店员每次售出本公司产品则发放1张销售卡，当销售卡达到10张时，即赠奖金给本人以激励其销售意愿。

（2）人员的辅导。

①负责人员可利用访问时进行指导，借此提高零售店店员的销售技术，加强其对产品的知识。

②销售负责人员可亲自站在店头接待顾客，示范销售动作或进行技术说明，让零售店的店员从中获得间接的指导。

第五章　扩大顾客需求计划

第十九条　检查广告计划。

（1）在新产品销售方式确立之前，暂时先以人员的访问活动为主，把广告宣传活动作为未来所进行的活动。

（2）针对广告媒体再次进行检查，务必使广告计划达到以最小的费用创造出最大成果的目标。

（3）为达成前述两项目标，应针对广告宣传技术做充分的研究。

第二十条　活用购买调查卡。

（1）针对购买调查卡的回收方法、调查方法等进行检查，借此切实掌握顾客的真正购买动机。

（2）利用购买调查卡的调查统计、新产品销售方式及顾客调查卡的管理等切实做好顾客需求的预测。

第六章　营业实绩的管理及统计

第二十一条　顾客调查卡的管理。

（1）利用各零售店店员所送回的顾客调查卡，将销售额的实绩统计出来，或者根据这些来进行新产品销售及其他管理。

①依据营业处、区域别，统计×家商店的销售额。

②依据营业处别，统计×家商店以外的销售额。

③另外几种销售额统计须以各营业处为单位制作。

（2）根据上述统计，可观察各店的销售实绩及掌握各负责人员的工作实绩，各商品种类的销售实绩。

第七章　营业预算的制订及控制

第二十二条　必须制订营业预算与经费预算，经费预算的制订通常随营业实绩做上下调整。

第二十三条　预算方面的各种基准、要领等须加以完善成为示范本，本部与各事业部门则需交换合同。

第二十四条　针对各事业部门所做的预算、实际完成额的统计比较及分析等确定对策。

第二十五条　事业部门的经理应分年、期、月别，分别制定部门的营业方针及计划，并提交本部修正后定案。

第八章　提高管理者的能力水准

第二十六条　本部与各事业部之间的关系。

（1）各事业部负责人应将事业部视为一企业，以经营者的精神来推动其运作和管理。

（2）事业部经理需就营业、总务、经营管理、劳务、采购、设备等各方面，分年、期、月提出事业部门的方针及计划。

（3）事业部经理针对年、期及每月的活动内容、实绩等规定事项提出报告。内容除了预算、实绩、差异分析及反省之外，还须提出下一个年度、期、月份的对策。

（4）本部与各事业部之间的业务管理制度应明确并加以完善，成为工作的依据。

第二十七条　事业部内部管理。

（1）事业部经理应根据下列9点确定事业部内部日常业务运作的管理方式。

①各项账簿证据资料等完备。

②各种规则、规定、通告、文件资料完备。

③制定业务计划及规定。

④制定指示、命令制度。

⑤事务报告制度。

⑥书面请示制度。

⑦实施指导教育。

⑧实施巡视巡回。

⑨制定会议制度。

（2）必须贯彻实施此管理制度，使其对销售和完成预算有直接贡献。

第二十八条　完善销售绩效考评机制。

第九章　附则

第二十九条　本销售计划管理由销售部制定并实施，报营销总监批准后执行。

七、销售人员管理规定

第一章　总则

第一条　目的。

为规范公司销售人员的销售活动，以达到提升绩效的目的，特制定本规定。

第二条　范围。

本规定适用于公司所有销售人员。

第三条　权责单位。

（1）总经办负责本规定的制定、修改、废止及起草工作。

（2）总经理负责本规定的制定、修改、废止及核准工作。

第二章　销售员日常工作细则

第四条　销售员工作内容。

除一般销售工作外，销售员的工作还包括：

（1）向客户讲明产品用途、设计、使用注意事项。

（2）向客户说明产品性能、规格、特征。

（3）处理有关产品质量问题。

（4）会同经销商搜集下列信息，经整理后呈报上级主管：

①客户对产品质量的反映。

②客户对价格的反映。

③用户用量及市场需求量。

④对其他品牌的反映和销量。

⑤同行竞争对手的动态信息。

⑥新产品调查。

（5）定期调查经销商的库存、货款回收及其他经营情况。

（6）督促客户订货的进展。

（7）提出改进质量、营销方法和价格等方面的建议。

（8）退货处理。

第五条　销售员日常工作规范。

（1）销售员应严格遵守公司考勤管理规定，具体见《公司考勤管理规定》。

（2）销售员每天必须向负责主管口头汇报前一天的工作详情，表述有困难的，可选择文字形式汇报。每周周一提交“周工作总结”书面报告。此项规定旨在发现并解决业务员工作中存在的问题，予以总结归纳，帮助提高业务员的业务水平。

（3）销售员在上班期间，要求着装整洁、形象健康，禁止奇装异服或

过于暴露的服装，不得有披头散发、敞衣露背、穿拖鞋等有碍观瞻的举止。

（4）销售员在上班期间，不得从事与工作无关的活动，公司的电话不得用来做与工作无关的闲聊。

（5）销售员在上班期间，不得玩微信，不得串岗聊天，影响他人的工作。

（6）销售员每个月请事假不得超过 3 天。事假超过 3 天的，一律按旷工处理。旷工 1 天扣 × ×元，当月旷工超过 × 天的，公司有权解除合同。如事假有特殊情况的，应写出情况说明报上级主管审批。请病假应提供相关的病历。

（7）公司对优秀业绩者给予特殊优待假期，具体时间视公司情况而定。

（8）销售员如需出差洽谈客户，必须提前向上级主管申请，经批准方可外出。出差期间应有详细计划，并报上级主管备案。

第三章　附则

第六条　本规定由销售部制定并实施，报营销总监批准后执行。

八、售后服务管理制度

第一章　总则

第一条　本公司为求增进经营效能，加强售后服务工作，特制定本制度。

第二条　本制度包括总则、服务作业程序、客户意见调整等。

第三条　各单位服务收入的处理及零件请购，悉依本公司会计制度中“现金收支处理程序”及“存货会计处理程序”办理。

第四条　服务部为本公司商品售后的策划单位，其与服务中心及分公司间应保持直接及密切的联系，对服务工作处理的核定依本公司权责划分办法处理。

第五条　本制度呈请总经理核准公布后施行，修正时亦同。

第二章　维护与保养作业程序

第六条　本公司售后服务的作业分为下列 4 项：

（1）收费服务。凡为客户保养或维护本公司出售的商品而向客户收取服务费用者属于此类。

（2）合同服务。凡为客户保养或修护本公司出售的商品，依本公司与客户所订立商品保养合同书的规定而向客户收取服务费用者属于此类。

（3）免费服务。凡为客户保养或维护本公司出售的商品，在免费保证期间内免向客户收取服务费用者属于此类。

（4）一般行政工作。凡与服务有关的内部的工作，如工作检查、零件管理、设备工具维护、短期在职培训及其他不属前三项的工作均属于一般行政工作。

第七条　服务中心或各分公司服务组接到客户叫修电话或文件后，业务员即应将客户的名称、地址、电话、商品型号等登记于“叫修登记簿”上，并在该客户资料袋内将该商品型号的“服务凭证”抽出，送请主管派工。

第八条　技术人员持“服务凭证”前往客户现场服务，凡可当场处理完妥者即请客户于服务凭证上签字，携回交业务员于“叫修登记簿”上注销，并将服务凭证归档。

第九条　凡属收费服务，其费用较低者，应由技术人员当场向客户收取，将款交会计员，凭以补寄发票，否则应于当天凭“服务凭证”至会计员处开具发票，以便另行前往收费。

第十条　凡服务现场不能处理妥善者，应由技术员将商品携回修护，除由技术员开立“客户商品领取收据”交与客户外，并要求客户于其“服务凭证”上签认，后将商品携回交业务员，登录于“客户商品进出登记簿”上，并填具“修护卡”凭以施工修护。

第十一条　填妥的“修护卡”应挂于该商品上，技术员应将实际修护使用时间及配换零件详填其上。商品修妥经主管验讫后，在“客户商品进出登记簿”上注明送还商品日期，然后将该商品连同“服务凭证”送请客户签章，同时取回技术员原交客户的收据予以作废，并将“服务凭证”归档。

第十二条　上项携回修护的商品如系收费修护，技术员应于送还商品当天凭“服务凭证”至会计员处开具发票，以便收费。

第十三条　凡待修商品不能按原定时间修妥者，技术员应即报请服务主管予以协助。

第十四条　技术员应于每日将所从事修护工作的类别及所耗用时间填在“技术员工作日报表”上送请服务主管核阅存查。

第十五条　服务主管应逐日依据技术人员日报表，将当天所属人员的服务类别及所耗时间填入“服务主管日报表”。

第十六条　分公司的“服务主管日报表”应先送请经理核阅签章，然后转送服务部。

第十七条　服务中心及分公司业务员应根据“叫修登记簿”核对“服务凭证”后，将当天未派修工作送请主管于次日优先派工。

第十八条　所有服务作业，市区采用6小时，郊区采用7小时派工制，即叫修时间至抵达服务时间不得逾上班时间内6小时或7小时。

第十九条　保养合同期满前一个月，服务中心及分公司应填具“保养到期通知书”寄给客户，并派员前往争取续约。

第三章　客户意见调查

第二十条　本公司为加强对客户的服务，并培养服务人员“顾客第一”的观念，特举办客户意见调查，将所得结果作为改进服务措施的依据。

第二十一条　客户意见分为客户的建议或抱怨及对技术员的品评。除将品评资料作为技术员每月绩效考核内容之一外，对客户的建议或抱怨，服务部应特别加以重视，认真处理，以精益求精的工作建立本公司售后服务的良好信誉。

第二十二条　服务中心及分公司应将当天客户叫修登记簿于次日寄送服务部，凭以填寄客户意见调查卡。调查卡填寄的数量，以当天全部叫修数为原则，不采用抽查方式。

第二十三条　对技术员的品评，分为态度、技术、到达时间及答应事情的办理等四项，每项均按客户的满意状况分为四个等次，以便客户勾填。

第二十四条　对客户的建议或抱怨，其情节重大者，服务部应立即提呈副总经理核阅或核转，提前加以处理，并将处理情况函告该客户；其属一般性质者，服务部自行酌情处理，唯应将处理结果以书面或电话通知该客户。

第二十五条　凡属加强服务及处理客户的建议或抱怨的有关事项，服务部应经常与服务中心及分公司保持密切联系，随时予以催办，并协助其解决所有困难问题。

第二十六条　服务中心及分公司对抱怨的客户，无论其情节大小，均应由服务主管亲自或专门派员前往处理，以示慎重。

九、客户投诉处理制度

第一条　目的。

为了使客户迅速获得满意的服务，对客户投诉采取适当的处理措施，以维持公司信誉，并谋求公司改善，特制定本制度。

第二条　范围。

已完成交货手续的本公司产品，遭受客户因质量不符或不适用的投诉。

第三条　客户投诉的分类。

（1）申诉。这种投诉是客户对产品不满，或要求返工、更换或退货，于处理后不需给予客户赔偿。

(2) 索赔。客户除要求对不良品加以处理外，并依契约规定要求本公司赔偿其损失，对于此种投诉宜慎重且尽速地查明原因。

(3) 非属质量投诉的市场抱怨。客户刻意找种种理由，投诉产品质量不良，要求赔偿或减价，此种投诉则非属本公司责任。

第四条　客户投诉处理流程。

(1) 利用“客户投诉登记表”详细地记录客户投诉的内容，如投诉人，投诉对象，投诉的要求等。

(2) 判断客户投诉是否成立。了解客户投诉的内容后，要判断客户投诉的理由是否充分，投诉要求是否合理。如果投诉不成立，可以用委婉的方式答复客户，取得客户的谅解，消除误会。

(3) 确定投诉处理部门。根据客户投诉的内容，确定相关的具体受理部门和受理负责人。

(4) 投诉处理部门分析原因。要查明客户投诉的具体原因及造成客户投诉的具体责任人。

(5) 提出处理意见和方案。根据实际情况，参照客户的要求，提出解决投诉的具体方案，如退货、换货、维修、赔偿等。

(6) 提交主管领导批示。对于客户投诉问题，领导应予以高度重视，主管领导应对投诉的处理方案一一过目，及时作出批示。

(7) 实施处理方案。及时实施处理方案，对直接责任人应处理得当，通知客户，并尽快收集客户的反馈意见。

(8) 总结评价。对客诉处理过程进行总结和评价，吸取经验教训，提出改善对策，不断完善企业经营管理和业务运作流程，提高客户服务质量和水平，降低投诉率。

第五条　实施要点。

(1) 客户投诉由业务部受理，先核对是否确有该批订货与出货，并经实地调查了解（必要时会同有关单位）确认责任属本公司后，即填妥投诉处理单，通知质量管理部调查分析。

(2) 质量管理部成品科调查成品检验记录表及有关此批产品的检验资料，查出真正的原因，如无法查出，则会同有关单位查明。

(3) 查明原因后，会同有关单位，针对原因提出改善对策，防止同类情况再次发生。

(4) 会同有关部门，对客户投诉提出处理建议。

(5) 将资料反馈给营销部门存档。

第三节　中小企业营销管理表格

一、销售计划表

年度　　月份

编号	产品名称	单位	内销			外销			合作外销			合计		
			数量	单价	金额	数量	单价	金额	数量	单价	金额	数量	单价	金额

审核：

二、销售人员业绩综合报告表

销售员姓名：　　　　年　　月

日期	星期	店面招呼客数	访问件数	送货件数	销售件数	收款件数	前月赊销	销售金额	收款金额	赊销余额	备注
1											
2											
3											
4											
5											
6											
7											
…											
当月计											
前月计											

三、货款交接登记表

客户名称	等级	卡片编号	组织	采购产品代号	经办人	电话	客户类别		交货地点	付款地点	未收款合计金额	未交订单	顾客付款态度	其他移交事项
							新	旧						

监交人： 接交人： 移交人：

四、每月销售状况调查表

部门： 年 月 日起至 年 月 日止

市场不同种产品品质、价格和服务范围的分析		客户对本公司产品品质、价格及服务范围的批语及希望综论	
同业的销售政策情形及分析		本公司对同业的销售政策应采取的政策及意见	
本公司本月份推销及巡回服务的情况	（1）推销： （2）巡回服务：		
其他有必要报告的事项			

批示： 单位主管： 报告人：

五、产品市场前景分析表

产品名称	推出日期	销售量	获利率	市场占有率	价格	品质	外观	竞争产品	竞争产品差异性	产品改良状况	其他

六、销货明细表

日期：

<table>
<tr><td>客户名称</td><td colspan="2"></td><td>代理商</td><td colspan="2"></td><td>制造号码</td><td></td></tr>
<tr><td>商品名称</td><td colspan="2"></td><td>商品规格</td><td colspan="2"></td><td>出口条件</td><td></td></tr>
<tr><td>数量</td><td></td><td>单价</td><td></td><td>总价</td><td></td><td>佣金率</td><td></td></tr>
<tr><td>包装规格</td><td colspan="5"></td><td>交货地点</td><td></td></tr>
<tr><td colspan="6">制造说明：</td><td colspan="2">预定出口期：</td></tr>
<tr><td colspan="6">包装说明：</td><td colspan="2">装车标记：</td></tr>
<tr><td colspan="6">注意事项：</td><td colspan="2">备注：</td></tr>
</table>

经理：　　　　　　　主管：　　　　　　　经办：　　　　　　　填表：

七、产品价格表

售价类别：　　　　　　　　　　　　　　　有效日期：

产品类别	1		2		3		4		5		6	
	规格	售价	规格	售价	规格	售价	规格	售价	规格	售价	规格	售价

八、客户投诉登记表

受理编号		受理日期	
投诉客户姓名		投诉类型	□商品□服务□其他
客户地址		电话	
投诉理由			
客户要求			
投诉处理	□受理　□不予受理	承诺办理期限	
处理理由			
备注			

制表：　　　　　　　　　　　　　审核：

第十一章

中小企业行政办公管理制度与表格

第一节　中小企业行政办公管理概述

一、中小企业行政管理的基本含义

随着互联网经济的发展，中小企业的管理面临诸多挑战，为了能在夹缝中求得一席之地，中小企业不得不既要应付好国企、外企、大型企业的竞争，还要加强自身的内部建设，以便更好地为一线工作提供必要、及时、重要的后勤服务。这就使得，中小企业必须认真将自身企业的发展特点与行政管理相结合，在避免传统中小企业行政管理中的弊病，又完善好新经济形势的前提下，为一线工作提供良好的支持与支援。

中小企业行政管理是中小企业管理系统的一个重要组成部分。其定义是：以全面提高组织效能、提供必要的保障为目的，针对企业内部办公事务、后勤事务活动的构成要素及其流通过程所做的规划、组织、监督、控制与协调。中小企业行政管理部门，即办公室或行政部，是中小企业的行政事务处理部门，也是一个综合事务管理部门。它在企业中既扮演执行任务的角色，又扮演监督控制的角色，有时还扮演决策协调的角色。中小企业行政管理体系是中小企业的中枢神经系统。它是以总经理为最高领导，由行政副总分工负责，由专门的行政部门组织实施、操作，触角深入到企业各个部门和分支机构的一个完整的系统和网络。

二、中小企业行政管理的地位、功能

1. 管理地位

企业行政管理是企业管理与行政管理相结合而产生的，是行政管理理论在企业中的具体运用。企业行政管理和政府行政管理是有区别的，特别是在广度、深度、重要性及敏感性等方面都不同于政府行政管理，具有相当的特殊性。企业行政管理更注重内容和实质，尽量减少繁文缛节，而且相对比较直接地与企业的经济效益相联系，即更讲究实效。

中小企业的行政管理要根据企业实际需要，对行政管理的诸多制度、程序、环节、形式、图表、文件等进行剪裁和调整，务必使其变得精练、实用、简洁、便利、省时、省钱。

中小企业的行政管理工作具有灵活性。因此，在现代企业中，行政部门是企业的重要管理部门。做好行政管理工作是中小企业有效运转的重要前提，也是经营者提高企业管理水平的一个突破口。

2. 中小企业行政管理的功能

中小企业的行政管理工作众多。行政人员的主要工作就是大量的、琐碎的、不起眼的事务。总而言之，行政管理在企业中有管理、协调、服务为主的三大功能；其中管理是主干，协调是核心，服务是根本。

（1）管理功能。中小企业行政的管理功能具体包括相关制度的制定和执行推动、日常办公事务管理、办公物品管理、文书资料管理、档案管理、会议管理、涉外事务管理、生活福利、车辆、安全卫生等。

其中，日常办公事务管理包括日常事务的计划安排、组织实施、信息沟通、协调控制、检查总结和奖励惩罚等方面的管理工作；办公物品管理包括办公物品的发放、使用、保管、采购以及相应制度的制定；文书资料管理包括印信管理、公文管理、档案管理、书刊管理；会议管理包括会前准备、会中服务、会后工作；其他事务视具体情况而定。

（2）协调功能。协调包括纵向协调和横向协调。纵向协调分为与上级与下级的协调。与上级协调主要是充分领悟上级领导的意图，把握住方向，同时要将下级部门或员工的意见、想法传达给上级领导，这就要求行政人员要有敏锐的观察、分析能力和表达能力。同时，将上级的决定传到下级部门，行政人员还需具备应变能力和组织能力。

横向协调主要是协调企业同其他企业、社会机构和政府部门的非业务关系的协调，其主要内容是在维护企业基本权益的基础上，发展同社会各有关单位的友好交往，缓解矛盾冲突，从而为企业争取一个好的生存环境。与外界沟通需要较强的适应能力和自我控制能力。

（3）服务功能。行政管理工作可以说是企业的“幕后英雄”，以服务于企业为最终目的。它的具体工作是及时有效地收集和整理企业内外部信息，并及时提供给管理者或相关部门。内部信息包括财务状况、生产状况、产销状况、采购、库存信息、设备的使用和管理、人才资源等；外部信息包括国家相关政策法规、市场需求、竞争企业信息、科学技术发展信息、突发事件等。

行政部门要想把“管理”“协调”和“服务”三大功能完美地表现出来，还需要认真执行行政部门的各项管理制度、岗位责任制度、工作程序以及一系列规范化表格、图表等。同时，要搞好科学分工、管理层次和合理授权。只有行政系统的一系列硬件（如办公设施、生活设施）、软件（如规章制度、工作程序）、人员队伍、分工协作和管理层次等等建立健全起来，整个行政管理体系才算完善起来。

三、行政管理人员应该具备的素质

行政管理部门的优秀的高素质人才是企业健康发展的需要，是企业提高竞争能力的基石。中小企业的行政管理人员一定要具备较高的素质和熟练的业务水平，因此，企业应当完善行政管理人员的招聘机制，尽可能地选拔一批优秀的行政管理人才来企业工作。要加大对现有行政管理人员的培训力度，以提升行政管理人员的整体素质。

1. 良好的政治思想道德素质

（1）具备良好的政治素质。行政管理人员是各种制度的制定者、执行者或上传下达者，因此必须有良好的政治素质。

（2）具备高尚的道德品质。作为企业意志的执行者，行政管理人员的道德品质状况直接反映着企业的文化状况，对企业的威信产生直接的影响。因此企业行政管理人员必须具有高尚的道德情操和人格魅力，凡事想着员工，工作依靠员工，一切为了员工。求真务实、公道正派、严守机密，真正为员工谋福利。

（3）具备较强的服务意识。行政管理工作的宗旨是服务，比如，领导思想的上情下达、员工要求的下情上达、填写报表、汇总相关资料和信息，保证相关数据的完整和不断更新。工作非常繁杂琐碎，要做好这些工作不仅需要耐心，更需要付出艰苦的努力。因此，行政管理人员要有强烈的服务意识，高度的责任心和敬业精神，无论大事小事都要认真细致，一丝不苟，杜绝粗心大意，敷衍塞责，推诿扯皮，要以服务为天职，乐于服务，甘于奉献。

2. 扎实的业务素质

（1）行政人员要有一定的科学文化知识。包括各种文化常识，有了这样的文化基础，才能谈得上学习和掌握其他知识。还应具有基本的政治理论知识。

（2）要有熟练的专业知识和技能。行政管理也是一门科学。行政管理人员需要掌握相应的管理知识，探索本单位行政工作的内在规律，熟悉所管部门的业务，通过具体的管理工作实践，总结出一套行之有效的专业管理方法。丰富的行政办公管理及相关领域的专业知识。作为行政管理人员，必须熟悉管理的计划、组织、协调、控制等基础管理知识，了解生产、质量、财务、人力资源、信息化建设等其他业务管理知识。

3. 过硬的能力素质

（1）具备较强的表达能力（包括文字和口头）。表达能力是指运用语言文字阐明自己的观点、意见或抒发思想、感情的能力，主要包括文字表

达能力和口头表达能力。行政管理人员在工作中常常要主持会议，制定政策文件、上传下达、工作指令、接待来访、参加社交活动，等等。良好的文字和口头表达能力对行政管理人员在实际工作中阐明观点、加强沟通、促进交流、营造气氛、塑造形象、提升行政管理工作的影响力，具有不可或缺的作用。

（2）具备较强的创新能力。行政管理人员要创造性地开展工作。在工作中既要贯彻上级部门和领导的决策，又要超前思考，想领导之未想。在工作方式上大胆创新，提出更多新思路、新办法。以员工喜闻乐见、新颖独特的形式推动决策的贯彻和落实，使行政管理工作达到更好的效果。

（3）具备较强的协调能力。行政管理工作点多、面广，千头万头绪，在这样的管理过程中，必然会出现这样那样的矛盾，因此，行政管理人员必须具备较强的协调能力，达到相互理解，相互支持，通力合作的目的。

4. 良好的心理素质和身体素质

行政管理工作要求行政人员敢于创新，富有远见，灵活应变，包容性强，镇静自若，条理性好。身体健康，精力充沛。行政管理人员要服务于领导和员工，工作量有时会超负荷，这就要求工作人员要有好的身体，有充足的精力服务领导，服务员工群众。

四、当前中小企业行政管理存在的问题

企业是一个整体，因此企业管理也必须面面俱到，才不致因某一方面的缺失而使其他方面无法充分发挥。行政管理由于它的功能具有后勤支援的性质，常未能得到应有的重视，而致成为中小企业绩效不彰的原因之一，因此亟待改进。

当前，中小企业的行政管理存在下列问题：

1. 缺乏行政管理的意识

很多中小企业的管理者都认为，我们又不是大企业，设置行政管理部门是多此一举的事情，这种意识的产生致使企业不愿意在行政管理工作上加大投入，所以在中小企业内部，中层以上管理岗位人员变更频繁，有时候出现空缺状态。于是，企业陷入频繁更换人员的怪圈之中，管理混乱，直接增加了企业的招聘成本、行政管理成本开支，最终导致企业管理效率低下。

2. 行政管理制度不健全

许多中小企业由老板一个人说了算，实行所谓的“以人治为主”的管理模式，未建立制度或不尊重制度。在组织上，权限不明；在用人上，老板或其亲友一手遮天，一意孤行。在这种管理模式下，企业的目标只有一

个，那就是一味追求利润，根本不重视企业各项规章制度的建立和健全，企业管理无章可循。或者规章制度被淡化，形同虚设，员工对公司制度充耳不闻，纪律性和团队意识不强。这些都给企业的管理工作带来了很多困难，不利于企业的健康发展。

3. 行政管理水平落后

俗话说，“人往高处走”。很多优秀的管理人才都选择那些国有的大中型企业，而很少会去中小型企业工作，这一来是受观念的影响，还有一个重要的原因就是中小型企业的岗位待遇偏低，无法吸引高级管理人才前来就职。但是中小企业太需要一些“高人”来为其保驾护航了，因此，对优秀人才的渴求是中小企业梦寐以求的事情。为了补全这个短板，一些中小企业就招聘一些管理专业刚毕业的大学生充实到管理岗位上，可是这些学生从未参加过实际管理活动，管理经验不足，在企业中的威望不高，各项工作执行力差，管理效果低下。更有甚者，有些管理者的认识还处在“不出事”“无麻烦就好”“少花点钱”的低层面上，较少采用推动员工发挥最佳效能及协助配合业务发展的积极措施。

五、中小企业加强行政管理的对策

行政管理对于中小企业提高核心竞争力，以更好地适应形势发展的需要具有十分重要的意义。要尽快提升中小企业的行政管理水平，可采取以下四个方面的措施：

1. 正确定位

从行政管理的定义来看，行政管理就是管理、协调和服务。也可以说，行政管理就是服务。中小企业一定要领会行政管理的关键所在，摸索出一套适合自己的且相对成熟的行政管理模式，并随着企业的发展逐步完善，切忌盲目照搬。必须时刻牢记，行政管理的本质是为企业服务的，绝不可本末倒置，反对华而不实的门面工程；所有的行政活动必须摒弃形式主义，切实讲究实效，反对因循守旧，要始终把服务观念放到第一位。

2. 强化职能

在互联网经济时代，中小企业要想在市场竞争中求得生存和发展，就要更新观念，促进企业综合素质的提高。要对职位观念有一个明确的认识，加强职位观念的转变。尤其对于企业行政管理人员来讲，更要提高认识，对企业的职业数量、职位高低、功能、范围等都有一个明确的了解。企业不能根据职位定岗位，而是要以岗位需求科学制定职位，让员工做到在其位、谋其职。并且要引入竞争机制，择优录用，优留劣汰。

3. 创新模式

目前，大多数企业的行政管理还受计划经济模式的影响，很明显，在互联网经济时代，这种模式已经不适应企业的发展需要了。因此，企业的行政管理要引入先进管理模式，采用现代技术，实施动态网络管理。企业在管理和发展中，可以建立一个完善的动态网络管理体系，将各个部门的所有信息以及相关资料都全部录入系统中，做到各部门高度配合，针对系统反映的情况做好及时的调整，优化企业资源结构，推进企业发展。

4. 重视人才

如今行政管理越来越显出其重要性，因此，中小企业除了要强化行政管理的地位外，还要重视人才的培养，加强行政队伍建设。首先，在知识更新极快的时代，行政人员必须要通过不断地学习和深造，更新自己的知识结构，提高自己的能力水平。与此同时，由于行政管理工作的特殊性，还需要管理人员加强对心理学、教育学、管理学等知识的了解和掌握，拓宽自己的知识面，提高自己的修养。其次，企业要引进高素质专业人才，使得企业的行政人才队伍结构不断优化，尤其是对于高素质的人才，他们经过专业的训练，既懂得法律，又懂得经济，所以，企业应加大这一部分人才的比重。

第二节　中小企业行政办公管理制度

一、办公用品管理制度

第一章　总则

第一条　目的。

为加强企业办公用品管理，控制费用开支，规范办公用品的采购与使用，特制定本制度。

第二条　适用范围。

本制度适用于对办公用品及日常消耗品、宣传品、设备耗材的管理。

本制度所称办公用品分为消耗品、管理消耗品及管理用品三种。

包括铅笔、刀片、胶水、胶带、大头针、曲别针、橡皮筋、笔记本、复印纸、便条纸、橡皮擦、夹子、签字笔、书钉等。

第二章　办公用品采购

第三条　办公用品的采购采用集中采购、定量供应的办法。

（1）集中采购由行政管理部负责并管理。

（2）集中采购的办公用品包括复印纸、传真纸；计算机消耗的磁盘；打印机消耗的色带、硒鼓、墨盒；日记本、各类笔墨等。

（3）实行定期计划批量采购供应。即：每月 29 日前各部室向行政管理部提报当月所需用品计划，由行政管理部统一采购。

（4）特殊办公用品可以经行政管理部门同意授权各部门自行采购。

（5）各部门若临时急需采购办公用品，由部门专人填写“办公用品请购单”，并在备注栏内注明急需采购的原因，经部门负责人审定同意，交行政管理部审批同意后实施采购。

（6）必需品、采购不易或耗用量大者应酌量库存。

（7）结算办法。综合办公室根据各单位办公用品领用数量及单价，编制明细表经确认后报财务划转。

第四条　采购环节。

（1）办公室行政后勤主管必须建立《办公用品合格供方名册》。采购时，必须在《办公用品合格供方名册》中选择供应商。

（2）部分新、特、进口办公用品，办公用品合格供方不能提供，必须在其他供应商处购买时，应将该供应商补充进《办公用品合格供方名册》。

(3)《办公用品合格供方名册》至少应包括大型商场和专业文具批发商。

(4)采购前，必须填写“办公用品采购申请单”，经行政总监审核并报总经理批准。

(5)采购时，应电话要求送货，在办公室验收。无特殊情况，一般不允许外出采购。

(6)必需品、不易采购或耗用量大的物品应酌量库存。如果是特殊办公用品，办公室无法采购，可以经办公室同意授权各部门自行采购。

(7)消耗品可依据历史记录（如过去半年耗用平均数)、经验法则（估计消耗时间）设定预购买数量。

第三章　办公用品的发放与领用

第五条　按照管理基准（如圆珠笔每月发放 1 支)，可视部门或人员的工作调整发放时间。管理用品应限定人员使用，自第三次发放起，必须以旧品替换新品，消耗品不在此限。

第六条　管理用品列入移交，如有故障或损坏，应以旧换新，如遗失应由个人或部门赔偿或自购。

第七条　办公用品每月 1 日发放，管理用品的请领不受该时间限制。

条八条　办公室设立“办公用品领用记录簿”，由办公用品保管人保管，领用办公用品时分别登记，并控制文具领用状况。“办公用品领用记录簿”为内审检查项目之一。

第四章　办公用品的使用与保管

第九条　严禁将办公用品带回家私用。

第十条　新进人员到职时由各部门提出办公用品申请，向行政管理部请领办公用品，并列入领用卡，人员离职时，应将剩余办公用品一并缴交办公室。

第十一条　印刷品（如信纸、信封、表格等）除各部门特殊表单外，其印刷、保管均由办公室统一印刷、保管。

第十二条　部门使用的办公用品由部门指定专人保管维护。

第十三条　对决定报废的办公用品，要做好登记，在“报废处理册”上填写用品名称、价格、数量及报废处理的其他有关事项，并报相关领导同意后，到相关人员处办理报废注销手续。

第十四条　办公用品（价格在 20 元以上的）正常使用发生的损坏时，要及时向行政管理部报告，由行政管理部安排修理，如不报告或擅自将损坏的办公用品丢弃，使用者个人按非正常使用损坏照价赔偿。

第十五条　公司对办公用品的使用情况，实行年内不定期检查、年末普查的检查制度，检查工作由行政管理部负责。

第十六条　打字、复印耗材的使用

（1）公司各部门要节约使用打印纸。办公室内勤要做好领用登记，每年年底公布一次。

（2）复印时，要严格按照规程操作并自觉登记。复印的作废纸张由管理员留存，作反面纸使用。

（3）严禁复印与工作无关的资料，严禁私用复印纸。一经发现，公司按0.5元/页计费，由行政后勤主管报财务部经理，在当月工资中扣除。

（4）除了对外报送的文件资料，公司内部的纸张必须正反面使用。

第十七条　办公室办公用品保管人员月末、年末要盘点清查库存，在满足日常工作的前提下，尽量减少库存量，使库存量结构合理化。年末办公室组织盘点办公用品在各部门的使用情况，并依据办公室主任审批通过的“办公用品报损单”及时调整“办公用品管理簿册”，做到账实相符。

第十八条　每年1月5日前，办公室行政后勤主管应汇总全年的办公用品实际耗用量和金额，分析与预算的偏差情况，写出总结报告，报办公室主任留存，作为编制下一年度预算的依据。

第五章　附则

第十九条　本制度由行政管理部制定、解释，报总经理批准后执行，修改时亦同。

二、考勤管理制度

第一章　总则

第一条　目的。

为强化公司考勤管理工作，规范和简化考勤程序，公司启用指纹签到考勤系统。根据公司相关规定特制定本规定。

第二条　适用范围。

全体在职员工（不含总经理）。

第二章　考勤细则

第三条　指纹签到实行每天四次签到制度，按公司规定的作息时间：上午8:30～12:00；下午13:30～17:30，周六、周日轮休；夜间保安员、保洁员等其他特殊岗位参照该岗位相应作息时间执行（包括周末与假日值班）。

第四条　若员工请下午半天假，须在中午下班后签退；若请上午半天假，须在下午上班前签到。

第五条　员工公出、病假、事假等无法正常考勤，须填写“员工请休假单”，经部门领导审批同意，交人力资源部留存备查，否则将视作旷工。

第六条　员工因特殊情况无法正常考勤，须及时填写“异常打卡单”，经部门领导审批同意，交人力资源部留存备查，否则将以采（下班）集记录为准，视作旷工。

第七条　无故延迟（上班）或提前 2 小时签到（退）者，视为旷工。

第八条　双休日或节假日加班必须进行指纹考勤，实际加班天数以指纹记录为依据。如外出办事不能按指纹，须在 24 小时内填写“异常打卡单”，由部门负责人及分管领导签署意见，交人力资源部留存备查。否则不计加班。

第九条　所有出勤记录将记入考勤档案，并作为员工年度绩效考核和年度评选先进的指标之一。

第十条　人力资源部负责每周一采集上周的指纹考勤记录，汇总并公示。

第十一条　人力资源部每月__日前汇总本月员工指纹考勤记录，并上报部门总经理审批，作罚款和发工资的依据。

第三章　处罚办法

第十二条　员工每迟到或早退一次，予以____元/次的经济处罚。

第十三条　每旷工一次，予以____元/次的经济罚款。连续旷工时间超过 15 天或者一年以内累计旷工时间超过 30 天，视为严重违反公司考勤制度，予以解除劳动合同。

第四章　注意事项

第十四条　刷指纹时，如指纹机不能识别指纹或不能正常工作，要第一时间向人力资源部反映并采取补救措施，否则视作旷工。

第五章　附则

第十五条 本制度自××××年××月××日起实施，解释权归公司人力资源部。

三、会议室管理制度

第一条　会议室是公司举行会议、接待来客的场所，为加强管理，特制定本制度。

第二条　会议室使用细则。

（1）会议室由行政部负责管理。

（2）会议室只限本公司相关职能部门使用，外单位借用会议室须经行政部经理批准，并到办公室办理借用手续。各部门无权将会议室借给外单位使用。

（3）公司各部门使用会议室须经办公室同意后，办理相关手续，领取会议室钥匙。

(4) 使用会议室的部门，必须爱护会议室的设施，保持会议室清洁。用后应及时清洗水杯和烟灰缸，打扫卫生，检查安全，锁好门、关好窗，将钥匙交还办公室。

(5) 任何部门和个人未经办公室同意不得将会议室的各种设施拿出会议室或转作他用。

(6) 会议室内的卫生每周至少要清洁一次，遇有会议时，要一次一清洁。

(7) 每次会议之前，管理人员应进行电源检查，配备饮用水、水果（必要时）等工作。

(8) 会议室管理人员要严格室内物品的管理和维护（含花木等)，做到人走电源关、门上锁。

(9) 与会人员要爱护会议室内的公共设施，损坏赔偿，不许将室内物品移作他用。

第三条　本制度由行政部制定，经审批后自颁布之日起执行。

四、视频会议管理制度

第一条　目的。

为了正确、规范的使用网络视频会议系统，提高会议举办的效率及质量，保证视频会议能够长期有效地进行，特制定本制度。

第二条　本制度适用于公司总部及各分支机构。

第三条　总经理工作部负责网络视频会议规章制度的制定和修订，负责网络视频会议总协调，负责监督视频会议运维人员调试视频会议声音质量、画面质量、导播效果。

第四条　信息技术部负责网络视频会议技术操作规程的制定和修订。

第五条　总公司领导主持召开的视频会议由总经理工作部负责组织协调，专业、专题会议由主办部门负责组织协调，各分公司综合管理部门协助办理。

第六条　各参会单位须按照会议要求提前布置会场，并主动与会议主办部门联系确认会场是否规范；各参会人员应在会议开始前10分钟进入会场，按照规定着装，遵守会议纪律，不做与会议无关的行为。

第七条　会议主办部门制定会议方案，提出会议申请，经总经理工作部会签，公司总经理审批同意后方可组织召开视频会议。

第八条　会议主办部门应在会议召开前2个工作日通过协同办公系统提交视频会议任务单，协调相关部门进行会场布置，做好会间服务。

第九条　视频会议任务单审核通过，会议主办部门与运维人员协商确定测试时间等事项后发布会议通知。

第十条　会议通知须明简洁明了，包括会议名称、时间、主会场地点及参加人员、分会场参加人员、会议议程等内容。主会场与会人员落实由会议主办部门负责，如有请假事宜，需提前办理请假手续，并报会议主办部门。

第十一条　设备调试。一般情况下，重大会议应提前半天时间调试，并在会议正式开始前1小时打开设备，等待会前联调。

第十二条　视频会议系统大都是智能设备，具有录像功能，如果要对视频会议进行全程录像，应提前通知视频会议运行人员，并在会议结束后及时将录制的内容从系统中导出。

第十三条　做好保密工作。未经会议主办部门领导批准，不得对外公布有关信息。

第十四条　本制度由总经办制定并负责解释。

第十五条　本制度自××××年××月××日起实施。

五、员工食堂管理制度

第一章　总则

第一条　目的。

为了提高食堂管理的整体水平，为全体员工提供卫生、放心、舒适、优质的用餐环境和氛围，维护和确保员工的身体健康，特制定本制度。

第二条　范围。

食堂工作人员和全体员工。

第二章　采购制度及存储制度

第三条　严把采购质量关，杜绝病从口入，不得采购霉变、腐败、虫蛀、有毒、超过保质期的或卫生法禁止供应的其他食品。

第四条　采购大批主食或副食要求供货单位提供卫生许可证，以便查验，不得采购三无产品。

第五条　严格执行食品卫生制度，对存放的各类食品实行“隔离”，以免串味、走味或变质。

第六条　食堂库房整齐清洁，分类存放，防鼠、防潮。

第七条　食品存放电冰箱或电冰柜时间不得多于48小时，严禁销售隔夜饭菜。

第三章　卫生管理制度

第八条　食堂工作人员个人卫生。

(1) 食堂工作人员要做好个人卫生，勤洗手，勤剪指甲，勤洗澡，勤换洗工作服。不得留长指甲、染指甲，工作时不戴戒指、手镯、耳环等。

（2）工作时要穿戴白色工作服、工作帽，分菜员或食堂打菜人员要戴口罩，不得用工作服或围裙擦手、擦脸。

（3）工作人员每半年进行一次健康检查，体检不合格者或患有公司认为不适宜在食堂工作的某种疾病，不能在食堂工作。

（4）行政部对食堂工作人员建立健康档案，负责对从业人员的健康体检证明进行验证。

第九条　食堂餐具及环境卫生。

（1）对碗、盘、筷、汤勺等餐具以及刀具、菜墩等工具要及时清洗，擦洗干净放入消毒柜或消毒机中清毒，未经过消毒的餐具、工具不准再次使用。

（2）食堂应认真执行食品卫生规定，做到厨房、餐厅环境卫生整洁，桌凳、地面干净，炊具摆放条理化。

（3）垃圾池和泔水桶每日要及时清理干净，及时清理卫生死角，坚持消灭鼠害、虫害和苍蝇等。

（4）在保证每天清理的基础上，每周至少进行一次或两次（夏天可适当增加）的彻底大扫除，保持食堂清洁。

第四章　就餐管理制度

第十条　食堂饭菜要做到饭熟菜香、味美可口，在追求大众菜、多样化的基础上不断翻新花样，做到色、香、味、形俱佳。

第十一条　食堂应按时开饭不得提早或延迟开饭，中午开饭时间为11:30，晚上开饭时间为17:00，夜宵时间为23:00。

第十二条　员工应按先后顺序自觉排队就餐，不许插队、不许替他人打饭。

第十三条　员工就餐采用刷卡形式，不得逃卡或多刷卡。

第十四条　员工就餐应一律在窗口处拿取食物，不得进入操作间自行打饭和动手拿食物。

第十五条　就餐人员必须按自己吃饭的量盛饭打汤，不许故意造成浪费。

第十六条　就餐时不能将饭、菜残渣丢在地板上，若有掉落在地板上，应及时清理干净，以防别人滑倒。

第十七条　食堂内不准抽烟，不准随地吐痰，不准大声起哄、吵闹，做到文明用餐。

第十八条　就餐后，全体员工必须将自己碗中所剩饭菜残渣倒入垃圾桶内，不得倒入洗碗槽内，以免造成阻塞。

第十九条　员工用餐后的餐具放到食堂指定地点，不得堆放在桌

面上。

第二十条 爱护食堂公物，不贪小便宜，对放置在公共场所内的任何物件，不得随便搬动或拿作他用。对无故损坏各类设备、餐具者，除照价赔偿外，还按其性质作相应处理。

第二十一条 洗完餐具后，必须及时关好水龙头，不浪费水资源。

第五章 餐卡管理

第二十二条 办卡。

(1) 在职员工由公司统一办理餐卡，每人限办一张，收取工本费10元，不收伙食管理费。

(2) 公司外部人员可凭本人有效证件办卡，收取工本费10元，每次加收10%的伙食管理费。

(3) 原卡丢失、损坏需重新办理就餐卡者，收取工本费10元。

第二十三条 退卡。

(1) 退卡须凭本人证件办理餐卡注销手续。

(2) 不办理注销手续者，员工食堂管理中心有权将该餐卡注销。

(3) 办理注销手续时，只退餐费，不退卡费。

第二十四条 使用。

(1) 员工就餐时持餐卡直接刷卡使用。

(2) 员工持有的餐卡须保持清洁，以保证餐卡的正常使用。

第二十五条 挂失、解挂。

(1) 餐卡丢失，凭本人证件到餐卡室办理挂失。

(2) 餐卡找到后凭本人证件到餐卡室解除挂失。

第二十六条 充值。

(1) 员工凭餐卡到指定地点充值。

(2) 充值处：员工食堂、餐卡管理室。

(3) 充值时间：餐卡管理室每周一至周五10:00～13:00和15:30～18:30；员工食堂每周一至周五11:00～13:00。

第六章 安全制度

第二十七条 使用炊事器具或用具要严格遵守操作规程或操作说明书，防止发生事故。

第二十八条 严禁随带无关人员进入厨房和保管室；易燃、易爆物品要严格按规定放置，杜绝意外事故的发生。

第二十九条 食堂工作人员下班前，要关好门窗，检查各类电源开关、设备等。管理员要经常督促、检查，做好防盗工作。

第三十条 对各类可能引起的食物中毒必须引起高度重视，须建立食物中毒应急预案。

第三十一条　若发生中毒事件，责任人需承担责任。经过医院鉴定，是由食堂卫生原因引发的食物中毒事件，视事件的后果程度给予领导与食物中毒事件有关人员及造成事故的直接责任人相应的行政处分，直至开除公职，必要时可移交司法部门处理。

第七章　考核制度

第三十二条　食堂人员应严格遵守公司的一切规章制度，坚守工作岗位，遇事要请（销）假，未经同意不得擅自离开工作岗位。

第三十三条　对食品卫生制度及其执行情况进行监督检查；对菜肴、米饭等主要食品卫生制度及其执行情况进行督促检查；对菜肴等食品烹饪和出售过程中有碍食品卫生的环节进行分析、评估，发现问题及时反映、汇报。

第三十四条　行政部要对食堂管理人员进行法律法规知识和相关食堂卫生知识的培训；对食堂从业人员要做上岗前和经常性的岗位职能培训。加强对食堂工作人员的职业道德教育，提高食堂工作人员的素质。

第三十五条　行政部对食堂所有管理人员和从业人员定岗定编，制定并落实岗位职责，以服务规范和岗位职责对管理人员和从业人员进行考核。

第三十六条　发放“满意度调查表”，对食堂卫生、饭菜质量等进行问卷调查，并进行公示，增强测评的透明度，作为对食堂工作考核的重要依据。

第八章　附则

第三十七条　本制度自××××年××月××日起实施，解释权归公司行政部。

六、员工宿舍管理制度

第一条　总则。

为加强公司宿舍区的文明建设，使员工有一个整洁、安静、安全、文明的生活居住环境，规范公司宿舍管理，特制定本制度。

第二条　入住。

（1）员工入住公司住宅、集体宿舍时，均应办理入住手续，签订住房合同。员工须在住房合同期满前一个月提出续住申请。

（2）员工使用宿舍内的公司财物，需罗列清单，经员工个人与行政部清点确认后签字。

（3）入住人员只限员工及与其户口同册家属或供养亲属。

第三条　退房。

（1）员工在劳动合同期满后辞职、解聘时，需交回其住房，否则不予办理任何调动手续。

（2）在职员工、退休员工及配偶死亡后，产权属公司所有或租借房，公司收回住房，其遗属无权继续居住。

（3）公司员工已分新房的，应及时退回原有住房。

（4）凡受公司资助购房的员工换房或离开公司时，应办理退款手续，退还部分购房资助款。

应退款额＝资助款－（资助款÷房屋折旧年限）×居住年限

（5）员工退房时须办理移接手续，清点财物。凡居住期间财物有损坏的，需照价赔偿。

第四条　宿舍管理细则。

（1）保持生活环境的整洁卫生，不随地吐痰，不乱丢果皮、纸屑、烟头等。一切车辆（含自行车）要按指定的位置摆放整齐。

（2）不得在公共走廊、楼梯及其他公共场所堆放物品，不得随地吐痰、乱倒垃圾，不得在室内饲养牲畜，严禁将杂物剩饭等倒入厕所及排水管道，严禁向窗外泼水、乱倒杂物。不允许养狗、养鸟和其他宠物。

（3）讲文明讲礼貌，不随地大小便，不从楼上抛丢垃圾、杂物和倒水，不准弄脏墙壁。

（4）养成良好的卫生习惯，垃圾、杂物要倒在垃圾池或槽内。

（5）注意安全，不要私自安装电器和拉接电源线，不准使用明火炉具（用电炉具）及超负荷用电。

（6）预防火灾，严禁在宿舍区燃放烟火和鞭炮。

（7）自觉维护宿舍区的安静，在中午、晚上休息时不使用高音器材，不大声吵闹，不进行有噪声活动，以免影响他人休息。

（8）美化环境，爱护花草树木和一切公共设施。

（9）各住户生活区的卫生自己应经常打扫，保持整洁。

（10）遵纪守法，严格遵守治安管理的有关规定，自觉维护宿舍区的秩序。

（11）任何员工未经公司许可，不得擅自留宿外人。

（12）公司员工不得擅自调换房间及公司财产物品。

（13）员工离开住所必须关好门窗，锁好房门或大门。

（14）住宿人员不得损坏宿舍财产及公共设施，如造成损坏，应照价赔偿，并根据情节轻重予以罚款。

（15）集体宿舍建立值日制度，值班者负责打扫责任区公共卫生和水、电设备的维护。

（16）注意宿舍安全，严禁携入易燃、易爆物品，及时排除事故隐患。

（17）宿舍区不能成为犯罪窝点，严禁打架、赌博、吸毒、色情等不良活动。

（18）对违反管理规定的人员，及时批评教育、提出警告；对多次不改者，公司可予以处罚，乃至逐出宿舍。

（19）居住所耗费的水、电、气等费用，员工自理，并按规定缴纳一定房租。

第五条　附则。

本制度由行政部制定、实施、监督检查，报总经理批准后执行，修改亦同。

七、收发快递管理规定

第一条　目的。

为了规定物品的收发管理，节约公司的快递成本，避免造成公司资料的丢失及浪费，特制定本规定。

第二条　适用范围。

本规定适用于公司所有员工。

第三条　定义。

快递物品：指公司员工因工作需要，寄送或收取的文件资料、产品样品、货物以及其他与工作相关的货品等。

第四条　权责。

（1）综合部负责快递签收工作，并对收取的快递件进行登记，及时通知收件人领取。

（2）收发快递相关人员必须遵照本规定执行。

第五条　寄件流程。

（1）快递公司的选择：快递公司的选择要遵循高效率、低成本的原则。寄件人必须根据所寄物品的性质与紧急程度，合理、准确地选择性价比高的快递公司。前台对寄件人所选快递公司的合理性进行评定。

（2）填写快递单：由寄件人用正楷字清晰填写收件方和寄件方详细资料。

（3）检查与包装：综合部负责对寄件的检查审核，并把所寄物品的属性进行详细登记，检查审核通过后，由寄件人按照快递公司的包装要求进行包装，并把快递单贴于包装盒上。

（4）前台（电话）通知快递公司来公司收件，并保留寄件单据。

第六条　寄件规定。

（1）物品分类与快递公司选择参照表：

序号	寄件类型	选择快递公司
甲类	紧急件	如顺丰快递
乙类	贵重件（如票据、证件、贵重配件或物品等）	如 EMS、顺丰快递等
丙类	普通件（如资料、文件、普通产品样品与配件等）	发一般的快递
丁类	普通信函、贺卡等	邮政（发平信）

（2）重型物件（达 5kg 以上的非贵重配件）、产品样品、普通资料类原则上均选一般的快递公司（非顺丰快递），若是特急件，分管副总审批后可选顺丰快递等邮寄方式。

（3）普通信函、贺卡等均选邮政，以平信方式邮寄。

（4）严禁公费寄私人物品，一经发现按该单快递费的 5～10 倍处罚。

（5）严禁私自寄公司产品，一经发现按该产品市场价值的 5～10 倍处罚，情节严重者视同偷盗，并追究其刑事责任。

(6) 前台每月对所有寄件费用按部门进行统计，发件部门负责人签字确认。

第七条　收件规定

（1）不需支付到付快递费的快递收件由前台签收、登记后，应及时通知相关部门责任人签字领取。

（2）需支付到付快递费的快递收件，前台应及时通知收件人办理付款手续收件。

（3）贵重物品和公司秘密文件，原则上由前台通知收件人到前台自领，如收件人无法领取时，由前台与收件人确认后再办理代收手续。

（4）前台签收所有快递件必须登记，并让收件人签收，若收件人不在，可通知部门相关人员签收。

（5）公司所有寄件的快递单统一由前台保管（保管期为一年），便于对账和查询。

（6）为了保证前台已签收快递件的安全和维护公司前台的形象，要求收件人（代收人）必须在前台通知后即时将快递件从前台领走，如当天未领走，每超 1 天对收件人罚款 50 元。

（7）前台已签收的快递件并通知收件人来领取的，如当天未领走造成遗失或损坏，由收件人自行负责。

第八条　遗损件索赔

（1）寄（收）件人发现所寄（收）快递发生遗失或损坏的，应第一时间将单号报到前台，由前台与快递公司跟进索赔，寄（收）件人须给予相关配合。

（2）前台须对每单索赔件记录在“快递件遗失/损坏登记表”上，便于查询和统计快递件的遗失/损坏率，评价快递公司的服务水平。

第三节　中小企业行政办公管理表格

一、办公用品申购单

部门：　　　　　　　　申请人：　　　　　　　　日期：

序号	品名	规格	指导价格	数量	合计	用途	备注
1							
2							
…							

批准：　　　　　　　　审核：　　　　　　　　部门负责人：

二、办公用品申领单

部门：　　　　　　　　　　　　　　　　年　　月　　日

用品名称	规格（型号）	数量	领用人签字

领用人部门经理		办公室主任		库管部主管	
备注					

注　此单一式三联，领用人部门留存一联，办公室一联，库管部一联。

三、会议室使用申请表

会议名称	日 期	时 间	地 点	人 数	备 注
申请使用单位			管理单位		
单位名称	填表人	主管	管理人	主任	副经理

四、会议记录表

年　月　日

时间		地点		主持人		记录人	
会议名称							
与会者							
缺席者							
会议议题							
对策措施							
期限							
负责人							
落实情况							
其他事项							

五、食堂卫生检查表

项目	设备名称							
	灶具	冰箱	砧板	水槽	调料器皿	排水沟盖子	其他	清洁人签字
星期一								
星期二								
星期三								
…								

六、住宿人员资料卡

姓名			性别			室号		
出生年月								
入职日期								
学历								
紧急联络人	姓名		关系		住址		电话	
兴趣								
考核记录								
备注								

七、宿舍物品借用卡

物品名称	借用日期	归还日期	物品名称	借用数量	归还数量
被子					
床单					
枕头					
门钥匙					
拖鞋					
蚊帐					
…					

八、快递件收发（签收）登记表

序号	日期	快递公司	快递单号	收件时间	签收	备注
1						
2						
3						
4						
5						
6						
7						

九、快递件遗失/损坏登记表

序号	发件日期	发件物品名称	数量	收件公司名称/收件人姓名	收件人地址	快递单号	发件人签字	备注

第十二章

中小企业生产管理制度与表格

第一节　中小企业生产管理概述

一、中小企业生产管理现状

现在已经进入互联网时代了，企业的生产要想适应市场的需求，就得更新升级，但纵观这几年的中小企业的生产，似乎还处于老旧的传统生产模式上，具体来说有如下症状：

1. 订单评审失控，企业疲于“救火”

是先有订单，还是先有生产？很多中小企业都未厘清，在这个提倡以人为本的时代，一些厂家完全忘记了生产的最起码要求，一切都按客户的意思来。乍一看来，这非常符合现代企业所倡导的以客户为中心的原则，但却把企业的长远利益置于脑后，这不仅损害了企业利益，还损害了客户利益。

由于一切以客户的意思为最高纲领，投诉已经成了客户的习惯性行为。在这种情况下，营销部门反倒成了企业的生产老大，为了满足客户的要求，有的营销人员甚至直接去车间现场指挥生产，催促出货。这种情况的结果就是生产车间成了业务人员的工作场地，生产车间里的有些设备也就成了业务人员的专用设备，企业成了各大客户的车间，最终使企业效益受到很大影响。但凡是客户发来的订单就统统接收，从不对订单进行评审，致使大量错误在生产中才暴露出来，但为了讨好客户，企业不得不重新购买物料生产，在工艺上也是不求精湛，临交货时却被客户拒之门外……这种随意承诺客户、唯客户是从的营销政策加剧了客户的随意性，比如随意更改订单，随意插单，导致生产线不得不中途停止，工厂整天忙于各个客户订单出货的“救火”中，而救火队长则是企业的老板。

面对此情此景，老板们也是一脸无奈，因为如果不满足客户的需求，就会失信于客户，长此以往，与企业合作的大都是那些劣质客户，而优质客户则流向了其他企业。所以，中小企业要想变被动为主动，就必须对订单实施严格的评审，并控制随意变更订单、插单等行为，以实现客户与公司的双赢。

2. 生产计划统筹失控

计划部门的核心职能是统筹和监控生产运作，避免各部门各自为政。但是，很多企业的计划部门形同虚设，主要原因有：

（1）企业的标准化工作基础差。很多生产企业没有标准化的文件，这就给计划部的工作带来了很大的困扰。因为缺乏物料标准，计划部门就无法安排采购下单以及车间领料；没有库存标准，就不知道哪些物料紧缺，哪些物料多余；没有工时标准，计划部门无法判断车间何时能做完。

（2）车间主管养成了随意安排生产的习惯，在各种借口的搪塞下拒不执行计划部门下达的生产计划。本来是合作的两部门现在变成了博弈的双方，偏偏是计划部门的博弈能力弱于生产部门，这让本就脆弱的生产计划失去了权威，任由生产部门的宰割。

3. 车间随意生产

计划部门难以统筹生产管理，这跟车间随意生产不无关系。举例来说，车间管理人员不喜欢做产前准备，如机器是否正常、产品图纸是否规范、工艺难度系数几何等，他们宁愿在生产中出现了问题再来处理，而不愿在事先搞清楚。在他们的观念中，忙得晕头转向才叫工作，忙是他们价值的体现。所以，很多企业都没有产前准备，而习惯性地在做的过程中来回“救火”。

除此，车间管理人员的随意安排生产还表现在避重就轻，哪样好做就先安排做哪样，哪种产品工钱高就安排员工先做哪种。这对整个生产来说是极为糟糕的，加之中小企业的产能有限，如果先做了不急的产品，势必会占用有限的产能，结果就是该出货的没有生产出来，不出货的又生产出来了。

在生产跟进方面，他们从不喜欢写报表、填看板，而是采取直接去现场盯产品的方式，在他们看来，感觉远比数据更可靠，感觉似乎比数据统计的结果来得更快。这就是经验管理的弊端，总认为自己熟悉。但计划部门是靠数据来说话的，因此企业管理者与计划部门的工作就形成了不可调和的矛盾。

二、中小企业生产管理的目标

中小企业生产管理的目标如下。

1. 交期准确

产品如果无法及时产出，形成存货生产，将导致市面上因缺货而使竞争对手乘虚而入；如是按订单生产，部分客户将因缺货而另寻他处甚至遭到索赔。要想按期交货，企业必须制定出严密精细的步骤与程序，配合与监督各生产部门，彻底而有效地实施生产管理。

2. 价格低廉

生产计划不落实，产品不能如期产出，临到交货时间常常造成调用其

他人力赶货或加班的现象，这种临时抱佛脚的做法必将导致生产效率的浪费及成本的增加。对中小企业来说，其生产情况是多种少量，而科学严密的生产计划管理可使各产品的生产进程之间得到最佳的配合，一来提高设备的利用率，二来可以减少人力的浪费，节减成本。

3. 品质良好

产品质量是否经得住检验，仅靠质量监管人员的检查是远远不够的，质量的提升归根结底还在于生产人员要具备强烈的品质意识，有了品质意识，将会极大地降低劣质品的出现，当然，品质的优良还与材料品质、机器精确度、技术正确与否等有关系。

作为中小企业，由于自身生产力有限，要想实现上述目标，单靠生产部的努力还远远不够，还要靠各部门的密切配合。

三、中小企业生产管理的原则

为了达成生产管理的目标，必须把握下列原则。

1. 满足客户需要原则

客户最看重的就是良好的品质与交货准时。如果交货迟延，应尽可能赶货，但不得以牺牲品质为代价。

2. 产能充分利用原则

生产安排，应尽量充分利用现有的产能，如两班上班，以加班弥补产能等，不可轻易增加投资或添加设备。

3. 工作负荷平均原则

生产排程应避免集中在某一段时间。如果订单需要分布不平均，应按人员及产能情况加以分配，以免产出时高时低，影响整体生产绩效。

4. 制造成本最低原则

生产排程安排应兼顾成本最低的原则。例如如果订单数量不大，即使部分数量的交期还在许久之后，也可适当提前一次全部生产完成。

5. 资金积压最少原则

任何生产，自进料至出货为止，其中的各项原料、在制品与制成品存货都是资金积压。对生产妥善加以调度安排，减少存货，是减少资金滞压最重要的方法。

6. 弹性安排生产原则

生产排程排定以后，如遇紧急订单，应作机动的调整与安排，尽量满足客户的需要。

第二节　中小企业生产管理制度

一、生产管理制度

第一条　本公司为了加强生产管理，有效地运用物料、人力、设备（机器、工具），并使之在时间上、数量上、空间上能适当地配合，以便提高生产效率、产品质量，并降低成本，获得最大的经济效益，特制定此制度。

第二条　业务部于下年度开始前3个月提出年度销售计划，生产科依据年度销售计划制订出年度生产计划，并针对主辅料需要、人力、设备负荷等拟订计划。

第三条　依据年生产计划、业务部开出的制造通知单以及现有库存量（成品、半成品）拟订月生产计划。

第四条　生产管理单位接到业务部开出的制造通知单后应做好以下工作。

（1）安排生产进度预定表。

（2）计算所需的主辅料（何时再需要），在购备时间之前通知存量管理单位安排原料。

（3）将外协加工计划通知外协管理单位，以便提前寻求适当的外协厂商。

第五条　生产管理单位依据月生产计划、制造通知单、制造变更通知单、实际生产进度以及现有人力、设备资料，于每旬定期安排次日起10天内的生产进度表。

第六条　生产管理单位依预定和实际生产进度发出工作命令（发出前要确知物料情况）和发料单。

（1）工作命令一联给现场制造各科组（同时要附工作程序图、操作标准、检查标准等），一联通知质量管理单位。

（2）发料单一联给现场制造各科组，一联通知库管单位备料。

（3）工作命令和发料单要在开工3天之前发出，但特殊情况不在此限。

第七条　由现场制造各科组每日报来日报表，了解实际生产进度，且要实地追查、督促。

第八条　现场制造各科组无法按照进度如期完成工作或有任何困难时（机器、模具损坏、停电等），应尽快将原因通知生产管理单位予以调整。

第九条　制造完工后，将工作命令详细填写在有关栏目处，送回生产管理单位销令。

第十条　每批产品（订单）完工后，要将有关资料，如生产日报表、工作命令、发料单、外协加工等资料汇总，并对实际生产所发生的问题进行研讨，提出改善措施，防止再次发生。还需汇总成本分析、产能资料等，所有资料要建档备查，以利作业的进行。

第十一条　生产管理单位要经常与业务部、存量管理单位、外协管理单位、质量管理单位、技术单位以及现场制造各科组保持密切联系，了解实际生产进度是否超前或落后，并要能弹性地应变。

第十二条　对外协加工以及外协制造的半成品或零件的管理，应适时适量地配合生产进度。

第十三条　外协管理单位负责外协加工、外协制造的作业。选择外协厂商应依据下列资料：

（1）生产管理单位发出的外协计划（工程详细内容、质量要求、时限、数量）或外协申请单。

（2）协作厂商及厂商资料调查表。

（3）是否由本公司供料，供料报废率的决定。

（4）预估价格及付款条件。

第十四条　选择好适当的外协厂商，要了解、督促厂商的进度以及质量。

第十五条　若外协厂商为第一次承制此项外协，则必须要求其先试制，取回样品，判定是否符合要求，判定合格后才能通知其正式承制或加工。

第十六条　管理本公司供料数量及承制或加工后送回本公司的半成品或零件、下脚料、废料等的详细数量及重量。

第十七条　对外协厂商交来货品的质量、交货期、价格以及内部的管理状况要做审核。

第十八条　若有模具（设备）存放于外协厂商之处，要检查其对模具（设备）使用保养的情况。

第十九条　公司于外协验收、生产装配或再加工时，对外协质量的抱怨以及对外协厂商的审核结果，除了要存档外，还应转告外协厂商。

第二十条　外协除了口头方式信用约定，最好订立合同或简明的外协书面约定（内容包括工程详细内容，是否由本公司供料，以及品名、规格、数量、质量要求、验收检验标准、罚则、付款条件、奖励条款等）。

第二十一条　对于考核成绩好的优良外协厂商，公司可给予其较优惠的条件及分配较多的工作。

第二十二条　配合质量管理单位，做好外协质量管理稽核工作，管理外协厂商承制货品的质量，并协助辅导厂商做好质量管理工作。

第二十三条　安排外协业务必须有弹性应变能力，并要经常与生产管理单位和外协厂商密切联系，了解实际生产进度是否超前或落后，有问题要立即解决。

第二十四条　外协完工后要作成本分析（工时、数量、质量、价格、交货期等），判定外协是否有利及此外协厂商的能力。

第二十五条　所有的资料必须建档备查，以利作业。

第二十六条　本制度呈阅核准后实施，修改时亦同。

二、生产设备日常管理制度

第一章　总则

第一条　目的。

为加强本公司生产设备的管理，正确、安全地使用和维护设备，特制定本制度。

第二条　适用范围。

凡本公司生产部下属车间、生产部设备管理人员进行设备操作、使用、检查、维护、保养等各项工作，均依照本制度办理。

第二章　设备使用规定

第三条　设备使用前，其操作人员应在有关部门的安排下接受培训，培训由专业技术人员现场操作讲解。

第四条　操作人员应熟练操作设备技术指标、性能，清楚设备日常保养知识和安全操作知识。

第五条　机器设备发生故障时，操作人员应报告班组长及有关负责人员解决处理。

第六条　所有动力设备，未经车间有关管理人员允许，不准乱修、乱拆或移动，不得在电气设备上搭湿物和放置金属类、棉纱类物品。

第七条　设备使用人员要严格按操作规程工作，认真遵守交接班制度，准确填写规定的各项运行记录。

第八条　未经有关领导批准，不准拆卸或配用其他设备的零部件和工具。

第九条　对不遵守操作规程或玩忽职守，使工具、机器设备、原材料、产品受到损失者，将酌情给予经济处罚和行政处分。

第十条　生产部要指派人员与有关部门负责人经常性地检查设备运行情况，并将其列为工作考核内容。

第三章　设备检修和技术改造

第十一条　设备管理部或生产车间每年12月份编制下一年度的设备检修计划，在使用部门的协助下按计划进行检修。日常工作中，使用部门无法排除的故障，可以填写“设备检修单”申请设备管理部检修。

第十二条　检修后的设备使用前，需要有使用部门负责人的签名认可，由设备管理部将设备检修情况记录于“设备检修单”及相应的“设备管理登记表”上。

第十三条　设备的技术改造可纳入检修计划一并执行。

第四章　设备日常维护管理

第十四条　设备的维护保养由设备管理部在“设备维护保养记录”中规定保养项目、内容及频率，并发放至设备使用部门执行，设备管理部负责配合并监督检查其执行情况。

第十五条　设备操作人员要严格遵守设备的操作规程和日常维护制度。

第十六条　相关部门要定期进行部位检测、性能检测，保证设备经常处于良好的工作状态。

第十七条　对库存、备用或因任务不足需要封存一段时间的设备要定期清洁、查点，进行防尘、防锈、防潮等方面的维护。

第五章　新增设备管理

第十八条　生产部根据工作要求及公司发展需要购置生产设备时，应填写“生产设备购置申请单”，在申请单上注明设备的名称、规格、用途及要求设备达到的性能、数量等，并提交设备管理部审查，报生产部经理审核后报总经理审批。

第十九条　需要自制或自行改造的生产设备的申请由生产车间提出，生产部经理审核，报总经理批准后，由生产部和技术部或设备部共同制造或改造。

第二十条　新生产设备的验收。

（1）采购或自制的生产设备，由生产部组织使用部门进行安装调试，确认符合要求后，由技术部、生产部和使用部门在“生产设备验收单”上签字确认。

（2）验收不合格的生产设备，相关部门把情况反映到设备采购人员，由其与供应商协商解决，最后由验收人员把处理结果记录在“生产设备验收单”上。

（3）生产部对验收合格的生产设备进行编号，建立“设备管理卡”，并在“设备台账”上登记。

第二十一条　为保证设备的安全、合理使用，各部门应设一名兼职设备管理员，协助设备管理部对设备进行管理，指导本车间设备使用者正确使用操作规程。

第二十二条　设备项目确定或设备购进后，设备管理部和生产车间负责组织施工安装，并负责施工安装的质量。

第二十三条　安装的设备，由设备管理部及使用部门负责人验收合格后，填写“设备验收登记单”后方可使用。

第二十四条　对新置设备的随机配件要按图纸进行验收，未经验收不得入库。

第六章　设备运行动态管理

第二十五条　设备运行动态管理，是指为了使各级设备管理人员能准确掌握其运行状况，制定相应管理措施进行管理的活动。

第二十六条　对每台设备，各作业部门要依据其结构和运行方式定出巡检点、内容、正常运行的参数标准，并针对设备的具体运行特点，对设备的每一个巡检点确定出明确的检查周期，检查周期一般可分为时、班、日、周、旬、月。

第二十七条　生产岗位操作人员负责对本岗位使用的设备进行巡检，设备的专业维修人员要承包对重点设备的巡检任务。

第二十八条　信息传递与反馈。

（1）生产岗位操作人员进行设备巡检时，发现设备不能继续运转等需紧急处理的问题，要立即通知当班调度，由值班负责人组织处理。一般隐患或缺陷，检查后登入检查表，并按时传递给专职巡检人员。

（2）专职维修人员进行设备点检，要做好记录，除安排本组处理外，要将信息向专职巡检人员传递，以便统一汇总。

（3）专职巡检人员除完成承担的巡检点任务外，还要负责将各方面的巡检结果按日汇总整理，列出当日重点问题并向有关部门反映。

（4）有关部门列出主要问题，除登记台账之外，还应及时输入计算机，便于公司有关部门的综合管理。

第二十九条　动态资料的应用。

（1）巡检人员对巡检中发现的设备缺陷、隐患，提出应安排检修的项目，纳入检修计划。

（2）对于巡检中发现的设备缺陷，如情况紧急，为了不影响生产，能由修理班组处理的立即处理，如不能及时处理，应由多作业部门立即确定解决方案，并着手解决。

（3）对于重要设备的重大缺陷，由各作业部门主要领导组织研究，确定控制和处理方案。

第三十条　薄弱环节的立项。下列情况均属设备薄弱环节：

（1）运行中经常发生故障停机而反复处理无效的部位。

（2）运行中影响产品质量和产量的设备、部位。

（3）运行达不到小修周期要求，经常要进行计划外检修的部位（或设备）。

（4）存在安全隐患，且日常维护和简单修理无法解决的部位或设备。

第三十一条　薄弱环节的处理。

（1）有关部门要依据动态资料，列出设备薄弱环节，对薄弱环节按时组织审理，确定当前应解决的项目，提出改进方案。

（2）各作业部门要组织有关人员对改进方案进行审议，审定后列入检修计划。

（3）设备薄弱环节改进方案实施后，要进行效果考察，给出评价意见，经有关领导审阅后存入设备档案。

第七章　转让和报废设备管理

第三十二条　设备陈旧老化，不适应工作需要或再无使用价值时，由使用部门申请报损，在报废之前要进行技术鉴定与评估。

第三十三条　有关部门指派专人对设备使用年限、损坏情况、影响工作情况及残值情况等进行鉴定与评估，填写意见书交使用部门。

第三十四条　使用部门将“报废、报损申请单”附意见书一并上报，按相关程序审批。

第三十五条　申请批准后，将旧设备报废、报损。

第三十六条　报废、报损旧设备由设备部和财务部按有关规定处置。

第八章　附则

第三十七条　本制度由生产部制订，其解释权、修订权归生产部。

第三十八条　本制度经总经理审核签字后，自下发之日起执行。

三、生产车间管理制度

第一章　总则

第一条　为了确保生产秩序，保证生产车间各项工作顺利开展，营造良好的工作环境，促进本厂发展，结合本厂生产车间实际情况，特制定本制度。

第二条　本制度适用于公司车间管理人员及作业人员。

第二章　人员管理

第三条　工作时间内倡导全体车间人员说普通话，严禁使用侮辱性语言和脏话。

第四条　在工作及管理活动中严禁带有地方观念，禁止拉帮结伙。

第五条　全体车间人员必须按要求佩戴工牌，穿工装，不得穿拖鞋进入车间。

第六条　车间每天正常上班时间为 8 小时，如需加班，需要车间主任向生产部经理申请批准后方可安排。

第七条　车间全体人员必须遵守上下班作息时间，按时上下班（如车间召开早会，所有车间人员需提前 5 分钟到岗），不得迟到、早退、旷工。

第八条　车间人员如因特殊情况需要请假，应严格按照公司的请假程序逐级向各级主管申请，得到批准后方可离开。

第九条　工作时间内，车间主任、质量检验人员和其他管理人员因工作关系可在车间走动，其他人员不得擅自离开工作岗位，或者相互串岗。若因事需要离开工作岗位，必须向车间主任申请，得到批准后方可离岗，离岗时间不得超过 15 分钟。

第十条　在车间遇到公司的客户来参观或高层领导巡查时，车间人员要照常工作，不得东张西望。

第十一条　车间员工必须服从合理的工作安排，尽职尽责做好本职工作，不得疏忽或拒绝管理人员的命令或工作分配。

第十二条　车间人员在工作期间不得做与工作无关的事，例如，吃食物、吸烟、看小说、看报刊、聊天、听歌、嬉戏打闹、打架、私自离岗等。休息时吸烟要到公司指定的吸烟区。

第十三条　作业时间禁止亲友探访及接听私人电话，禁止带小孩及公司以外的人员在车间玩耍或接触设备、仪器等，否则由此造成的事故由车间员工自行负责。

第十四条　车间人员在工作时间不得佩戴手表、手镯、戒指等，以免发生丢失或意外。

第十五条　车间人员不得携带易燃易爆、有毒等危险品进入生产车间，否则，由此造成的安全事故责任由车间员工自负。

第十六条　对恶意破坏公司财产的行为或盗窃行为（不论盗窃他人物品还是公司物品），不论物品价值大小，一经发现，一律交公司总经理办公室处理。

第十七条　不得私自携带车间物品出公司（经领导批准的除外），有此行为者，一经查出，将予以辞退并扣发一个月的工资。

第十八条　车间人员必须自觉自律，勇于揭发破坏车间生产的不良行为。

第三章　作业管理

第十九条　车间应严格按生产计划排产，根据车间设备和人员精心组织生产。

第二十条　生产流程确认以后，任何人不得随意更改，如在作业过程中发现错误，应立即停止生产，并向负责人报告。

第二十一条　车间人员每日上岗前必须将所操作设备及工作区域清理干净，保证工序内环境卫生，通道及公共区域由主管安排人员协调清理。

第二十二条　车间人员领取物料时必须持车间主管开具的领料单，不得私自拿走物料。生产完成如有多余的物料应及时退回仓库，不得遗留在车间工作区域内。

第二十三条　生产过程中好坏物料必须分清楚，并要做出明显的标记，不能混料。在生产过程中要注意节约用料，不得随意乱扔。移交物料等要交接协调好，标示醒目。

第二十四条　车间人员下班时，要清理好自己的工作台面，做好设备保养工作。最后离开车间者要将门窗、电源关闭，否则，若因此发生意外事故，将追究最后离开者及生产主管的责任。

第二十五条　车间人员严格按工艺规程及产品质量标准操作，擅自更改生产工艺造成的品质问题，由作业人员自行承担责任。

第四章　附则

第二十六条　本制度由生产部制定和解释。

第二十七条　本制度自总经理审批之日起执行。

四、生产异常处理规程

第一章　总则

第一条　目的。

为车间部门间信息交流的准确，规范车间生产异常的处理，降低生产异常事故，提高生产效率，特制定本规程。

第二条　适用范围。

车间生产过程中异常发生时，除另有规定外，均依本规程处理。

第三条　权责单位。

（1）综合部负责本规程的制定、修改、废止之起草工作。

（2）生产副总负责本规程的制定、修改、废止之核准。

第二章　处理细则

第四条　生产异常报告。

发生生产异常，即有异常工时产生，时间在10分钟以上时，应填具异常报告单。其内容一般应包括以下项目：

序号	项目	说明
1	生产批号	发生异常时正在生产的产品的生产批号或制造命令号
2	生产产品	发生异常时正在生产的产品的名称、规格、型号
3	异常发生部门	发生异常的制造部门名称
4	发生日期	发生异常的日期
5	起讫时间	发生异常的起始时间、结束时间
6	异常描述	发生异常的详细状况，尽量用量化的数据或具体的事实来陈述
7	停工人数、影响度，异常工时	分别填具受异常影响而停工的人员数量，因异常而导致时间损失的影响度，并据此计算异常工时
8	临时对策	由异常发生的部门和责任部门共同采取的临时应急措施
9	填表部门	由异常发生的部门经办人员及主任签核
10	责任部门对策	由责任部门填写对异常的处理对策

第五条　处理流程。

（1）异常发生时，发生部门的第一级主管应立即通知生产技术部或相关责任部门，前来研拟对策加以处理，并报告直属上级。

（2）制造部会同生产技术部、责任部门采取异常的临时应急对策并加以执行，以降低异常的影响。

（3）异常排除后，由制造部门填写异常报告单一式四联，并转责任部门。

（4）责任部门填写异常处理的根本对策，以防止异常重复发生，并将异常报告单的第四联自存，其余三联退生产部。

（5）制造部门接到异常报告单后，将第三联自存，并将第一联转总经办，第二联转综合部。

（6）综合部保存异常报告单并督促财务部及采购部，作为向责任厂商索赔的依据及制造费用统计的凭证。

（7）生产管理部保存异常报告单，作为生产进度管制控制点，并为生产计划的调度提供参考。

（8）生产管理部应对责任部门的根本对策的执行结果进行追踪。

第六条　异常工时计算规定。

（1）当所发生异常导致生产现场部分或全部人员完全停工等待时，异常工时的影响度以100%计算（或可依据不同的状况规定影响度）。

（2）当所发生的异常导致生产现场需增加人力投入排除异常现象（采取临时对策）时，异常工时的影响度以实际增加投入的工时为准。

（3）当所发生的异常导致生产现场作业速度放慢（可能同时也增加人力投入）时，异常工时之影响度以实际影响比例计算。

（4）异常损失工时不足10分钟时，只作口头报告或填入生产日报表，不另行填具异常报告单。

第七条　各部门责任的判定。

责任部门	责任判定标准
研发部	（1）未及时确认零件样品；（2）设计错误或疏忽；（3）设计延迟；（4）设计临时变更；（5）设计资料未及时完成；（6）其他因设计开发原因导致的异常
生管部	（1）生产计划日程安排错误；（2）临时变换生产安排；（3）物料进货计划错误造成物料断料而停工；（4）设备故障后未及时修复；（5）生产计划变更未及时通知相关部门；（6）未发制造命令；（7）其他因生产安排、物料计划而导致的异常
采购部	（1）采购下单太迟，导致断料；（2）进料不全导致缺料；（3）进料品质不合格；（4）厂商未进货或进错物料；（5）未下单采购；（6）其他因采购业务疏忽所致的异常
仓库	（1）料账错误；（2）物料查找时间太长；（3）未及时点收厂商进料；（4）物料发放错误；（5）其他因仓储工作疏忽所致的异常
制造部	（1）工作安排不当，造成零件损坏；（2）操作设备仪器不当，造成故障
品管部	（1）检验标准、规范错误；（2）进料检验合格，但实际上线不良；（3）进料检验延迟；（4）上工段品管检验合格之物料在下工段出现较高不良率；（5）品管未及时发现品质异常；（6）其他因品管工作疏忽所致的异常
业务部	（1）紧急插单所致；（2）客户订单变更（含取消）未及时通知；（3）订单重复发布、漏发布或发布错误；（4）客户特殊要求未事先及时通知；（5）船期变更未及时说明；（6）其他因业务工作疏忽所致的异常
供应商	（1）交货延迟；（2）进货品质严重不良；（3）数量不符；（4）送错物料；（5）其他因供应商原因所致的异常
其他	（1）特殊个案依具体情况，划分责任；（2）有两个以上部门责任所致的异常，依责任主次划分责任

第八条　责任处理规定。

（1）公司内部责任单位因作业疏忽而导致的异常，列入该部门工作考核，责任人员依公司奖惩规定予以处理。

（2）供应厂商的责任除考核采购部门或相关内部责任部门外，列入供

应厂商评鉴，必要时依损失工时向厂商索赔。

（3）损失索赔金额的计算：

损失金额 = 公司上年度平均制费率 × 损失工时

（4）生管部、制造部均应对异常工时作统计分析，于每月经营会议时提出分析说明，以检讨改进。

五、安全生产管理制度

第一条　公司的安全生产工作应每年总结一次，在总结的基础上，由公司安全生产委员会办公室（以下简称安委办）组织评选安全生产先进集体和先进个人。

第二条　安全生产先进集体的基本条件。

（1）认真贯彻“安全第一，预防为主”的方针，执行上级有关安全生产的法令法规，落实总经理负责制，加强安全生产管理。

（2）安全生产机构健全，人员措施落实，能有效地开展工作。

（3）严格执行各项安全生产规章制度，开展经常性的安全生产教育活动，不断增强员工的安全意识，提高员工的自我保护能力。

（4）加强安全生产检查，及时整改事故隐患和尘毒危害，积极改善劳动条件。

（5）连续 3 年以上无责任性员工死亡和重伤事故，交通事故也逐年减少，安全生产工作成绩显著。

第三条　安全生产先进个人条件。

（1）遵守安全生产各项规章制度、各项操作规程和劳动纪律，保障生产安全。

（2）积极学习安全生产知识，不断提高安全意识和自我保护能力。

（3）坚决反对违反安全生产规定的行为，纠正和制止违章作业、违章指挥。

第四条　对安全生产有特殊贡献的给予特别奖励。

第五条　发生重大事故或死亡事故（含交通事故），对事故单位给予扣发工资额的处罚，并追究单位负责人的责任。

第六条　凡发生事故，要按有关规定报告。如有瞒报、虚报、漏报或故意延迟不报的，除责成补报外，对事故单位给予扣发工资额的处罚，并追究责任者的责任，对触及刑律的，追究其法律责任。

第七条　对事故责任者视情况给予批评教育、经济处罚、行政处分，触犯刑律者依法论处。

第八条　对单位扣发工资额的处罚，最高不超过 3%；对员工个人的处罚，最高不超过一年的生产性奖金总额（不含应赔偿款项），可并处行政处分。

第九条　由于各种意外（含人为的）因素造成人员伤亡或厂房设备损毁或正常生产、生活受到破坏的情况均为本企业事故，可划分为工伤事故、设备（建筑）损毁事故、交通事故三种（车辆、驾驶员、交通事故等制度由行政部参照本制度另行制订）。

第十条　工伤事故，是指员工在生产劳动过程中发生的人身伤害、急性中毒事故。包括以下几种情况：

（1）从事本岗位工作或执行领导临时指定或同意的工作任务而造成的负伤或死亡。

（2）在紧急情况下（如抢险救灾救人等），从事对企业或社会有益工作造成的疾病、负伤或死亡。

（3）在工作岗位上或经领导批准在其他场所工作时造成的负伤或死亡。

（4）职业性疾病，以及由此而造成的死亡。

（5）乘坐本单位的机动车辆去开会、听报告、参加行政指派的各种劳动和乘坐本单位指定上下班接送的车辆上下班，所乘坐的车发生非本人所应负责的意外事故，造成员工负伤或死亡。

（6）员工虽不在生产或工作岗位上，但由于企业设备、设施或劳动条件不良而引起的负伤或死亡。

第十一条　员工因发生事故所受的伤害分级。

（1）轻伤：指负伤后需要歇工 1 个工作日以上，低于国标 105 日，但未达到重伤程度的失能伤害。

（2）重伤：指符合劳动部门《关于重伤事故范围的意见》中所列情形之一的伤害，损失工作日总和超过国标 105 日的失能伤害。

（3）死亡。

第十二条　发生无人员伤亡的生产事故（不含交通事故），按经济损失程度分级。

（1）一般事故：经济损失不足 1 万元的事故。

（2）大事故：经济损失满 1 万元，不满 10 万元的事故。

（3）重大事故：经济损失满 10 万元，不满 100 万元的事故。

（4）特大事故：经济损失满 100 万元的事故。

第十三条　发生事故的单位必须按照事故处理程序进行事故处理。

（1）事故现场人员应立即抢救伤员，保护现场，如因抢救伤员和防止事故扩大需要移动现场物件时，必须作出标志，详细记录或拍照并绘制事故现场图。

（2）立即向单位主管部门（领导）报告，事故单位即向公司安委办

报告。

（3）开展事故调查，分析事故原因。公司安委办接到事故报告后，应迅速指示有关单位进行调查，轻伤或一般事故在15天内，重伤及以上事故或大事故及以上在30天内向有关部门报送事故调查报告书。

（4）制定整改防范措施。

（5）对于事故责任人员作出适当处理。

（6）以事故通报和事故分析会等形式教育员工。

第十四条　无人员伤亡的交通事故。

（1）机动车辆驾驶员发生事故后，驾驶员和有关人员必须协助交管部门进行事故调查、分析，参加事故处理。事故单位应及时向安委办报告，一般在24小时内报告，大事故或死亡事故应即时报告。事后，需补写事故经过的书面报告。肇事者应在两天内写出书面报告交给单位领导。肇事单位应在7天内将肇事者报告随本单位报告一并送交安委办。

（2）驾驶员因公驾车肇事，应根据交管部门裁定的经济损失数额之10%对事故责任者进行处罚，处罚款项原则上由肇事个人到财务部缴纳。处罚的最高款额以不超过上年度公司人均生产性奖金总额（基数1.0计）为限。

（3）凡未经交管部门裁决而私下协商解决赔偿的事故，如公司的经济损失超过保险公司规定免赔额的，其超出部分由肇事者自付。

（4）擅自挪用车辆办私事而肇事的，按本条第（2）款规定加倍处罚。

（5）凡因私事经主管领导同意借用公车而肇事的，参照本条第（2）款处理。

（6）发生事故隐瞒不报（超时限两天属瞒报），每次加扣当事人3个月以内的奖金。

（7）开“带病车”，或将车辆交给无证人员，或未经行政部批准驾驶公司车辆的人驾驶，每次扣两个月的奖金。

第十五条　事故原因查清后，如果各有关方面对于事故的分析和事故责任者的处理不能取得一致意见时，劳资部门有权提出结论性意见，交由单位及主管部门处理。

第十六条　在调查处理事故中，对玩忽职守、滥用职权、徇私舞弊者，应追究其行政责任，触犯刑律的，追究刑事责任。

第十七条　各级单位领导或有关员工在其职责范围内，不履行或不正确履行自己应尽的职责，有如下行为之一造成事故的，按玩忽职守论处。

（1）不执行有关规章制度、条例、规程或自行其是的。

（2）对可能造成重大伤亡的险情和隐患，不采取措施或措施不力的。

（3）不接受主管部门的管理和监督，不听合理意见，主观武断，不顾他人安危，强令他人违章作业的。

（4）对安全生产工作漫不经心，马虎草率，麻痹大意的。

（5）对安全生产不检查、不督促、不指导，放任自流的。

（6）延误装、修安全防护设备或不装、修安全防护设备的。

（7）违反操作规程冒险作业或擅离岗位或对作业漫不经心的。

（8）擅动有“危险禁动”标志的设备、机器、开关、电闸、信号等。

（9）不服从指挥和不听劝告，进行违章作业的。

（10）施工组织或单项作业组织有严重错误的。

第十八条　各单位可根据本制度制定具体实施措施。

第十九条　本制度由公司负责安全的副经理负责解释。

第二十条　本制度自发文之日起执行。公司以前制定的有关制度、规定等如与本制度有抵触的，按本制度执行。

六、工艺流程与作业标准管理制度

第一章　总则

第一条　目的。

为了规范制造工艺流程与作业标准，使之有章可循，特制定本制度。

第二条　适用范围。

凡产品制造加工工艺流程与作业标准的事宜，全部依本制度执行。

第三条　权责单位。

（1）生产技术部负责本制度的制定、修改、废止之起草工作。

（2）总经理负责本制度的制定、修改、废止之核准。

第二章　工艺流程图

第四条　相关定义。

工艺流程图系作业流程图或制造流程图，是一种图示方法，用简化的工程符号将制造加工程序的先后关系表示出来。一份工艺流程图通常包括下列项目：

①工序符号。

②工序名称。

③作业人数。

④相关技术标准或作业标准。

⑤管制项目（包括制造条件与品质特性）。

⑥标准时间。

⑦平衡状态。

第五条　工艺流程图使用的符号。

符号	代表意义	说　明
○	代表操作（或称作业）	凡物体被改变任何物理或化学性质，或装上另一物体，或从另一物体上拆下，均称之为操作或作业
□	检验	为了查明品质特性与规格的异同，对于产品数量及品质进行测量、试验、比较或证明，称为检验，用“□”表示数量的检验，用“◇”表示品质的检验，用“◎”表示操作又兼检验（自检）
▽	储存	物品的保存或等待
D	延迟	由于预定行动未即刻发生，而产生的时间空当为非必要者，称为延迟。在工艺流程图里，此符号不常使用，因其中伴有品质特性或查核点
⇨	搬运	凡有意改变物品的位置，从一处移至另一处，即为搬运

第六条　工艺流程图的制作。

（1）管理权责。

①生技部负责生产工艺流程图的制作，于新产品正式量产前完成。

②工艺流程图原稿由生技部自存，并复制三份，加盖管制章分发生产管理部、制造部和质量管理部各一份。

③生产管理部依工艺流程图编排生产计划，制造部依工艺流程图安排作业分工，质量管理部依工艺流程图安排品质管制点。

④各部门对工艺流程图有意见或建议时，可向生技部提出技术变更申请。

（2）工艺流程图的写法。

①工序与检验名称。找出生产过程的主要流程为基干，从原料或零件开始到成品为止的整个过程，按垂直的方式记录下来，其他副流程依进入主流程之先后次序，从旁边插进。

②工序符号在各工序与检验站名称左边标注上各种符号，如“○”“□”“◇”等。

③原料、材料或零件。原材料及零件加入，利用水平线连接于工序符号的左边，线上写上原材料或零件的名称，需要时可在线下规格。

④作业人数。在工序或检验站右边填上标准作业人数。

第三章　作业标准书

第七条　相关定义。

作业标准书，又称作业指导书或工艺标准书，是将作业方法、步骤及其标准，用图、表、照片以及简洁的文字表示出来，供作业人员了解，以规范作业动作的技术文件。

第八条　作业标准书一般应包括下列项目。

①产品名称、工序名称。

②产品简图或作业照片。

③操作说明及注意事项。

④使用物料名称、规格、数量。

⑤使用设备、工装夹具。

⑥检验项目、规格、标准。

⑦标准工时。

⑧标准不良率。

第九条　作业标准书的制作。

（1）管理权责。

①生技部负责作业标准书的制作，于新产品正式量产前完成。

②作业标准书原稿由生技部自存，并复制两份，加盖管制章后分发制造部、品管部各一份。

③制造部依作业标准书训练员工，并作为员工作业执行之标准规范；品管部在制程品质管制中，以作业标准的执行作为查核的重点之一。

④各部门对作业标准书有意见或建议时，可向生技部提出技术变更申请。

（2）作业标准书的填写。

①产品名称、工序、工序名称。填入加工之产品名称、作业工序之名称，并与工艺流程图的作业工序名称一致。

②图示。画上本工序之主要简图，或用照片演示本工序作业内容，便作业者明白作业原理。

③操作说明及注意事项。填入本工序操作步骤，并逐一陈述作业要领，将作业中的重要注意事项同时标出（可参照工艺流程图）。

④使用物料。应明确本工序所使用的设备、工装夹具之名称、规格、数量。

⑤使用设备、工装夹具。应填写本工序所使用的设备、工装夹具之名称、规格、数量。

⑥检验项目。填写本工序自检的项目、检验的标准或规格尺寸，以及检验方法，必要时注明检验工具。

⑦标准工时。应填写本工序之标准工时，必要时换算成标准产量一并填入。

⑧标准不良率。填写本工序之标准不良率。

第四章　附则

第十条　本制度呈总经理核准后实施，增设修改时亦同。

第三节　中小企业生产管理表格

一、生产状况分析表

制造编号：

品名规格		生产数量		预定生产日程	月　日至　月　日	预定交货日期							
部门	日期												
生产一部	预计产量												
	实际产量												
	预计累计												
	实际累计												
	达成率												
	备注												
生产二部	日期												
	预计产量												
	实际产量												
	预计累计												
	实际产量												
	达成率												
	备注												
生产三部	日期												
	预计产量												
	实际产量												
	预计累计												
	实际产量												
	达成率												
	备注												

二、作业标准汇总表

件号：　　　　　　订定日期：

件名：　　　　　　修改日期：

<table>
<tr><td rowspan="2">作业序号</td><td rowspan="2">作业说明</td><td rowspan="2">设备名称编号</td><td rowspan="2">工作部门号码</td><td rowspan="2">作业次数</td><td colspan="3">作业数据</td><td colspan="2">作业标准</td></tr>
<tr><td>机器时间</td><td>人工时间</td><td>第__小时能量</td><td>原订</td><td>修改</td></tr>
<tr><td></td><td></td><td></td><td></td><td></td><td></td><td></td><td></td><td></td><td></td></tr>
<tr><td></td><td></td><td></td><td></td><td></td><td></td><td></td><td></td><td></td><td></td></tr>
<tr><td></td><td></td><td></td><td></td><td></td><td></td><td></td><td></td><td></td><td></td></tr>
<tr><td></td><td></td><td></td><td></td><td></td><td></td><td></td><td></td><td></td><td></td></tr>
<tr><td colspan="2" rowspan="3">其他记载</td><td>材质</td><td colspan="2"></td><td colspan="3">工作存放容器</td><td colspan="2"></td></tr>
<tr><td>原重</td><td colspan="2"></td><td colspan="3">装载数量</td><td colspan="2"></td></tr>
<tr><td>加工后净重</td><td colspan="2"></td><td colspan="3">备注</td><td colspan="2"></td></tr>
</table>

审核：　　　　　　订定者：

三、产量分析表

<table>
<tr><td colspan="2">设备名称</td><td colspan="2"></td><td colspan="2">购置数量</td></tr>
<tr><td colspan="2">型号（规格）</td><td colspan="2"></td><td colspan="2">单价计算</td></tr>
<tr><td colspan="2">生产厂家</td><td colspan="2"></td><td colspan="2">到厂日期</td></tr>
<tr><td colspan="6">主要技术参数：</td></tr>
<tr><td colspan="6">用途说明：</td></tr>
<tr><td>申请人</td><td></td><td>审核</td><td></td><td>批准</td><td></td></tr>
<tr><td>日期</td><td></td><td>日期</td><td></td><td>日期</td><td></td></tr>
</table>

四、设备检修单

<table>
<tr><td>设备名称</td><td></td><td>设备编号</td><td></td></tr>
<tr><td>型号规格</td><td></td><td>检修申请人</td><td></td></tr>
<tr><td colspan="4">故障发生时间和现象：</td></tr>
<tr><td colspan="4">检修记录：

检修人：　　　　　时间：</td></tr>
<tr><td colspan="4">验收记录：

验收人：　　　　　时间：</td></tr>
<tr><td colspan="4">备注：</td></tr>
</table>

五、生产故障分析表

部门：　　　　　　　　　　年　　月　　　　No.

<table>
<tr><td rowspan="2">订单号码</td><td rowspan="2"></td><td rowspan="2">产品名称</td><td rowspan="2"></td><td rowspan="2">完成日期</td><td>原定</td><td>月　　日</td></tr>
<tr><td>预计</td><td>月　　日</td></tr>
<tr><td>故障原因</td><td colspan="6">□停电　　□待物料　　□其他
□机械　　□人力
□原材料　□品质异常</td></tr>
<tr><td>对策</td><td colspan="6"></td></tr>
<tr><td>批示</td><td colspan="2"></td><td colspan="2">生产主管意见</td><td colspan="2"></td></tr>
</table>

六、安全生产隐患整改记录表

工程名称		检查日期	年　月　日
区域名称		检查性质	
参加人员			
整改内容： 整改（签收）单位：　　　　签发部门： 区域负责签收：　　　　签发日期：			
复查结果： 复查单位（部门）：　　　　复查人：　　　　复查日期：			

七、生产异常报告单

单位名称		产品名称			异常环节	
发生日期		填表单位			跟进人	
责任部门		设计部	机加	机加外协	装配	采购
责任人						
异常情况描述						
应急处理						
原因分析						
对策						
追踪确认						
相关部门签字						

第十三章 中小企业质量管理制度与表格

第一节　中小企业质量管理概述

一、中小企业质量管理现状

中小企业是市场经济的主体，是促进经济稳步发展的基础。中小企业的产品质量优劣，与经济发展有着密切的关系。但就目前来看，我国中小企业的质量管理还存在若干问题。

1. 质量管理意识不强

产品是企业生存的基础，中小企业为了给自己的产品争得一席之地，大都设有内部检验室，配备了必要的检测设备，但是由于种种原因，大部分设备都处于“冬眠”状态，成了摆设，使用率极低。设备的购置完全是为了应付各类考核及发证的需要，一旦过关就将设备束之高阁。因为中小企业大都是个体私企，经营者的决策灵活机动性强，但其负面效应就是缺乏约束，一味迎合市场，把内部质量管理忽视了。不少中小企业通过 ISO 9000 质量管理认证的目的不是提高产品自身的质量，而是为了招标销售，提高知名度，在实际生产过程中不按 ISO 9000 标准执行，一些质量目标、质量策划、质量改进等质量管理关键点得不到很好的质量管理控制。这一方面给企业增加了资金成本，另一方面也使企业失去了诚信和把握市场的良机。

2. 质量控制面狭窄

中小企业的管理者将质量管理与质量检验混为一谈，赋予质量管理部门的权力是从事质量检验，对产品仅仅负责检验，对产品质量未能起到应有的把控作用。企业的质量管理局限于简单的质量检验和数据统计，质量管理部门实质上就是产品质量检验小组。

3. 质量控制设置不合理

很多中小企业的质量管理岗位人员配备不齐全，为了应付了事，基本上只设置了原材料进货检验和成品出厂检验两个岗，而非常重要的过程检验岗位却空置了。在实际生产过程中，产品的质量控制基本处于失控状态，这种局面和中小企业主的认识不无关系，大部分中小企业老板认为设置过程检验人员没有必要。所以，他们只把质量管理局局限在原材料的“投入”与产品“产出”的把关上。

4. 质量信息滞后

现在是互联网 + 时代了，一些中小企业的质量信息管理还处在工业经

济时代的水平，在质量信息的传递上还比较滞后，对产品质量的控制更多靠工作经验，对质量信息的分析和利用很少，特别是在产品质量信息的传递方面。如上下道工序信息传递不畅，当出现过程质量异常时，没能及时将信息反馈上去，结果经常出现批量产品不合格的情况。

5. 质量标准存在误区

很多中小企业都有这样的认识误区，那就是顾客的需要就是最高的标准，生产的产品再好，如果没有人购买也是废品。这一观点是市场经济的反映，但却混淆了市场需要和质量标准的概念。不少中小企业认为按市场需求生产产品就可以不顾产品的标准了，于是总是跟在别人后面机械地模仿，毫无创新。还有一些小型生产企业，直接把别人的产品买回来，“庖丁解牛”般地拆解开来，然后“照葫芦画瓢”复制生产，基本上没有什么技术含量可言。更有甚者，一些中小企业对标准是什么都知之甚少，对无标生产也是不以为然。

6. 质量问题处理不了了之

中小企业由于财力有限，经常在用人方面出现比较大的缺口，当他们出现产品质量问题时，更多的只能是不了了之，这也是中小企业存在的无奈。最终的结果是产品质量问题时常出现，质量检验与控制显得“苍白无力”，企业的质量管理制度形同虚设，没能起到应有的作用。

二、中小企业质量控制措施

中小企业需要有效提升中小企业的质量管理水平，使企业的产品质量在市场上具有强大的竞争优势，进而赢得客户。科学地运用质量管理的基本原理，掌握质量管理的内在规律，做好产品实现过程的质量控制。

1. 提高员工的质量意识

中小企业要想提高企业的产品质量，首先就要树立正确的质量管理意识，这不仅是说给生产线上的员工听的，更是说给企业管理者听的，没有企业高层的参与，特别是高层管理人员的加入，一切都是白费。因为只有高层管理人员重视起来了，生产线上的员工才能意识到质量管理的重要性，企业高层的身体力行将告诉所有员工质量的提高势在必行，同时也告诉所有员工领导的态度与决心，从而提高全体员工的质量意识。

2. 设置质量控制点

设置质量控制点，实施跟踪控制是产品质量控制的有效手段。在产品生产进行的不同阶段，依据产品的实际情况设置不同的质量控制点，通过对控制点的设置，将产品质量总目标分解为各控制点的分目标，以便通过对各控制点分目标的控制来实现对产品质量总目标的控制。

3. 严格执行工艺规程

产品的质量是每一个生产节点上的综合反映，疏忽任何一个节点都有可能导致产品出现瑕疵。因此，生产操作人员务必严格按工艺要求生产，当然这必须要求生产操作人员有专业的操作技能，抓好各环节的质量控制，将影响产品质量、工序及生产效率的因素都管起来，真正建立起一支高素质、高技能、高效率，并能持续稳定地生产出高质量产品的生产队伍，最终通过对生产过程的有效控制来达到对结果的控制。

4. 建立质量信息渠道

畅通的质量信息反馈渠道是解决产品质量问题的关键。比如，生产人员发现质量问题，首先就要把问题横向传递，以最有效、最快捷的方法对接到责任点，并由责任点的相关人员对生产过程进行调整，防止后续问题的发生。同时检验人员则要把信息纵向传递给上级部门，通过上级的指令，实现部门与部门之间的顺畅沟通，这样就将原来的单边纵向循环，转变为横向、纵向的双向循环。

5. 有效控制不良产品

很多中小企业在处理不良产品的时候，往往忽视处理后的原因分析、措施制定等有效控制手段，或者说虽然做了，但也仅限于表面的处理，导致同样的问题重复出现。因此在处理质量问题的过程中，必须坚决执行“三不放过原则”，即不良原因的分析不清不放过，造成产品不合格的责任人未受处理不放过，未制定纠正、预防措施不放过。

第二节 中小企业质量管理制度施

一、品质管理办法

第一章 总则

第一条 目的。

为加强本公司品质控制业务，提升产品品质，促进经营效率，特制定本办法。

第二条 范围。

本办法适用公司的品质控制业务。

第三条 相关职责。

1. 生产部主管岗位职责

(1) 负责对生产作业计划情况跟进检查并进行管理工作，合理利用设备，节约生产消耗，提高工作效率。

(2) 当（或预测到）设备、材料、等发生重大问题时，应该及时向生产经理或总经理上报。

(3) 负责定期或不定期对工厂设备进行巡视，组织有关生产人员进行分析讨论，提出问题，解决问题。

(4) 严格执行公司的质量管理制度，认真履行其工作职责。

2. 品管中心主管岗位职责

(1) 质量数据分析、质量目标考核。

(2) 各项质量报表统计、发布、存档。

(3) 公司计量器具的归口管理。

(4) ISO 9000 质量文件的归口管理。

(5) 协助部门主管交办的其他事宜。

第二章 品质管理细则

第四条 控制业务方针。

(1) 遵循公司营运方针，发挥各部门的机能，贯彻实施品质控制。

(2) 彻底做好品质控制，必须提高公司上下人员的品质意识。

(3) 检查、研究、设计、采购、制造、销售及事务管理，均利用统计的方法，以利于提高品质水准，降低成本。

(4) 制定公司内标准作业规定，以使品质控制的各项业务推行顺畅。

（5）要求供应厂商彻底推行品质控制的各项工作。

第五条　品质保证。

（1）应站在消费者立场，按品质程序规定，切实做好品质控制。

（2）公司应定期对生产现场问题进行分析检查，最大可能地将影响产品品质的因素杜绝掉。

（3）生产部要充分把握整个品质控制的检验方法、计量器具及质检人员操作的正确性。

（4）预防因装货包装、保管、运输而引起的对产品品质的损坏。

第六条　注意事项。

（1）要把品质管控培训当做公司的必修课，全面提高公司的品质管理意识。

（2）如若发生品质异常，需将情况及处理经过及时告知相关环节的负责人，以免同类问题再次发生。

（3）品质管控中心应将品质控制的实施情况制成周报、月报、年报呈报上级主管，以作为品质持续改进的资料。

（4）各项品质报表应保存 3 年以上，年报应永久保存，非经总经理核准，不得任意销毁。

第三章　附则

第七条　本办法由品管中心负责制定和解释。

第八条　本办法自××××年××月××日起执行。

二、质量改进管理制度

第一章　总则

第一条　为促使公司生产质量不断改进，防止产品发生质量问题，提高公司竞争力，特制定本制度。

第二条　本公司经营管理、技术工艺、质量检验以及生产现场等各方面有关质量改进的事项，均依照本制度办理。

第三条　质量管理部、技术部和生产部分别派出人员组成质量改进小组，其具体职责如下。

（1）本公司质量改进计划和方案的修订与研讨。

（2）有关质量改进的策划、督导、教育和训练。

（3）质量改进实施的追踪、审核、协助和报告。

（4）本公司质量改进提案的审查和批准。

（5）质量改进的其他相关事项。

第二章　质量改进原则

第四条　全员参与。质量改进是全方位进行的，在一个组织中，只有人人都积极参与到质量改进的活动中来，质量改进活动才具有活力。

第五条　过程改进。组织的产品和服务或其他输出的质量是由使用它的顾客的满意度来确定的，但它却取决于形成及支持它的过程和效率。将活动和相关的资源作为过程进行管理，可以得到期望的结果。

第六条　持续改进。质量改进是一种以追求更高的过程效果和效率为目标的持续活动。组织通过持续的质量改进为客户带来更多利益，同时也提高了自身的竞争能力。

第七条　基于事实的决策方法。即在数据和信息的基础上，进行科学的分析后再进行决策。

第八条　预防性的改进。质量改进的目的之一在于预防问题的再次发生，而不仅仅是事后的检查与补救，即进行预防性的改进。

第三章　质量改进的目标

第九条　质量改进必须有目标作指引，以引导质量改进组织及其成品做出合乎目的的改进行动。在确定质量改进目标时，应注意以下五个方面。

（1）具体目标要与企业总的经营目标紧密结合，并突出提高顾客满意程度和过程的效果和效率。

（2）这些目标应明确、易懂、积极、可行、恰如其分，并且能够用于测量质量改进的进展情况。

（3）达到这些目标所需的策略、措施，应该被为实现这些目标而一起工作的全体人员所理解和赞同。

（4）质量改进目标应定期进行评审并反映出不断变化的顾客期望。

（5）目标应具有一定的挑战性，但要适度。

第四章　质量改进的实施

第十条　质量改进规划。质量改进规划是在组织中树立了质量改进的意识，并建立了质量改进目标的基础上，结合组织管理者对质量改进工作所提出的战略要求而制定的。

第十一条　质量改进组织的建立。质量改进的组织分为两个层次，一是从整体的角度为改进项目调动资源的组织，这是管理层，即质量管理委员会；二是具体开展工作项目的组织，这是实施层，即质量改进团队或质量改进小组。

第十二条　现状分析。要进行质量改进，首先要明确质量问题的现状及产生的原因。如要解决质量问题，可以从人、机、料、法、环、测量等各个不同的角度进行调查，去现场收集数据中没有包含的信息。

第十三条　制定质量改进的方案并实施。在了解组织中现已存在的或潜在的质量问题，并查清产生问题的原因后，制定出相应的质量改进方案。由质量管理部门负责组织相关部门实施。

第十四条　确认质量改进的效果。对质量改进的效果要正常确认，错误的确认会让人误以为问题已得到解决，从而导致问题再次发生；反之，也可能导致对质量改进的成果视而不见，从而挫伤了持续改进的积极性。同时，还应对改进效果不显著的项目进行分析总结，找出问题所在，为下一轮的质量改进工作提供依据。

第十五条　质量改进的评估。质量改进的评估方法一般有客户评价法、企业评价法、专家评价法、产品性能评价法等。

第五章　附则

第十六条　本制度由质量改进小组拟订，报质量管理部经理审核后，提交总经理审批。

第十七条　本制度自颁布之日起执行。

三、质量成本管理办法

第一章　总则

第一条　为保证公司产品在质量、成本和效益三者之间取得最佳的结合，动员公司各个部门、车间的全体职工，对质量及产品质量成本进行核算、分析、控制和考核，提高管理水平，增加经济效益，特制定本办法。

第二条　质量成本管理是一项系统工程，需要公司各部门全面协同配合。各部门在质量成本管理上，应按本办法规定的职能发挥各自的作用。

第二章　管理机构的设置

第三条　质量成本涉及面广、专业性强，为搞好这项工作，决定建立以总会计师为首的质量成本管理中心，由质量管理部人员组成，定期开展质量成本分析研究。

第四条　质量成本核算程序，实行车间职能部门和公司财务部与全面质量管理办公室两级核算体制。按照“归口管理、集中核算”的原则，由车间成本核算员负责本单位质量成本核算，财务部门设专职质量成本会计负责公司质量成本核算。

第三章　质量成本核算的基本任务和内容

第五条　正确核算质量成本、质量收入和质量收益，降低控制质量过程的耗费，争取提高质量收入，寻求增加质量收益的途径和方法，为提高质量管理提供信息资料。

第六条　质量收入包括新产品研究收入、设计试制收入、生产质量收入、质量检验收入、销售质量收入、技术服务收入和其他收入等。

第七条　质量成本包括新产品试制成本、内部故障成本、外部故障成本、鉴定成本和预防成本等。

第八条　质量收益包括本期实现质量收益、潜在质量收益、质量社会效益等。

第九条　质量成本核算要划清三个界限，即划清质量成本收益与非质量成本收益的界限，划清各种产品的质量成本与质量收益的界限，划清质量成本中实现收益与潜在收益的界限或显见与隐含的界限。

第十条　各单位要根据质量成本核算的要求，加强基础工作，健全原始记录与管理制度，把会计核算与统计核算的原始记录统一起来，使预测、计划、控制和考核分析工作标准化、程序化、制度化。

第十一条　根据核算要求，建立统计总账，做好质量资料的统计与档案工作，以便形成完整的历史资料。

第十二条　质量成本计划与控制是TQC计划的重要组成部分，也是控制产品质量和生产工作质量的科学手段，故每个季度均应由全面质量管理办公室牵头，财务科配合编制质量成本计划。

第十三条　以产品质量形成过程为控制对象，做到日常控制、事前控制和定期检查相结合，以班组为重点，进行工序控制，使质量、成本与效益达到最佳结合。

第四章　核算方法

第十四条　采用会计核算与统计核算相结合的方法，对于实现或显见收支采用会计核算方法。对于潜在或隐含收支采用统计核算方法；对于质量成本，以会计核算为主；对于质量收入与收益，则以统计核算为主。

第十五条　采用质量核算与财务会计核算相结合的形式，可不专设质量核算科目与账户。

第十六条　实行质量成本核算与考核，促使质量成本下降，产品升级创优，增强产品的竞争能力与市场占有率，扩大产品销售，给企业带来现实和潜在的经济效益。因此，在计算质量成本的同时，还要计算质量收入和效益。一般主要采用统计核算方法。质量成本是保证和提高产品质量的耗费，质量收入则是产品质量提高之所得，与相关指标比较，反映企业实现的和潜在的质量效益。

第五章　质量成本的分析与考核

第十七条　质量成本分析，每月要进行一次。各车间、部门主要应对质量成本的各个项目发生额及其增减原因进行分析说明；财务部门主要进行数据分析；全面质量管理办公室负责综合分析。数据分析，主要是从质量成本绝对额的升降、项目构成的变化趋向，找出质量成本管理工作的关键问题。通过构成分析与因素分析，观察变化趋势是否合理，明确影响变动的因素，使之符合故障成本为最低值、鉴别与预防成本保持必要水平、两者变动值之和达到最大正值的要求，亦即符合质量成本最佳值的要求。综合分析，要结合产品生产质量和质量成本的变化与联系，运用数理统计和 TQC 的基本方法，对影响产品与生产质量的重要因素进行深入调查，应用排列图、对比图、趋势图及质量成本曲线图等，既可制订出提高产品与生产质量水平的具体措施，又可找到质量成本最佳区域以及降低质量成本的办法。

第十八条　在公司领导下，由总工程师负责组织改进产品质量，从而降低质量成本；总会计师组织质量成本核算工作；全面质量管理办公室负责 TQC 和质量成本工作的综合组织、监督和管理工作，制定质量和质量成本计划，并按月考核；财务科负责全厂质量成本核算，汇总编制质量成本报表。

第六章　附则

第十九条　本办法由质量管理部制定，解释权、修改权归质量管理部。

第二十条　本办法经总经理审批通过后自颁布之日起执行。

四、品质异常处理办法

第一条　目的。

为加强产品品质管制，使制造过程中的品质异常得以顺利解决，特制定本办法。

第二条　适用范围。

本办法适用于生产制造过程中各部门发现异常的处理。

第三条　权责单位。

（1）品管部负责本办法制定、修改、废止之起草工作。

（2）总经理负责本办法制定、修改、废止之核准。

第四条　异常处理规定。

1. 处理流程。

（1）品质异常处理单。此单由发现异常的部门提出，同时发现异常的部门需对解决的效果确认负责。

（2）对策部门。造成异常的部门必须采取解决措施的责任。

（3）时限。采取措施的部门接到处理单后，应于 24 小时内提出相应

的解决措施，并反馈给品管部及公司总经理。确因原因复杂未能于上述期限内完成时，应事先向发现异常单位及品管部说明。

2. 品质异常反馈单。

“品质异常反馈单”应包括下列内容：

（1）属于发现异常单位填写的内容：

①制造命令。

②生产产品名称、规格。

③客户。

④发生时间。

⑤发生场所。

⑥异常情形描述。

⑦不良率。

⑧责任单位。

（2）属于发生异常单位或品管部填写的内容：

①不良原因分析。

②临时对策。

③品管部负责填写对策效果追踪。

（3）属于责任单位填写的内容：

①不良原因分析。

②改善对策（根本对策）。

第五条　异常原因分类及对策提出。

异常原因的类别	提出对策的部门
原材料原因	由品管部、采购部、供应商研究对策
作业原因	由制造单位研究对策
技术原因	由开发部、生技部研究对策
设备原因	由生技部研究对策
上工程原因	由品管部、上工程制造单位研究对策
其他原因	由相关责任单位研究对策

第六条　对策原则。

（1）临时对策原则。以尽快恢复生产为目的，在确保品质的情形下力求将损失降为最低。

（2）根本对策原则。以彻底纠正不良为目的，起到巩固和预防的作用。

第三节　中小企业质量管理表格

一、质量管理工作计划表

<table>
<tr><td>部门</td><td></td><td>隶属单位</td><td></td><td>负责人</td><td></td><td>人数</td><td></td></tr>
<tr><td>负责工作</td><td colspan="7"></td></tr>
<tr><td colspan="8">目前质量概括：</td></tr>
<tr><td colspan="8">不良原因分析：</td></tr>
</table>

二、质量管理标准变动表

<table>
<tr><td>产品名称</td><td colspan="2"></td><td>规格</td><td colspan="2"></td></tr>
<tr><td>产品特性</td><td></td><td>原管理标准</td><td></td><td>变动后标准</td><td></td></tr>
<tr><td>通知单位</td><td colspan="5">□生产一车间　□生产二车间　□生产三车间
□生产管理办公室　□技术室自存</td></tr>
<tr><td rowspan="6">变更生产过程管理界限</td><td></td><td></td><td></td><td colspan="2"></td></tr>
<tr><td></td><td></td><td></td><td colspan="2"></td></tr>
<tr><td></td><td></td><td></td><td colspan="2"></td></tr>
<tr><td></td><td></td><td></td><td colspan="2"></td></tr>
<tr><td></td><td></td><td></td><td colspan="2"></td></tr>
<tr><td></td><td></td><td></td><td colspan="2"></td></tr>
</table>

主管：　　　　　　　　　　经办：

三、质量管理标准表

产品名称									
规格						编号			
类别	检验项目	抽验方法	检验方法	管理标准					
				日期	标准	日期	标准	日期	标准
成品									
生产过程									
专用材料									

四、操作标准通知单

通知单位： 年 月 日 编号：

生产日期														
制造号码														
产品名称														
生产数量														
操作项目	新订	原订	标准	新订	原订	标准	新订	原订	标准	新订	原订	标准	新订	原订	标准
操作标准															
改动说明						批示意见									

审核： 填单人：

五、质量管理组成果报告表

名称		隶属单位		组长		人数	
主管			负责工作				
本产品质量不良状况改善情形： （1）改善成果 （2）改善经过 （3）讨论							
批示							

审核： 组长：

六、质量管理组活动报告书

<table>
<tr><td>组名</td><td></td><td>主题</td><td></td><td>指导员</td><td colspan="2"></td></tr>
<tr><td>时间</td><td></td><td>人员</td><td colspan="4"></td></tr>
<tr><td>地点</td><td colspan="6"></td></tr>
<tr><td>进行状况</td><td colspan="6"></td></tr>
<tr><td>实施内容</td><td colspan="6"></td></tr>
<tr><td colspan="3" rowspan="3">指导员观察结果：</td><td rowspan="3">下次活动</td><td>时间</td><td colspan="2"></td></tr>
<tr><td>地点</td><td colspan="2"></td></tr>
<tr><td>负责人</td><td colspan="2"></td></tr>
</table>

七、质量规范设定（修订）表

<table>
<tr><td rowspan="3">质量管理标准</td><td colspan="2" rowspan="3"></td><td>版次</td><td></td></tr>
<tr><td>日期</td><td></td></tr>
<tr><td>页次</td><td></td></tr>
<tr><td colspan="5">主题：</td></tr>
<tr><td>质量管理部</td><td>研发部</td><td>制造部</td><td colspan="2">总经理室</td></tr>
<tr><td></td><td></td><td></td><td colspan="2"></td></tr>
</table>

八、质量管理教育培训年度计划表

实施对象	课程名称	目的	各部门受训人数							备注
			生产	工程	质管	物料	管理	业务	其他	

第十四章 中小企业采购管理制度与表格

第一节　中小企业采购管理概述

一、中小企业采购管理现状

采购是公司生产产品及维护正常运作而必须消耗的物品及必须配置的设施购入活动的总称，是公司成本控制的重点。无论是公司管理者还是财务部门，对采购工作存在的风险都非常敏感，这不仅因为采购是直接影响生产成本的主要因素，而且有着很高的人为欺诈的可能。

随着互联网经济的发展，中小企业采购管理中存在的问题更加凸显，具体来说有如下问题。

1. 观念滞后

由于受传统采购观念的影响，中小企业在采购管理中还存在着“重销售，轻采购”的观念。在许多中小企业中，管理者都是重视如何把产品销售出去，忽视对采购环节的管理，采购依然只是生产环节的一个附属职能。

2. 盲目采购

很多中小企业对供应商考察时间过短，致使一些不合格的供应商成了自己的“重点合作单位”，从而影响了生产正常进行，造成采购成本居高不下。

3. 缺乏采购控制

一些中小企业往往没有采购计划，致使采购部门与生产部门脱节，没有根据生产部门的需要进行采购预算，采购经常脱离企业自身的需求，导致库存积压或缺货，给企业带来巨大的损失。

4. 采购人员的综合素质较低

采购是一种专业活动，必须得由专业的人才去管理才能实现高效运作，但目前中小企业的采购人员大多缺乏必要的专业培训，还停留在凭经验做事上。加上现在是互联网经济，物资价格与供应数量往往是实时变动，致使采购人员无力应付，直接影响了企业采购的效率、质量和效益。

5. 缺乏稳定的供应商

很多中小企业由于缺乏战略眼光，没有积累下稳定的供应商，致使在物资短缺时，没有一家合适的供应商来为自己供货，因为物以稀为贵，此时的物资价格往往被抬高数倍，对中小企业来说无法接受；而当物资供过于求时，许多供应商却又蜂拥而至，降价推销自己的产品，但此时的物资鱼龙混杂，必将给日后的生产带来隐患。

6. 缺乏信息技术支撑导致采购效率偏低

由于中小企业资金实力有限，虽然有不少企业现在都利用了电子计算机进行企业管理，但不少中小企业还处于半手工状态，这在很大程度上影响了采购效率。

二、中小企业采购应对策略

针对中小企业采购管理现状，中小企业的管理者应该制定出一套适合当下经济环境的采购策略，具体来说有如下一些措施。

1. 树立正确的采购观念。

采购管理在企业的整体运营过程中占据重要地位，据统计数据显示，采购成本占企业总成本的比例为30%～90%，平均值约为60%左右，材料价格每降低5%，通常生产利润可提高20%。良好的采购管理能缩短生产周期、提高生产效率、减少库存、增强产品对市场的应变力。

2. 制定合理的采购计划

市场的千变万化、采购过程的繁杂，要求采购部门要制定一份合理、完善的采购管理计划，采购计划好比采购管理这盘棋的一颗重要的棋子，采购计划做好了，采购管理才能做得更成功，如果其中一颗棋子走错了，可能就会满盘皆输。

3. 规范日常采购行为，严格审批手续

中小企业可以编制采购操作手册，规范日常采购行为。把采购作业过程分成若干步骤，每个步骤应该怎样做，要达到什么要求，应该留下什么记录，都分别做出具体的规定。

4. 优化采购流程，提高业务效率

在现代市场竞争中，企业要向管理要效益，传统的采购流程已不适应现代企业高效运营的要求。企业应以互联网和现代信息技术为基础，在适应企业自身战略发展要求的前提下，建立采购支持平台，通过采购业务流程的重组来不断提升采购活动的效率。

三、互联网 + 时代的采购——电子化采购

现在是互联网时代，中小企业的采购管理应该紧跟时代潮流，让“互联网 + 采购”的方式为企业的发展助力。

“互联网 + 采购”其实就是电子采购，与传统采购相比，电子采购使企业不再采用人工办法购买和销售它们的产品，商业交易开始变得具有无

缝性的特点，其自身的优势是十分显著的。

1. 缩短采购周期

传统采购耗时耗力，如果通过电子采购交易平台进行竞价采购，中小企业可以根据自己的要求自由设定交易时间和交易方式，大大地缩短采购周期。

2. 节约采购成本

通过电子采购交易平台进行竞价采购，中小企业可以使竞争变得更为完全、更为充分，从而使企业获得更合理并且低廉的价格，而这正是中小企业所渴求的，它大大节省了企业的采购开支。

3. 增加有效供应商

通过电子采购交易平台的专业数据库的支持，中小企业可以不受地域、行业的限制，找到更多、更合适的供应商，这对中小企业来说就是再合适不过的了。还有就是，电子采购可以达到信息共享。不同企业，包括各个供应商，都可以共享信息，在这个平台上，大家不但可以了解当时采购、竞标的详细信息，还可以查询以往交易活动的记录，这些记录包括中标、交货、履约等情况，帮助中小企业全面了解供应商，而供货商也可以更清楚地把握市场需求，这种供求双方都能得到好处的方式会被大家乐意接受。

总而言之，利用互联网，中小企业的采购、竞标将变得前所未有的快速、高效和公平，将会为中小企业节省大量的人力和采购所需的大量间接资金投入，中小企业可以把更多的精力放在产品的技术含量及品质上。

第二节　中小企业采购管理制度

一、采购业务管理制度

第一章　总则

第一条　目的。

为加强本公司规范采购工作，保障公司生产经营活动所需物品的正常持续供应，降低采购成本，特制定本制度。

第二条　适用范围。

本制度适用于本公司所有的材料、零件采购管理工作。

第二章　作业规定

第三条　销售计划。

(1) 营销部应于每月×日前提出次月的销售计划或订单情况，并提供×个月内的预测销售计划或订单情况。

(2) 营销部制作的销售计划与预测计划一式三联，经部门主管签准后，转呈总经理核准。

(3) 生管部根据销售计划与预测计划，制订生产计划及物料需求计划。

(4) 生管部与业务部应每周作一次产销协调，确认订单与生产计划之供求关系。

第四条　请购作业。

(1) 生管部根据物料需求计划的规定，进行物料分析，然后提出订货计划通知。

(2) 生管部应于每月×日前依订货计划开立请购单。

(3) 请购单一式三联，经权责主管确认后，一联由生管部留存，一联转采购部作为订购作业的依据，一联交财务部作审核订购单及请款单等作业之用。

(4) 生管部提出的请购数量，应包括必要的材料损耗。

(5) 采购部必须提供各种原物料的采购前置时间（即订购至交货日之间的时间）及最少订购量、经济订购量给生管部。

(6) 生管部在开立请购单时，发现供需大量变动时，应即时通知采购部修正交货数量及交货日期。

第五条　订购作业。

（1）采购部门人员在接到请购单后，应依厂商供应的时间不同而开立订购单。

（2）订购单为一式五联，呈总经理确认后，一联由采购部留存，一联转供货商，一联交财会部，一联转仓储部，一联转主管部门物控。

（3）采购部门人员根据生产管理提出的请购单开立订购单后，应负责依生管部要求的日期、数量购入物料，不得延误，如果有特殊情况，生管部在修改数量、交期时，应以修改后的数量、日期为准。

第六条　进料作业。

（1）供应商根据订购单生产材料、零件，交货时以本公司之进料验收单，自行填写订购单号码、日期、品名、料号、数量及统一发票，由暂收货单位核对后签收，一联自存。

（2）仓储部门人员点收时，应认真负责核对订购单号码、数量、品名、料号是否相符，且登记于原材料暂收日报表。

（3）仓储部门点收人员在接到进料验收单时，应立即判明物料是属一般件还是急件，然后将单据转进料品管部，且将急用物料已入料的信息告诉物控人员。

（4）进料品质检验后，进料验收单转仓管人员。

（5）合格物料予以入库上架，并核对品名、数量，无误后方可签收。

（6）仓管人员在进料验收单上签注入库日期，且制成每日入库日报表。入库日报表一式三联，一联留存，第二、第三联转采购部。

（7）生管部物控人员接获入库日报表时，应及时核销请购单及订货计划，以准确把握物料信息。

（8）如果进料品管单位将物料判定为不合格，应开立不合格通知单，发生管部或采购部门转厂商处理。

第七条　注意事项。

（1）付款方法依本公司应付账款处理细则之规定办理。

（2）物料价格依本公司采购价格管理办法处理。

（3）物料品质依本公司进料检验规定办理。

第三章　附则

第八条　总经办负责本制度制定、修改、废止之起草工作。

第九条　总经理负责本制度的制定、修改、废止之核准。

第十条　本制度自颁发之日起实施。

二、供应商管理制度

第一章　总则

第一条　目的。

选择合格的供应商并对其进行持续监视，以确保其能为公司提供合格的产品与服务。

第二条　适用范围。

本制度适用于给公司提供产品和服务的所有供应商。

第三条　权责。

（1）采购部、质检部、技术部负责对供应商进行评价。

（2）采购部、质检部负责对供应商进行考核。

（3）总经理负责合格供应商的审批。

第二章　合格供应商的标准

第四条　评价合格供应商。

公司相关人员评价合格供应商时，应按照以下标准综合考虑：

（1）供应商应有合法的经营许可证，有必要的资金能力。

（2）按国家（国际）标准建立质量体系并已通过认证的供应商优先。

（3）对于关键原料，应对供应商的生产能力与质量保证体系进行考察，其中包括下列五个方面的要求：

①进料的检验是否严格。

②生产过程的质量保证体系是否完善。

③出厂检验是否符合我方要求。

④生产的配套设施、生产环境、生产设备是否完好。

⑤考察供应商的历史业绩及主要客户，其产品质量应长期稳定、合格、信誉较高，主要客户最好是知名的大型企业。

（4）具有足够的生产能力，能满足本公司连续的需求及进一步扩大产量的需要。

（5）能有效处理紧急订单。

（6）有具体的售后服务措施且令人满意。

（7）同等价格择其质量优，同等质量择其价格廉，同价同质择其距离近。

（8）样品通过试用且合格。

第三章　供应商的评价程序

第五条　采购部门选择供应商。原料必须来自公司选定的合格供应商，供应商必须有合格证明、检测报告等相关资质证明文件。

第六条　质检部对供应商进行审核，审核方式包括现场审核和文件审核，采取何种方式由品管部决定，评审内容包括现场条件、管理体系、生产能力、交货期、服务情况等。质检部按照“供应商评估表”内容对供应商进行现场检查。

第七条　对于客户指定的供应商，质检部负责对供应商提供的产品是否符合有关法律法规的要求进行评价，质量方面的要求由质检部与客户共同协商进行审核。

第八条　质检部将符合要求的供应商上报总经理，经审批合格后确认为合格供应商，并填写到“合格供应商名单表”中，建立档案，并对每一批原辅料进行检验记录，供应商需提供保证书或检测机构的鉴定证书。

第九条　供应商提供的产品若出现不合格现象，应根据情况做出退货处理并及时通知采购部，要求供应商写出书面整改报告，其内容至少包括：存在的问题、整改方案、负责人、整改期限。公司派专人按照供应商提交的整改报告对整改情况进行复查，若供应商提供的产品连续超过三次不合格，或者是出现问题不予整改的，由品管部报总经理批准后，取消其合格供应商资格，并且在“合格供应商名单表”上将其删除。

第十条　质检部每年派专人对供应商生产条件、管理体系、生产能力、交货期、服务情况、运输问题、质量标准、投诉数量及整改情况等进行评价，评价合格后继续承认为合格供应商，对不合格供应商责令限期进行整改，对于责令整改但仍不合格者取消其合格供应商资格，并且在“合格供应商名单表”中将其删除。

第四章　供应商的监督与考核

第十一条　考核对象。

供应商考核对象为列入“合格供应商名单”的所有供应商。

第十二条　考核方法。

公司对供应商实行评分分级制度，供应商的考核项目包括质量、交期、服务、价格水平等内容。

第十三条　考核频率。

对关键、重要材料的供应商，应每月考核一次；对普通材料的供应商，则每季度考核一次。

第十四条　考核结果的处理。

（1）考核结果优秀的供应商，优先采购。

（2）考核结果良好的供应商，要求其对不足部分进行整改，并以书面形式提交整改结果，由供应商评价小组对其提交的纠正措施和结果进行确认。

(3) 考核结果一般的供应商，要求其对不足部分进行整改，并以书面形式提交整改结果，供应商评价小组对其提交的纠正措施和结果进行确认，并决定是否继续采购或减少采购量。

(4) 对考核结果差的供应商，需从“合格供应商名单”中删除，并终止向其采购。

(5) 考核标准和考核结果由采购人员书面通知供应商。

第十五条　对合格供应商进行交期监督。

采购人员应要求供应商准时交货，同时记录由供应商原因引起的分批发运造成的超额费用。

第十六条　对合格供应商进行质量监督。

(1) 质量管理部和采购部应保存合格供货方的供货质量记录，产品不合格时应对供应商提出警告，连续两批产品不合格则暂停采购，另选供应商，或待其提高产品质量后再行采购。

(2) 对于不合格的供应商，应取消其供货资格，将其从合格供应商名单中删除。

第五章　供应商政策的执行、反馈与变更

第十七条　供应商政策的执行与反馈。

供应商管理相关部门在接到供应商政策执行通知书后，须按规定执行，并严格遵守保密制度。在政策执行的过程中若发现任何问题，应立即反馈给采购部。

第十八条　供应商政策的临时性变更。

(1) 在出现下列情况之一时，经过公司总经理的书面同意，可对某些供应商的政策作临时性调整。

①某供应商的发展战略或地域销售政策发生对公司有利或不利的重大调整。

②某供应商决定把我公司作为重要客户。

③重要供应商出现经营危机。

④市场供应价格发生剧烈震荡，使供应风险骤然加大，引起供需双方相应做出重大的政策调整。

⑤其他需作临时性调整的情况。

(2) 临时性供应商等级调整同样应填写《供应商等级变动申请表》，并在表格右上方注明“临时”字样和调整时限。

(3) 一旦调整结束，应立即恢复供应商的原有等级，如仍需继续保留临时等级，需报总经理特批，并于该季度在供应商评审会议上通过。

第六章　附则

第十九条　本制度由采购部制定，采购部负责解释和修订。

第二十条　本制度报总经理审批后，自颁布之日起执行。

三、采购计划管理制度

第一章　总则

第一条　为规范公司采购计划管理，确保生产部及其他部门的正常工作，特制定本制度。

第二条　本制度适用于公司的所有采购作业。

第三条　采购计划管理的原则。

（1）与公司决策保持一致，与公司经营目标一致。

（2）满足生产、工作需要。

第二章　部门职责

第四条　营销中心负责提供已预定的销售订单清单及销售预测。

第五条　生产部负责提供生产物料需求清单，并注明各种物料的需求期限。

第六条　生产部负责提供物料的库存数量及安全库存报表。

第七条　采购部负责已批准的采购计划单的预算、执行。

第八条　财务部负责采购预算及采购费用支出的审核。

第九条　质量管理部负责监督各部门的执行。

第三章　计划编制要求

第十条　采购计划的编制依据。

（1）销售计划。

（2）生产计划。

（3）物料库存报表。

（4）购买物料的厂商及市场状况。

（5）采购计划的历史数据及上期执行情况。

（6）各部门的其他需要。

（7）公司的资金能力。

第十一条　采购计划的编制原则。

（1）量力而行原则。编制的采购计划要结合公司的即时支付能力。

（2）适度超前原则。编制采购计划时要充分考虑到物料的现实需求与前瞻需求，在公司财力允许的情况下，适度提高采购的余量与内在品质。

（3）成本经济原则。编制采购计划或物料定性时充分考虑物料与其后续成本支出，按照降低采购成本的总要求，合理确定规格型号等具体技术参数，或提出替代品。

（4）物料分类原则。编制采购计划时，采购物料需按照轻重缓急分为不同的等级，对重点物料或急需物料要优先安排采购。

（5）提高采购整体效益原则。

①对采购价格易因时间、季节变化的物料，应将其安排在价格处于低谷的淡季进行采购。

②对相近或相同的物料采购尽量安排一次性采购。

③对经过认证能够满足公司需求的供应商，尽量将相近的产品安排在一个供应商名下进行集中采购。

第十二条　采购计划的内容。

（1）采购物料的数量、技术规格、参数及要求。

（2）采购物料的价格及供应商。

（3）采购物料在生产中的投入使用阶段。

（4）采购的全部物料划分模块的标准及每个模块下包含的项目。

（5）编制每个采购模块在采购过程中各个阶段的时间表，并根据每个模块的采购时间表确定全部采购的时间表，并及时通知相关部门。

（6）整个采购工作的协调管理工作。

第十三条　采购计划中的供应商必须经过公司的认证。对于无认证的供应商，处理方法如下：

（1）在产品上必须注明供应商未经公司认证，并提供不少于两家的备选供应商。

（2）编制出详细的供应商认证计划及进度安排，作为采购计划的附件，抄送质量管理部，报分管副总经理/总经理审批，但此项事宜不得影响产品的按时供应。

第四章　采购预算管理

第十四条　按照编制期间，采购预算可以分为以下四类：

（1）年度预算。

（2）季度预算。

（3）月度预算。

（4）短期紧急预算。

第十五条　采购预算编制目的。

（1）采购部凭采购预算进行采购，控制采购费用的支出。

（2）财务部门根据预算筹措安排采购所需资金，保证资金支付的准确性与及时性。

第十六条　采购预算编制依据。

(1) 生产预算的每季预计生产量。

(2) 单位产品的材料消耗定额。

(3) 计划期间的期初、期末存料量。

(4) 材料的计划单价。

(5) 采购材料的付款条件。

第十七条　影响采购预算的因素。

(1) 采购环境。

(2) 公司销售计划。

(3) 物资标准成本。

第十八条　采购部需根据采购的具体内容选择合适的采购预算方法，如固定预算、弹性预算、滚动预算、增量预算、零基预算和定期预算等。

第十九条　采购部采用目标数据与历史数据相结合的方法确定预算数，并据此编制采购预算草案，报财务部审核。

第二十条　财务部应与采购部进行协商，在充分考虑公司的现实状况、市场状况和整体预算的基础上，综合平衡采购预算草案。

第二十一条　编制正式的采购预算。

(1) 采购部应根据平衡过的采购预算草案编制正式的采购预算，经财务部审核无误后，报主管副总审批。

(2) 在编制采购预算的过程中，采购部必须对预算留有适当的余量，以应付可能出现的紧急采购状况。

第二十二条　采购预算执行管理。

(1) 经核定的分期采购预算，当期未动用的，不得保留；如确有需要，下期补办相关手续后方可重新使用。

(2) 对于未列入预算的紧急采购，由采购部执行采购后，再补办相关手续。

(3) 采购部门需严格执行采购预算，财务部对其进行监督和检查。

第二十三条　采购预算的调整。

公司在遇到以下5种情况时，可申请采购预算的变更：

①公司经营方向和策略发生重大变更。

②受重大自然灾害的影响。

③公司内部重大政策调整。

④宏观调控政策、税制、企业优惠政策等公司经营环境发生变化。

⑤市场经济形势发生重大变化。

第五章　采购计划的执行与控制

第二十四条　采购部根据总经理已批准的计划单向供应商发出订货合

同后，必须对订货合同进行跟踪，防止出现延期供货的情况，影响生产进度或其他部门的正常工作。

第二十五条　采购人员未能按采购进度采购时，填写“采购进度异常报告单”，注明异常的原因及预计完成日期，经分管副总经理/总经理审核后转送请购部门，根据请购部门的意见拟定对策进行处理。

第二十六条　采购的货物到达后，采购人员应办理相应的接收手续，并配合相关人员对采购的货物进行验收。

第六章　附则

第二十七条　本制度由采购部制定，经公司常务会议决议后通过，修订、废止时亦同。

第二十八条　本制度自颁布之日起生效。

四、特采管理办法

第一章　总则

第一条　目的。

为使本公司原材料采购发生品质异常时的处理有所依据，制定本办法。

第二条　适用范围。

本办法适用于因生产需要而采购的各项零件和材料，其品质发生异常时采用本管理办法。

第三条　权责。

（1）采购部对各项物料在进料发生品质异常时，提出特采申请，并汇总相关部门见解呈报总经理核示。

（2）生产部发现已完工的成品发生品质异常，但急需出货时，提出特采申请，并汇总相关部门见解呈报副总/厂长核示。

（3）工程部依设计观点判定，对物料的性能及影响提出见解，并同时对制造工程的影响提出见解。

（4）总经理对特采具有最终裁决权。

第二章　特采内容

第四条　采购部将来料输入系统，做《来料检验申请单》，送质控部检验。

第五条　质控部检验完来料，在系统做检验单。

第六条　如有不合格产品，质检第一时间通知采购相关人员，采购接到通知后，立即通知供方，以防止同样问题在供方生产中继续。

第七条　采购部根据公司实际生产情况，与计划、车间进行沟通确认此不合格物料是否为生产急需。在不超出严重不合格范围，又不影响正常生产情况下，采购部可在采购系统中做“来料检验不良品处理单”，组织生产、质控、技术人员进行评审。

第八条　评审可用后，如有扣款事项，采购应与供方就扣款事项进行沟通，达成一致后报各部，各部负责人根据审核权限界定在采购系统中审核，仓库入库。评审不可用的来料，采购负责办理相关退货事宜。

第九条　采购将“来料检验不良品处理单”打印交给财务部执行相关扣款。

第三章　附则

第十条　本制度由采购部制定，采购部负责解释和修订。

第十一条　本制度报总经理审批后，自颁布之日起执行。

第三节　中小企业采购管理表格

一、采购单

	制造号码	品名	规范说明	数量	单位	估计单价	需用日期	备注
请购项目								

	厂商	厂牌	单价	总价	采购意见	裁决	预定交货期
询价记录							
							实际交货期

第一联交申请单位，第二联交采购单位，第三联交会计单位，第四联交仓库单位

经理：　　　　主管：　　　　使用部门：　　　　仓库：　　　　申请人：

二、供应商评估表

公司名称				联系电话	
公司地址				传真电话	
联系人		手机号		E-mail	
公司性质	□制造业　□贸易（代理）　□其他 □私营企业　□合资企业　□外资企业 □一般纳税人　□小规模纳税人　□其他				
公司注册资金		公司成立日期		公司人数	
公司主要产品					
公司主要客户					
公司近两年营业额					
厂房面积		认证体系	□ISO 9000　□ISO 14000　□UL　□其他		
公司员工人数		研发人数		品质人数	
产品所用原料的来源和品牌					

三、合格供应商名单

序号	供应商名称	地址	联系人	电话	传真	主要产品	级别

制表日期：　　　　　　　　　　　　批准日期：

四、采购申请变更单

项目名称		项目代号	
请购单号		请购部门	
变更内容			
变更原因			

编制：　　　　　　　　　　日期：

校核：　　　　　　　　　　日期：

批准：　　　　　　　　　　日期：

五、物料订购跟催表

分类：　　　　　　　　　　跟催员：

订购日	订购单号	料号（规格）	数量	单价	总价	供应商（编号）	计划进料日	实际进料日		
								1	2	3

六、采购成本分析表

单位名称：　　　　　　　　　　　　　　　　　　日期：　　　年　　月　　日

<table>
<tr><td>产品名称</td><td colspan="2">零件名称</td><td colspan="2">零件料号</td><td>估价数量</td><td colspan="2">备注</td></tr>
<tr><td></td><td colspan="2"></td><td colspan="2"></td><td></td><td colspan="2"></td></tr>
<tr><td>材料费</td><td colspan="7"></td></tr>
<tr><td>材料名称</td><td>编号</td><td>规格</td><td>厂牌</td><td>单价</td><td>用量</td><td>损耗率</td><td>材料费</td></tr>
<tr><td></td><td></td><td></td><td></td><td></td><td></td><td></td><td></td></tr>
<tr><td></td><td></td><td></td><td></td><td></td><td></td><td></td><td></td></tr>
<tr><td></td><td></td><td></td><td></td><td></td><td></td><td></td><td></td></tr>
<tr><td>加工费</td><td colspan="7"></td></tr>
<tr><td>工程内容</td><td>编号</td><td>使用设备</td><td>日产量</td><td>设备折旧</td><td>模具折旧</td><td>单价</td><td>加工费</td></tr>
<tr><td></td><td></td><td></td><td></td><td></td><td></td><td></td><td></td></tr>
<tr><td></td><td></td><td></td><td></td><td></td><td></td><td></td><td></td></tr>
<tr><td></td><td></td><td></td><td></td><td></td><td></td><td></td><td></td></tr>
<tr><td>后加工费</td><td colspan="7"></td></tr>
<tr><td>加工名称</td><td>编号</td><td>使用设备</td><td>日产量</td><td>加工单价</td><td colspan="3">说明</td></tr>
<tr><td></td><td></td><td></td><td></td><td></td><td colspan="3"></td></tr>
<tr><td></td><td></td><td></td><td></td><td></td><td colspan="3"></td></tr>
<tr><td></td><td></td><td></td><td></td><td></td><td colspan="3"></td></tr>
<tr><td>材料费合计</td><td></td><td colspan="2">加工费合计</td><td></td><td colspan="2">后加工费合计</td><td></td></tr>
<tr><td>营销费用</td><td></td><td colspan="2">税金</td><td></td><td colspan="2">利润</td><td></td></tr>
<tr><td>总价</td><td colspan="7"></td></tr>
<tr><td colspan="8">备注：</td></tr>
</table>

七、买卖合同

甲方：

乙方：

兹为甲方向乙方购下列货品，双方议定各项条件如下：

货品名称及规范说明	
单价	
总价	
交货期限	
交货地点	
运货	
订金	
付款办法	
验收	
延期扣款	
解约办法	
保证责任	
其他	

甲方：　　　　　　　　乙方：

负责人：　　　　　　　负责人：

地址：　　　　　　　　地址：

八、来料检验不良处理表

<table>
<tr><td>品名</td><td></td><td>型号</td><td></td><td>材质</td><td></td><td>供应商</td><td></td><td>来料
日期</td><td></td></tr>
<tr><td>来料
数量</td><td></td><td>检验
数量</td><td></td><td>不良数</td><td></td><td>不良率</td><td></td><td>检验
日期</td><td></td></tr>
<tr><td rowspan="8">检验标准：外观检验按批量20%抽检，尺寸按图纸检验</td><td>外观
检测
（目视）</td><td colspan="5"></td><td>判定</td><td colspan="2">□OK
□NG</td></tr>
<tr><td>尺寸
检验</td><td colspan="5"></td><td>判定</td><td colspan="2">□OK
□NG</td></tr>
<tr><td>功能
检验</td><td colspan="5"></td><td>判定</td><td colspan="2">□OK
□NG</td></tr>
<tr><td colspan="9">判定
IQC：</td></tr>
<tr><td>采购
意见</td><td colspan="8"></td></tr>
<tr><td>工程
意见</td><td colspan="8"></td></tr>
<tr><td colspan="9">处理结果：□特采　□生产部挑选　□供应商来厂处理　□退货</td></tr>
<tr><td>综合
判定</td><td>OK</td><td></td><td>NG</td><td></td><td>挑选</td><td></td><td>特采</td><td></td></tr>
</table>

第十五章

中小企业仓储管理制度与表格

第一节　中小企业仓库管理概述

一、中小企业仓储管理现状分析

库存是现代物流管理中的一个重要课题，也是企业发展壮大到一定程度时必须进行精确管理的内在要求。中小企业不断壮大，库存管理也显得越来越重要，成为其发展必须跨越的一个关卡，因为在销售利润和产品利润日益趋薄的今天，企业内部的物流管理尤其是库存管理已成为降低成本、增加利润的一个重要来源。但是有点遗憾的是，许多中小企业只是意识到了库存的问题，却并没去真正进行一些库存管理的变革。

1. 中小企业仓库管理现状

（1）手续不完备。货品名称不规范，导致财务入账错误、入账难或账实不符；车间领用各类物料是否承包无相关部门认定，造成财务无法核算；加工件，同名同型号但不同价，因领料单无相关说明，造成财务无法准确下账；物料因型号较多，领料单稍有错误便会导致财务入账错误；某些货品是否进口（单价高）未在出入库单上标明，财务无法准确下账；原领用货品不适用需调换时，未变更原领料手续，造成财务核算不准确且，现账实不符现象。

（2）办理入库、领料手续不及时。入库不及时，造成车间已领用货品中有部分因无手续办理入库，财务账面显示结存为负数或账实不符；车间、仓库互打欠条，且欠条清理不及时，造成财务入账不及时、账实不符；车间领用材料，因无手续，财务未入账，造成财务核算不准确、账实不符。

（3）工作不衔接。供应商所开具发票使用的单位与公司核算采用的单位不一致，造成财务入账困难；零星入库，以后换取一次入库手续（发票），前后金额不符；某些价值相对较大的货品，如果市场价格下降较大，车间往往会对核算的货品单价提出异议；采购部采购回来的备件，领料单已开，东西也领走，供应部却未及时入库。

2. 对所出现问题的原因分析

（1）制度缺失、执行力低下。制度是规范管理的依据，执行力是规范管理的保证，缺少了制度及执行力，我们的工作将无据可依，出现的问题不能得到及时解决。或有制度但无可行性与可操作性（细则），最终导致制度被束之高阁。而缺乏有效的监督、激励机制，将导致执行力低下。当问题集中暴露时，公司及个人都会为此遭受损失。

（2）权责不清晰，信息传递效率低下。仓库保管没有登记数量账，财务派驻仓库的人员兼记数量与金额账，如此分工导致仓库保管不能有效地对所保管实物的数量进行控制，而财务人员由于不熟悉仓库实物而无法准确记账。在手工作业条件下，仓库保管人员应该记录所保管实物的收发存数量，财务人员负责计算入库及领用物资成本。仓库保管对其经管的实物负责，而财务对金额负责，如此则可避免账实不符现象，增强仓库保管者的责任心。

（3）实物入库、保管、领用与财务核算脱节。这也是造成上述财务核算问题的原因，实物的入库、领用是通过入库、领料手续反映到财务上的，入库与领用规范后，就能够提高结存数量、结转领用成本的准确性。

（4）财务核算技术落后。财务核算手段落后，至今仍采用手工方式记账，而采用手工方式记账的弊端是显而易见的：一是容易记账错误、计算错误；二是不利于细化管理；三是成本核算只能采用全月一次加权平均或个别备件采用个别计价法，成本核算不够精确；四是汇总分析困难，比如分析备件库存时间、指定单价查询备件等。如果采用计算机技术辅助记账，则可完全解决以上问题，并且可以通过条码实现所有备件的独立管理，提高工作效率、工作效果。

3. 解决问题所要采取的措施

（1）制定仓库管理细则，规范业务处理流程，理顺实物、单据的传递途径。通过管理细则的制定，明确相关部门及员工的工作职责及工作程序，搞清如何正确填写单据；通过流程图的制定，让实物流转、单据传递一目了然；通过制定特殊业务处理办法，让员工知道正确的业务处理方法，财务核算也更加严谨。

（2）结合条码、ABC 管理法完善货位管理系统。对备件进行科学分类，利用条码建立账实的一一对应关系；通过 ERP 的实施，可以精确地以个别计价法对备件进行核算；通过 ABC 分类，找出我们需要重点关注的数量少、价值大、对生产有较大影响的备品备件，从而提高资金使用效率和存货周转率。

（3）建立可行、有效的监督激励体系，提高员工工作积极性。员工思想有包袱会导致其工作态度消极，工作态度的消极会引起工作质量的下降，工作质量的下降可造成备件库沉淀资金的增加，从而最终影响公司现金流。提高员工工作积极性不能挥舞鞭子和大棒，而是要使其获得经济、精神等方面的满足。"欲取之，必先予之"，不但适用于客户，也适用于员工。

（4）领导重视，各部门配合。仓库工作不是一个部门努力就可以做好的，需要领导的重视，经常关注备件库工作情况，也需要部门间的配合。仓库中的问题通过财务核算反映出来，但其问题的解决不是财务、仓库单

个部门所能做到的，需要供应、车间等部门的配合。

（5）提高库房管理人员的素质和业务水平。库房管理的电子化专业化对库房管理人员也提出了更高的要求。保管员除了应具备必需的业务知识外，还要拥有现代管理知识，能将生产与运作的管理知识、现代仓储物流理论应用到工作实践中，熟悉库存物资的属性，及时准确地提供数据，充分发掘库管物资的经济潜力，实现仓库管理新的飞跃。因此，要定期对库房管理人员进行培训，调动员工的积极性。

（6）改善办公条件，办公室与库房分开。管理层必须提高对库房管理的重视，经常深入库房工作第一线，关爱员工，给库房配备必要的硬件设施，尽量减少库存物资中可能出现的有毒有害气体危及员工健康，使员工在干净舒心的环境下愉快地工作。

二、中小企业仓储成本控制的意义

仓储成本是企业仓储活动过程中所消耗的物化劳动与活劳动的货币表现，它是伴随着物流仓储活动而发生的各种费用。仓储成本控制的重要性主要体现在以下三个方面：

1. 增加企业利润

增加盈利是企业的目标之一，也是社会经济发展的原动力。无论在什么条件下，成本降低都会使利润增加。在收入增加的情况下，降低成本可使利润更快增长；在收入下降的情况下，降低成本可抑制利润的下降。

2. 抵抗内外压力

企业在生产经营活动中，内有员工改善待遇和股东分红的压力，外有同业竞争、经济环境逆转等不利因素。企业可采取降低各种成本、改善产品和服务质量，引进人才，加强管理，增加研发投入，开发新产品等措施，抵御内外压力。降低仓储成本能提高企业价格竞争能力，使企业在经济调整时继续生存下去。提高售价会引发经销商和供应商相应的提价要求和增加流转税负担，而降低仓储成本可避免这类压力。

3. 有利于企业实现可持续发展

只有把仓储成本控制在同行业先进水平，才能赢得发展的先机，这也是企业竞争的基础。仓储成本下降了，可削减售价以扩大销售，销售扩大后经营基础稳固了，才有力量去提高产品质量，设计开发新产品，寻求新的发展。许多企业陷入困境的重要原因之一，就是在仓储成本失去控制的情况下，一味在扩大生产和开发新产品上冒险，一旦市场萎缩或决策失误，企业没有抵抗能力，很快就垮下去了。同时，仓储成本一旦失控，就会造成大量资金沉淀，严重影响企业的正常生产经营活动。

三、中小企业仓储管理控制流程

仓储内部控制制度是企业内部控制制度的重要组成部分，也是企业存货内部控制的基本手段。存货对于企业来说是必不可少的。它具有一定的价值和变现性。很多企业购销交易频繁，如果对存货控制不严，极易发生各种差错和舞弊行为，给企业造成经济上的损失。因此任何一个企业都必须加强存货的控制和管理，建立仓储内部控制制度。

由于存货管理与企业供、产、销、会计记录和财务核算有密切的联系，所以，在建立仓储内部控制制度时，应当结合销售、采购、生产、财务会计工作的要求，使之相互衔接，充分发挥仓储内部控制制度的作用。

仓库是仓储内部控制管理的落脚点。仓库一般应配备仓库主管人员、验收人员、收发货人员和记录人员等，这样可以使仓储业务中不相容的职务分离。如实物的验收保管与记录相分离；发料审批者与存货保管员相分离；存货盘点应由保管、记账及独立于这些职务的其他人员共同进行等。如果上述职位发生空缺或相关人员临时外出，还应指定替代人员或临时人员负责，避免暂时的职责重叠或管理脱节。除实物管理部门及仓储人员外，应限制其余部门和人员接近存货。

仓储内部控制主要有物资验收入库、物资保管保养、物资盘点与记录和物资出库发放等环节。

1. 物资验收入库

物资入库时，首先接收人员应凭入库通知单进行接收，核对入库物资的名称、规格、数量等。对外包装破损的入库物资还应开箱清点。查验时，发现入库物资数量、规格、型号有差错，或发现物资有损坏等情况，应在入库通知单上注明，并与有关人员及时联系妥善解决。

接收人员还应严把质量关，对入库物资要严格检查包装上或送货单上的检验合格证明，做到不合格或质量签证不全的物资不入库。对需检验的物资，在收料后当天要开列质量检验单送有关部门报验。同时将未经检验的材料与经检验合格的材料或不合格的材料严格区分存放。只有在入库物资数量清、规格清、型号清、质量合格后，方能签收开具入库单，并由验收员和仓库保管员在入库单上签字或盖章确认。

2. 物资保管保养

仓库保管员对经检验合格的材料，应及时按规格、型号堆放在规定的地点。对于存放物资，必须定期进行防火防潮检查，防止仓库物资霉烂变质，保证质量完好。至少每月组织抽查一次，做好抽查记录，做到账、卡、物三者一致。对存放物资的库号、架、层、位四者统一编号，和账、卡上编号相统一，方便库区的管理。

如存储的是贵重物品、危险品等特殊物品（金银等贵金属、易燃易爆化学品、麻醉药品等），则需要限制无关人员接近。必要时，仓库内部还可执行授权接近。采购部门采购的特殊物品，必须当天交仓库保管员。经手的仓库管理人员应将收到的物品立即存放在保险箱（专库）内，实行“五双制”管理，即双把锁、双人管、双人发、双人收、双人送。使用时，特殊物品贯彻专材专用、结余缴库的原则，严加控制，做到账册清楚，手续齐备。

3. 物资盘点及记录

保管人员应对所保管的物资加强盘点。每次收、发料后，应及时对这些材料的出入库单进行登记，定期盘点，做好盘点记录，分别报送财务部门和主管负责人备查。盘点中仓库物资发生盘盈、盘亏，或发生损坏、变质、过期失效，不能正常使用的情况，应检查分析原因，查明责任，采取措施。盈亏数经部门负责人确认后，要及时调整财务和仓库的账面数量，并同时报企业最高管理层处理。

4. 物资出库发放

各类物资一律凭出库凭证（领料单、提货单等）发放，不得无证发放。保管人员发料时，要严格审核发料（货）凭证，物资名称、型号规格、物资编号、数量、核准人、领料（货）人、领用日期等是否齐全。对生产制造部门外其他部门领用物资要填写用途，如果不符合要求，应提出补开或补填，否则不予发放。有限额计划的制造部门按照限额计划数量发放，发料人员不得自行超计划发料。对产品销售出库，还要注意提货单有无财务专用章，否则不予提货。仓库人员一律不得擅自动用仓库物资，不得涂改领料凭证或为领用部门代开料单。经复查确认无误，根据出库凭证填写出库单，并立即在库存实物存卡上登记。登记时应字迹清楚，准确无误。发现低于最低储存备量时，应及时报警。对大批商品、贵重商品或危险品的发出，还应得到企业最高管理层的特别授权批准。

5. 会计记录

首先，财务人员根据入库单、发票及时做好入库的账务处理，并根据存货名称、规格等记录明细账。其次，财务人员每月核对出库单与销售发票记账联，并将核对无误的数据结出当月销售额，定期与仓库核对库存余额。最后，对盘点中发现的存货盈亏情况应及时记账，按权限批准后及时调账。

四、互联网 + 模式下的仓储转型升级

如今已经进入“互联网 +”时代，人们的消费习惯正在悄悄发生改

变，网上购物已经成了人们生活中的一个重要组成部分，特别是在天猫、京东、苏宁等大型电商平台建立后，越来越多的网上订单、堆积如山的商品给企业的物流、仓储带来了巨大的压力，如何解决电商“爆仓”难题？传统仓储业如何成功转型？或许“互联网+”能给你一些启示。

互联网的兴起带动了快递、仓储业的井喷式发展。在电商物流链条上，快递业是冲锋陷阵的，它直接面向终端消费者，而作为快递支撑和配套后端的仓储，其运营是否流畅则直接影响到了前端的销售。面对电商的凶猛发展，仓储则压力大，频频出现的“爆仓”难题让电商们苦不堪言。

在互联网领域，资金流、信息流链条日益完善，作为后勤保障的仓储物流无论如何也不能再固步自封地“拖后腿”了。在这一背景下，服务于企业的智能化仓库越来越受到电商们的青睐与追捧，必将成为仓储业的核心竞争力。

传统的仓储其实就是一个临时的仓库，是产品的临时寄存地，在仓库重地，叉车来回穿梭是最让人熟悉的情景，但在互联网+时代，这样的仓储俨然已经不适用了，电商企业由于库存品种多，单品库存少，在库品管理方面则提出了更高的要求。如今电商对物流的要求不再是简单的快递，而是全供应链的优化，这就要求企业务必实现仓配一体化。

我们知道，传统的仓储管理，其重点是在储存而非流通，它的工作比较简单，就是货物的安全保存。但现在的电子商务的仓储是分拣中心加临时仓储，货物流动性很高，要配备高速、高效的物流设施。

毫无疑问，在电商模式下，商品出库、入库要比以前复杂得多，这迫使电商企业对电商物流仓库以及配套设施的要求非常高，仓储业应向信息化、智能化的方向靠近。

传统仓储如何摆脱困境？“互联网+”指出了方向。当互联网平台、信息通信技术大量涌入传统物流业，会给传统物流业带来巨大的冲击，能够创造一种新的互联网物流生态。

现在流行的做法是，在各级仓储单元应用二维码、无线射频识别等物联网感知技术和大数据技术，在这些智能化设备的操作下，实现仓储设施与货物的实时跟踪、网络化管理以及库存信息的高度共享，提高货物调度效率；鼓励应用智能化物流装备提升仓储、运输、分拣、包装等作业效率，提高各类复杂订单的出货处理能力。

未来传统仓库的转型，信息化、自动化和智能化将是重要方向。“互联网+物流”将与智能制造、金融相结合，产生更高的附加值，而充分利用互联网、物联网打造全新的商业模式则会成为产业链上各关联企业升级的驱动力，必将推动仓储物流的整体发展。

第二节 中小企业仓库管理制度

一、原材料入库管理制度

第一章 总则

第一条 目的。

为规范原材料入库管理，使各项作业有序进行，特制定本制度。

第二条 适用范围。

本制度适用于公司所有原材料的入库管理。

第二章 原材料入库规定

第三条 暂收作业流程

（1）供应商送交原材料时，仓库人员必须填写“入库单”一式三联，详细填写订购单号码、日期、品名、料号、数量并送到点收处，并将“入库单”送到点收处。

（2）仓储人员将“入库单”与本公司“订购单”核对。点收人员对进入供应商所送之物料进行点收，核对物料质量与“入库单”无误后，再核对订单数量与所交数量是否相符入库，是否有超交现象。

（3）超交的原材料以退回为原则，但可以考虑让厂商寄存，而不作进料验收的处理。

（4）点收人员核对无误后，在入库单上签字，并将其内容转记于原材料暂收日报表。

（5）点收人员若在核对送交物料时，发现数量不符，或混有其他物料，以及其他特殊情况时，应要求供应商的送货人员立即修改送货单或予以拒收。

第四条 验收检查。

（1）原材料的验收检查，由品管部进料检验依进料检验规定实施检验。

（2）进料检验结果有三种，即合格（或允收）、不合格（或拒收）与特采（或让步接受）。

（3）判定合格时，需将良品总数填入“进料检验单”第一至三联的合格栏内签字，经权责主管核准后，第三联交品管部留存，第一至第二联转交仓管人员，以便办理入库手续。

（4）判定不合格时，必须在进料检验单的第一至三联上注明并签字，同时填写不合格处理单一式两联，经权责主管审核后，留存进料检验单第三联及不合格处理单第二联，将进料检验单第一、二联转仓储人员，将不合格处理单第一联转采购人员，以利办理退货手续。

（5）判定不合格而暂收的原材料应予以办理退货手续，但因实际需要，需对暂收中的原材料的一部分或全部进行特采使用时，可依进料检验规定中有关特采的流程办理特采。

第五条 暂收退货。

如果仓储人员判定不合格，暂收中的原材料须办理退货，按下列规定办理：

（1）采购人员接获不合格处理单后，应立即联络厂商办理退货手续。

（2）仓储人员核对退货物品与进料检验单记录是否一致，并留存第二联，第一联送交财务部。

（3）仓储人员与厂商核对清点物料数量、品名一致时，进行物料交接，并在原材料暂收日报表上注明，同时请厂商签字。

（4）仓储人员依公司物品出厂管理相关规定，协助厂商办理退货物料出厂手续。

第六条 入库作业。

如果仓储人员判定原材料合格，应办理入库手续。

（1）仓储人员核对物料数量与合格总数量是否相符，在安排物料进入仓库后，在入库单实收入库数栏内填上实收数量，经权责主管审核后，留存第二联，将第一联转财务部。

（2）仓储人员依入库单与原材料暂收日报表，将物料登记在库存账卡及账册内。

（3）仓储人员需在隔天9点前将供应商“送货单”“入库单”及“进料检验单”订在一起交于财务人员，将入库单采购联交采购人员。

第七条 特采处理。

判定特采的物料，应办理入库手续。

（1）特采的原材料数量由品管部主管确认，并提出必要的处理方式或比例，填写在特采申请单的对策栏内。

（2）进料检验单上应注明特采，并标注扣款金额。

（3）仓储人员参照合格原材料流程办理入库手续。

第三章 附则

第八条 本制度由公司总部仓储管部负责制定、解释并检查、考核。

第九条 本制度报总经理批准后施行，修改时亦同。

二、物资出库管理办法

第一章 总则

第一条 为规范本公司的物资出库工作，保证各类物资快速、准确地出库，及时投入使用或进入市场，特制定本办法。

第二条 本办法对物资出库准备、核对出库凭证、出库备货理货、出库复核、交接清点等出库手续业务进行了规范，并对其他问题的处理及注意事项进行了规范，是物资出库管理的准则。

第二章 物资出库准备

第三条 物资经多次装卸、堆码、翻仓和拆检，会使部分包装受损，不符合运输的要求。因此，出库工作人员必须视情况事先进行整理，加固或改换包装。

第四条 根据物资的特性及实际使用要求，有些物资需要拆零后出库。因此，出库工作人员要事先做好准备，备足零散物资，避免因临时拆零而延误发货时间。

第五条 对于需要拼箱的物资，出库工作人员应做好挑选、分类、整理和配套准备工作。

第六条 对于需要装箱、拼箱或改装的物资，出库工作人员应根据物资的性质和运输的要求准备各种包装材料、相应的衬垫物，以及刷写包装标志的用具、标签、颜料和钉箱、打包等工具。

第七条 物资出库前，应留出必要的理货场地，并准备必要的装卸搬运设备，以方便运输人员提货发运或装箱送箱，加快发送速度。

第八条 出库凭证的准备。

（1）物资出库，一律凭盖有财务专用章和有关部门签章的“领料表”（一式四联，一联存领用部门，一联交财务部，一联交仓库作为出库依据，一联交统计）。

（2）仓库出库主管在发货时，根据“领料表”填写“物资出库单”。

第三章 物资出库作业程序

第九条 核对出库凭证。

（1）出库管理员应当检查领料单、调拨单、出库单等出库凭证，查看手续是否齐全，是否具有主管业务部门签章、签章是否齐全，有无涂改。

（2）出库凭证应包括的内容如下。

①经物资领用部门主管签名的“物资领用单”。

②经仓储部经理签章的“物资出库单”。

③物资检验合格报告书、合格证等。

(3) 出库工作人员接到物资领用单后，要认真核对物资的编号、规格、品名、数量有无差错和涂改，有关部门的签章是否齐全。

(4) 审核无误后，出库工作人员按照物资出库单上所列的物资品名、规格、数量与仓库账目，再做全面核对。

第十条　备货。

出库凭证经复核无误后，出库工作人员按其所列的项目内容和凭证上的批注，与编号货位进行对货，核实后核销物资明细卡上的存量，按规定的批次备货。

(1) 销卡。物资出库时，应先销卡、后付货。

(2) 理单。根据物资的货位，按物资领用单的编号顺序排列，以便迅速找对货位，及时出库。

(3) 核对。按照货位找到相应的物资后，出库工作人员要"以表对卡，以卡对货"，核对单、卡、货。

(4) 点数。出库工作人员要仔细点清物资出库的数量，防止差错。

(5) 签单。应付物资付讫后，出库工作人员逐笔在出库凭证上签名。

第十一条　理货。

(1) 核对。出库工作人员、领料员根据操作场地的大小、运输车辆到库的班次，对到场物资按照车辆配载。

领料部门编配分堆，然后对场地分堆的物资进行单货核对，核对工作必须逐车、逐批进行，以确保单货数量、品名、唛头、去向等完全相符。

(2) 标识。为方便收货方的收转，理货员必须在应发物资的外包装上标识收货方的简称。标识应在物资外包装的两侧，字迹应清楚，不错不漏。采用旧包装时，必须刷除原有的标识。如系粘贴标签，必须粘贴牢固。

第十二条　复核查对。

(1) 出库复核人员按照出库凭证，对出库物资的品名、规格、数量进行再次核对，以保证物资出库的准确性。

(2) 复核查对的具体内容。

①怕震、怕潮的物资，衬垫是否稳妥，密封是否严密。

②每件包装是否有装箱单，装箱单上所列各项目是否和实物、凭证等相符。

③领料部门、箱号、危险品或防震防潮等标志是否正确、明显。

④是否便于装卸搬运作业，能否保证物资在运输装卸中不致破损。

(3) 复核查对的结果处理。如经反复核对确实不符时，应立即进行调换，并将错备物资上所刷的标记除掉，退回原库房。退回后，再次复核结余物资的数量或重量是否与保管账目、物资保管卡片的结余数目相符，若发现不符应立即查明原因，及时更正。

第十三条　交接清点。

（1）备好的物资经过全面复核无误后方可办理交接清点手续。

（2）如果是领料部门或者供应商自提，则由出库工作人员将物资和证件交给领料人当面清点，办理交接手续。

（3）如果由公司运输部送货，则应办理好内部交接手续，由出库工作人员向运输部运输人员点清交接，划清责任。

（4）对于由仓库直接送往生产部门备料区的物资，送到各料区后，当面办理交接手续。

（5）装车作业时，出库工作人员、领料人员应当在现场监督装载全过程，实际装车件数必须一同点清。

（6）重要物资的技术要求、使用方法、注意事项要向领料人员交代清楚。

（7）物资移交完毕后，领料人员要在出库凭证上签名，出库工作人员做好出库记录。

（8）物资出库之后，出库工作人员应对仓库进行清理，清扫现场，清查发货设备和工具是否有丢失。

第四章　特别注意事项

第十四条　物资出库，必须按出库凭证办理，不得凭白条出库。

第十五条　物资出库时，必须经复核员复核，复核员根据物资出库单仔细检验库别、签章、品名、产地、规格、数量是否清楚，发现问题及时与有关部门联系解决。

第十六条　验单合格后，先销账后出库。

第十七条　物资出库时，必须以单对账、以账对卡、以卡对物。

第十八条　物资出库时，出库工作人员要仔细清点出库数量，做到“人不离垛、件件过目、动碰复核、监搬监运”，对搬运不符合要求的动作要及时纠正，防止物资损坏。

第十九条　物资出库时，要严把货票审核关、动碰制度关，加盖“货已付讫”章。

第二十条　在下列情况下，出库工作人员可以拒付物资。

（1）白条出库。任何人开的白条都不能视同物资出库凭证。

（2）物资出库凭证字迹不清，单货型号不符或涂改。

（3）领料人与物资出库凭证所列部门不符。

（4）物资领用单盖章不全。

第五章　附则

第二十一条　本办法由仓储部制定，经总经理办公室批准生效，仓储部和总经理办公室对于本办法有解释、修改和废除的权力。

第二十二条　本办法自核准颁布之日起执行。

三、物资储存保管制度

第一章　总则

第一条　为加强仓库物资储存管理，降低物资储存费用，特制定本制度。

第二条　本制度适用于企业仓库物资的储存保管事项。

第三条　仓储部为物资存储管理的归口管理部门，其他部门协助仓储部门的工作。

第二章　储存保管规定

第四条　物资的储存保管，原则上应根据物资的属性、特点和用途规划设置仓库，并根据仓库的条件考虑划区分工，合理、有效地使用仓库面积。

第五条　建立码放位置图、标记、物资卡，并置于明显位置。物资卡上载明物资名称、编号、规格、型号、产地或厂商、有效期限、储备定额等相关信息。

第六条　仓库管理员对所经管的物资，应以有利于先进先出的作业原则分别决定储存方式及位置。

第七条　凡吞吐量大的物资用落地堆放方式，周转量小的物资用货架存放方式。落地堆放以分类和规格的次序排列编号，上架的以分类号定位编号。物资堆放的原则如下：

（1）本着“安全可靠、作业方便、通风良好”的原则合理安排垛位和规定地距、墙距、垛距、顶距。

（2）物资品种、规格、型号等结合仓库条件分门别类堆放（在可能的情况下推行“五五”堆放），要做到过目见数，作业和盘点方便，货号明显，成行成列，码放整齐。

第八条　物资存放时应考虑其忌光、忌热、防潮等因素，妥为存放，仓库内部应严禁烟火，并定期实施安全检查。

第九条　经常进行盘点，做到日清月结，按规定时间编报库存日报和库存月报。

第十条　仓库管理员应整理该仓储保管物资的出货、储存、保管、检验及账务报表的登录等业务，每日根据出入库凭单及时登记核算，月终结账和实盘完毕与财会部门对账。

第十一条　仓库管理员对所保管的库存物资应予严密稽核清点，各仓库应随时接受单位主管和财务稽核人员的抽查。

第十二条　每月必须对库存物资进行实物盘点一次，并填报库存盘点表。

（1）发现盈余、短少、残损或变质，必须查明原因，分清责任，写出书面报告，提出处理建议，呈报上级和有关部门，未经批准不得擅自调账。

（2）积极配合财会部门做好全面盘点和抽点工作，定期与财会部门对账，保证账表、账账、账物相符。

第十三条　每年年终，仓储部应会同财务部、业务部等共同处理总盘存，必须实地查点产品的规格、数量是否与账面的记载相符。

（1）盘点后，应由盘点人员填写盘存报告表，若有数量短少、品质不符或损毁情况，应详加注明后由仓库管理员签名确认。

（2）有盘盈或不可避免的亏损情形时，应由仓储部经理呈报总经理核准调整，若为保管不当引起的库存短少，由仓库管理人员负责赔偿。

第三章　储存保管注意事项

第十四条　仓库环境卫生要每日清扫，每次作业完毕要及时清理现场，保证库容整洁。

第十五条　做好各种防患工作，确保物资的安全。预防内容包括防火、防盗、防潮、防锈、防腐、防霉、防鼠、防虫、防尘、防爆、防漏电。

第十六条　切实做好安全保卫工作，严禁无关人员进入库区。建立和健全出入库登记制度，对因工作需要出入库的人员、车辆按规定进行盘查和登记，签收“出门证”。夜间定时巡逻，提高警惕。

第十七条　切实做好防火安全工作，库区内严禁吸烟，严禁携带易燃易爆物品，严禁明火作业。对库区的电灯、电线、电闸、消防器具和设施要经常检查，发现故障及时维修排除，不得擅自挪动或挪用消防器具。

第十八条　库存物资如有呆废或损毁，仓库管理员不能自行处理的，应立即填写“物资送修单”，连同物资送交服务单位修护。

第十九条　仓库管理员如有变动，应先由其所属的部门主管查对库存物资移交清册后，再由交接双方会同监交人员实地盘存。

第二十条　除仓库管理员外，其他人员未经允许不得擅自进入库区。

第四章　附则

第二十一条　本制度由仓储部制定，其修改权、解释权亦归仓储部。

第二十二条　本制度经总经理审批后，自颁布之日起执行。

四、物料发放管理规定

第一章　总则

第一条　目的。

为规范本公司的物料发放工作，使仓储人员的工作有章可循，特制定本规定。

第二条　范围。

本规定适用于公司所有物料的发放。

第三条　权责。

仓储部负责物料的出库工作。

第四条　相关定义。

发料是指由仓储部人员根据生产计划或生产部门开立的“生产命令单”，由仓储部人员填写“发料单”，将物料直接向生产现场发放。

第五条　物料发放的依据。

（1）公司生产计划。

（2）生产车间标准损耗量。

（3）公司物料库存量。

第二章　物料发放流程。

第六条　仓储部人员接收领料单位的“领料单”。领料单一式三份，领料单上应注明领料时间、材料名称、数量、单价、金额，并由保管员和领料人员签字。

第七条　审核单据，内容如下。

（1）领料单填写规范与否。

（2）领料单审批程序正确与否。

（3）所领物料的规格、型号、数量等是否与物料计划有出入。

（4）所领物料是否在计划范围内且是最近生产所需。

第八条　物料发放。仓储部人员在物料发放过程中需认真仔细，杜绝出现数量不符、质量问题、包装问题、单证不符等情况。

第九条　登记数据。数据汇总后并登记出库台账。

第十条　物料发放注意事项。

（1）应遵守先入先出的原则。

（2）确保库存剩余物料的标志及可追溯性。

（3）认真清点数量，防止错发、漏发、多发等。

第三章　附则

第十一条　本规定由仓储部制定，其修改权、解释权亦归仓储部。

第十二条　本规定自颁布之日起执行。

五、仓库安全管理制度

第一章 总则

第一条 为规范仓库物资的安全管理，特制定本制度。

第二条 本制度由仓储部负责制定、解释，报总经理批准后执行，修改时亦同。

第三条 本制度自颁布之日起执行。

第二章 仓库安全保障措施

第四条 仓库安全保卫工作是仓库安全管理的重要方面，要求采取一切措施，提高警惕，防止事故的发生，保卫仓库及储存物资的安全。仓库中必须安装防盗监视、自动报警设备。仓库应设置专门的安全人员，由其全面负责仓库的保卫工作。

第五条 设立安全保卫机构。

（1）仓库的保卫工作是仓库安全管理的一个重要组成部分，它关系到整个仓库人员、财产及物资的安全。为了有效实施仓库的保卫工作，企业应当根据仓库规模的大小、仓库作业的特点、所储存物资的重要程度，成立专门的保卫组织，全面负责仓库的保卫工作。

（2）仓库安全保卫组织的工作应该在本公司行政部的领导下进行，业务上受公安机关和上级保卫部门的双重领导。

第六条 明确工作职责。安全保卫工作的主要内容是严防破坏盗窃事故，预防灾害性事故的发生，维护仓库内部的治安秩序，保证仓库及库存物资的安全。具体来说，仓库保卫工作的主要任务是做好警卫及保卫工作。

（1）做好警卫工作。仓库安全管理员要负责仓库日常的警戒，做好仓库的守卫工作。

①守卫仓库大门，掌握出入库人员的情况，并对出入库人员进行登记。

②阻止非仓库人员进入仓库，严禁火种、易燃、易爆等危险品被带进仓库。

③核对出库凭证，检查出库商品与出库凭证是否相符，并做好相应记录。

④日夜轮流守卫仓库，防范破坏活动，确保仓库的安全。

（2）做好保卫工作。仓库安全管理员还要做好仓库的防灾工作，预防并处理各类突发事件。

①对仓库中的设施、人员及存储商品的安全负责任，消除各种不安全因素，确保仓库的安全。

②负责在本仓库开展安全生产教育，提高仓库作业人员的安全意识。

③全面落实防台风、防汛、防暑降温、防寒防冻等工作，以保障仓库

及存储物资的安全。

④配合消防部门进行消防训练和消防安全竞赛。

⑤积极完成上级领导和公安机关交办的各项治安保卫工作。

⑥定期对仓库的安全工作进行总结，提出改进意见。

第七条　仓库安全管理员应遵守岗位职责，坚守岗位，文明上岗。

（1）遵守岗位规范。安全管理员要严格遵守岗位规范，做好自己的本职工作。

①遵守作息时间。一是仓库安全管理员必须严格遵守仓库保卫制度，坚守岗位，工作时间不得随意离开仓库。有事外出时，必须请假并获得批准。二是为保证安全管理员的休息，仓库可设立专供安全管理员休息的保卫室，并采用三班轮休的方法。

②遵守检查制度。仓库安全管理员应熟悉仓库的工作人员、证件和出库手续，并严格按照制度进行各项检查。一是对外来人员、车辆进行登记，对商品出库凭证及出库商品进行详细核对。二是对仓库安全进行定期检查，并详细记录检查情况。

③保护仓库安全。仓库安全管理员还要熟悉仓库附近的社会情况和地形，当发现不法分子行窃、破坏时，应坚决制止，并及时报警抓捕。

（2）做到文明上岗。安全管理员除了要履行自己的主要职责外，还要严格遵守安全管理员的文明岗位规范。

①安全管理员当班必须着装整齐、统一标识、仪容整洁、坚守岗位。

②安全管理员当班必须热情服务、举止文明、礼貌待人、语言规范。

③安全管理员要文明站岗执勤，及时指挥车辆、人员的进出，保持仓库通道畅通，停车摆放整齐。

④安全管理员必须保持保卫室的清洁。

⑤保卫室不得兼作其他场所，不得放置无关物资，无关人员不得进入保卫室内闲谈。

第三章　仓库安全管理规定

第八条　安全管理员必须严格执行公司仓储部安全保卫的各项规章制度，贯彻预防为主的方针，做好防火、防盗、防汛、防工伤事故等工作。

第九条　本着“谁主管谁负责，宣传教育在前”的原则，坚持部门责任制。建立健全各级安全组织，做到制度上墙、责任到人，逐级把关，不留死角。

第十条　库区配备的各种消防器材和工具，不得私自挪用。

第十一条　非仓库管理相关人员未经允许一律不得进入库房，对不听劝阻者，记下工牌号码，上报有关部门，按过失处理。

第十二条　各种危险品及易燃品、易爆品等严禁进入库区。

第十三条　仓库区域内严禁烟火和明火作业，确因工作需要动用明火，按安全保卫有关规定执行。

第十四条　做好来宾登记工作，严禁夜间留宿。特殊情况须报公司行政部保卫科备案。

第十五条　仓库管理员下班前要关闭水、暖、电源的开关，锁好门窗，消除一切安全隐患，上班后如发现库房内有被盗迹象，要保护现场，并尽快通知相关部门。

六、仓储设备管理制度

第一章　总则

第一条　为加强对仓储设备的管理，使机器设备和工具时刻处于完好状态，延长其使用寿命，特制定本制度。

第二条　仓储设备管理工作的内容主要是指设备的维护保养、检查修理，以及日常的登记、保管工作。

第三条　为了保证有效地实现设备管理目标，必须坚持以预防为主、维护保养与计划检修并重的原则，正确使用，精心保养，做好使用、保养、检查、修理等工作。

第二章　设备技术状况管理

第四条　仓储设备的技术经济指标一般可从以下五个方面进行评估。

（1）设备完好率，表示设备技术状态的完好程度，是检查企业设备管理和维修工作水平的重要指标。

（2）设备故障率，是指因设备发生故障而停机的时间占设备运转时间的百分比。

（3）维修费用效率，是指单位维修费用所能生产的产品产量。

（4）单位产品（或万元产值）维修费用。

（5）平均单台设备年维修费用。

第五条　对所有设备按技术、维护、管理状况分为两类：一类是完好设备，另一类是非完好设备。

第六条　仓储部的设备必须完成上级下达的技术经济指标，即考核设备的综合完好率。

第三章　设备运行动态管理

第七条　设备运行动态管理，是指通过一定的方法和手段，使各级维护与管理人员能准确掌握设备的运行状况，并据此制定出相应的管理措施。

第八条　建立健全系统的设备巡检措施。仓储部对每台设备，依据其结构和运行方式，定出巡检点、巡检内容、正常运行的参数标准，并针对设备的具体运行特点，给设备的每一个巡检点确定明确的检查周期，一般可分为时、班、日、周、旬、月。

第九条　巡检保证体系。设备操作人员负责设备的巡检点检查任务，机务员负责设备的日常巡检任务。

第十条　信息传递与反馈。

（1）设备操作人员巡检时，发现设备不能继续运转需紧急处理时，要立即通知机务员，由机务员负责处理。

（2）机务员进行设备点检并做好记录。

第十一条　动态资料的应用。

（1）仓储部机务员针对巡检中发现的设备缺陷、隐患，提出应安排检修的项目，纳入检修计划。

（2）巡检中发现的设备缺陷，如情况紧急，为了不影响仓储活动，应及时处理；如不能及时处理，应由机务员确定解决方案，统一处理。

（3）重要设备的重大缺陷，需由仓储部经理等主要领导组织研究，确定解决方案和处理方案。

第四章　设备使用管理

第十二条　设备使用前，操作人员应在人事部门的安排下，由机务员负责培训。

第十三条　使用人员清楚设备的日常保养知识和安全操作知识，熟悉设备的性能，取得设备操作的上岗证后方能上岗操作。

第十四条　操作人员在操作过程中发现设备有异常现象，应立即通知机务员检修。

第十五条　操作人员要严格按操作规程工作，认真遵守交接班制度，准确填写规定的各项运行记录。

第十六条　未经领导批准，不准拆卸或配用其他人员的机器零件和工具。

第十七条　对因不遵守操作规程或玩忽职守，使仓储设备受到损失者，酌情给予经济处罚。

第五章　附则

第十八条　本制度由仓储部制定，其修改权、解释权亦归仓储部。

第十九条　本制度经总经理审批后，自颁布之日起执行。

第三节　中小企业仓储管理表格

一、限额发料单

编号：　　　　　　　　　　　　　　　　　　　领料日期：　年　月　日

<table>
<tr><td>领料部门</td><td colspan="2"></td><td colspan="2">仓库</td><td colspan="2"></td><td>物料用途</td><td></td></tr>
<tr><td>计划生产量</td><td colspan="4"></td><td colspan="2">实际生产量</td><td colspan="2"></td></tr>
<tr><td rowspan="2">物料名称</td><td rowspan="2">物料编号</td><td rowspan="2">物料规格</td><td rowspan="2">单位</td><td rowspan="2">领用限额</td><td rowspan="2">调整后的领用限额</td><td colspan="3">实际耗用量</td></tr>
<tr><td>数量</td><td>单价</td><td>金额</td></tr>
<tr><td></td><td></td><td></td><td></td><td></td><td></td><td></td><td></td><td></td></tr>
<tr><td></td><td></td><td></td><td></td><td></td><td></td><td></td><td></td><td></td></tr>
<tr><td></td><td></td><td></td><td></td><td></td><td></td><td></td><td></td><td></td></tr>
<tr><td></td><td></td><td></td><td></td><td></td><td></td><td></td><td></td><td></td></tr>
<tr><td></td><td></td><td></td><td></td><td></td><td></td><td></td><td></td><td></td></tr>
<tr><td colspan="9">发料记录</td></tr>
<tr><td rowspan="2">发料日期</td><td rowspan="2">请领数量</td><td colspan="3">实际发放量</td><td colspan="3">退料数量</td><td rowspan="2">限额结余</td></tr>
<tr><td>数量</td><td>发料人</td><td>领料人</td><td>数量</td><td>发料人</td><td>领料人</td></tr>
<tr><td></td><td></td><td></td><td></td><td></td><td></td><td></td><td></td><td></td></tr>
<tr><td></td><td></td><td></td><td></td><td></td><td></td><td></td><td></td><td></td></tr>
<tr><td></td><td></td><td></td><td></td><td></td><td></td><td></td><td></td><td></td></tr>
<tr><td></td><td></td><td></td><td></td><td></td><td></td><td></td><td></td><td></td></tr>
<tr><td></td><td></td><td></td><td></td><td></td><td></td><td></td><td></td><td></td></tr>
<tr><td></td><td></td><td></td><td></td><td></td><td></td><td></td><td></td><td></td></tr>
<tr><td></td><td></td><td></td><td></td><td></td><td></td><td></td><td></td><td></td></tr>
<tr><td>生产部</td><td></td><td>采购部</td><td></td><td>仓储部</td><td></td><td>领料单位</td><td colspan="2"></td></tr>
</table>

二、提货单

日期： 年 月 日

项目	产品	料号	品名规格	单位	数量	说明
						□销货 □样品 □检验 □其他

厂长批示	生产部经理	质管部	仓储部	提货人

三、原材料退料单

退料部门： 原领料批号： 年 月 日 编号：

退料名称	料号	退料量	实收量	退料原因					
				溢领	省料	不适用	品质差	订单取消	其他
备注：									

主管： 点收： 登账： 退料人：

四、仓库发货通知单

编号：

客户名称：　　　　　　　　　　　　订单号码：

地址：

交货日期：　　年　　月　　日　　□一次交货　　□分批交货

产品名称	产品编号	数量	单价	金额

仓库：　　　　主管：　　　　核准：　　　　填单：

五、材料存量计划表

材料名称	每月用量	平均每日用量	每日最高用量	订货点数量	交货日期	订货数量	最高存量	平均存量	可用日数	备注

六、材料库存计划表

月份：　　　　　　　　　　　　　　　　　　　　　　　　　年　　月　　日

目次	品名及规格	材料编号	生产量		单位用量	用量小计	损耗率（%）	总用量	库存量		计划用量	单价	金额	需要日期	请购单号码	需要日期						备注
			数量	单位					库存	数量						5	10	15	20	25	30	

七、物品报废单

□设备工具类　　　□产品类　　　□原材料类

编号：　　　　　　　　　　　　　　　　日期：　　　年　　月　　日

<table>
<tr><td>报废物品名称</td><td colspan="2"></td><td>物品编号</td><td></td><td>报废数量</td><td></td><td>原用途或制造号码</td><td colspan="2"></td></tr>
<tr><td colspan="5">报废原因及状况：</td><td colspan="5">处置方式：</td></tr>
<tr><td colspan="7">成本计算（限产品类物品报废时填）：</td><td colspan="3">评定价值：</td></tr>
<tr><td>材料</td><td>人工</td><td>分摊费用</td><td colspan="2">合计</td><td colspan="2">单位成本</td><td colspan="3">合计单价</td></tr>
<tr><td></td><td></td><td></td><td colspan="2"></td><td colspan="2"></td><td colspan="3"></td></tr>
<tr><td>经理</td><td></td><td>入账</td><td></td><td>价值评定</td><td></td><td>审核</td><td></td><td>填表</td><td></td></tr>
</table>

参考文献

[1] 林汉川，秦志辉，池仁勇. 中国中小企业发展报告 2015 [M]. 北京：北京大学出版社，2015.

[2] 杨华. 中小企业精益管理与过程控制全案 [M]. 广州：广东经济出版社，2015.

[3] 李子彬，刘迎秋. 中国中小企业 2014 蓝皮书——经济转型与中小企业发展 [M]. 北京：中国发展出版社，2014.

[4] 崔玉舒. 管理者的自我修养——中小企业治理、管理与转型精髓 [M]. 杭州：浙江大学出版社，2016.

[5] 张国祥. 用流程解放管理者 2：中小企业规范化管理 [M]. 北京：电子工业出版社，2013.